ACCESO GRATIS *a la Lectura en la Nube*

Para visualizar el libro electrónico en la nube de lectura envíe junto a su nombre y apellidos una fotografía del código de barras situado en la contraportada del libro y otra del ticket de compra a la dirección:

ebooktirant@tirant.com

En un máximo de 72 horas laborales le enviaremos el código de acceso con sus instrucciones.

LA NORMATIVA AGRÍCOLA VALENCIANA DURANTE LA ÉPOCA FORAL Y EN LA ÉPOCA CONTEMPORÁNEA

LA NORMATIVA AGRÍCOLA VALENCIANA DURANTE LA ÉPOCA FORAL Y EN LA ÉPOCA CONTEMPORÁNEA

Vicent Giménez Chornet
Profesor Titular de Documentación
Universitat Politècnica de València

Francisca Ramón Fernández
Catedrática de Derecho civil
Universitat Politècnica de València

tirant lo blanch
Valencia, 2025

En caso de erratas y actualizaciones, la Editorial Tirant lo Blanch publicará la pertinente corrección en la página web www.tirant.com.

Trabajo realizado en el marco del Grupo de Investigación de Excelencia Generalitat Valenciana "Algorithmical Law" (Proyecto Prometeu 2021/009, 2021-2024), Proyecto "Promoting capacity building and knowledge for the extension of urban gardens in European cities" (PCI2022-132963) (02/06/22 - 01/06/25). Investigación competitiva proyectos. Ministerio de Ciencia e Innovación, y Proyecto de I+D+i "Derechos y garantías públicas frente a las decisiones automatizadas y el sesgo y discriminación algorítmicas" 2023-2025 (PID2022-136439OB-I00) financiado por MCIN/AEI/10.13039/501100011033/ FEDER, UE.

En el marco de la Resolución de 4 de julio de 2024, de la Presidencia de la Generalitat, por la que se convocó la concesión de subvenciones destinadas a las universidades de la Comunitat Valenciana para la realización de actuaciones en materia de fomento del autogobierno, despliegue del Estatuto de Autonomía, Derecho Foral Civil Valenciano y señas de identidad del Pueblo Valenciano durante el ejercicio 2024, esta publicación ha contado con una subvención otorgada por Resolución de 10 de octubre de 2024, de la Conselleria de Justicia e Interior, por la que se concedieron las citadas subvenciones. En el momento de publicarse este libro, la competencia en las materias antes reseñadas está atribuida a la Conselleria de Justicia y Administración Pública.

EDITA: TIRANT LO BLANCH
C/ Artes Gráficas, 14 - 46010 - Valencia
TELFS.: 96/361 00 48 - 50
FAX: 96/369 41 51
Email: tlb@tirant.com
www.tirant.com
Librería virtual: www.tirant.es
DEPÓSITO LEGAL: V-1330-2025
ISBN: 978-84-1095-853-1

Si tiene alguna queja o sugerencia, envíenos un mail a: *atencioncliente@tirant.com*. En caso de no ser atendida su sugerencia, por favor, lea en *www.tirant.net/index.php/empresa/politicas-de-empresa* nuestro procedimiento de quejas.

Responsabilidad Social Corporativa: http://www.tirant.net/Docs/RSCTirant.pdf

Índice

Primera parte:

Dret agrícola en l'època foral valenciana

VICENT GIMÉNEZ CHORNET
Professor Titular de Documentació
Universitat Politècnica de València

1. INTRODUCCIÓ

El dret agrícola es podria definir com aquelles normes que regulen tot allò referent a la producció agrícola i que abasta tant la propietat de la terra com els mitjans de producció, i la venda i la comercialització final dels productes agrícoles. Des d'una perspectiva actual, a fi de conéixer i, si fora possible, recuperar el dret agrícola foral, s'ha acudit a identificar figures i costums antics. S'han estudiat els contractes agraris de la producció sota el dret consuetudinari, concretament la venda a ull o mitjançat l'alfarrassada (Ramón Fernández, 2018, 101-104), en els dos casos sense pesar la collita, només fent-ne una estimació del volum i posant un preu global del seu valor; també s'han identificat uns drets sobre la parcel·la o el camp, posant en valor registres antics i assimilant-los als censos forals valencians (Carrau, 2017); també s'esmenta el costum del tornallom, mitjançant el qual els llauradors s'ajuden entre ells en les tasques agrícoles i, si algú no compleix amb la reciprocitat, el llaurador que ha realitzat tasques agrícoles té dret a exigir una compensació per elles (Comunitat Valenciana, 2013).

El costum que en el camp valencià té el llaurador de fer la venda de la producció de forma imprecisa, a ull o alfarrassada (l'alfarrassador podia ser també un tercer, però el vocable s'utilitzava entre les dues parts, el llaurador i el comprador) era un risc que assumien les dues parts, ja que no s'hi feia cap contracte escrit, a diferència del que passa en la legislació actual que obliga a redactar un contracte formal; si el comprador no aconseguia vendre la producció, el llaurador tenia totes les de perdre, perquè el comprador no li pagava el preu acordat i el llaurador no disposava d'un context favorable, jurídicament, social i de coneixement, per a reclamar i aconseguir cobrar el preu de l'acord de la compravenda. Des de l'actualitat hi ha una visió romàntica d'un costum que, *de facto*, beneficiava clarament el comprador, per això, el llaurador optava, predominantment, per la venda al pes, ja que en aquesta trobava les garanties d'una transacció amb una producció precisa, tot i que tampoc hi havia contracte escrit. En l'època foral valenciana també es practicava l'alfarrassada, que permetia al camperol cobrar la collita abans de la recol·lecció, cosa que beneficiava els detenidors del senyoriu, ja que cobraven ràpidament els seus drets. També, des de l'actualitat, es parla dels arrendaments històrics de la terra sense especificar-ne els tipus que hi havia en l'època foral valenciana. En general, l'arrendament no era, ni de bon tros, el sistema predominant a l'antic Regne de València. En general, actualment es consideren arrendaments històrics, en el sentit de l'ús indefinit d'una parcel·la rústica, aquells que poden demostrar documentalment que en disposen de l'ús. La normativa valenciana actual no fa esment de la manera d'accés a la terra o parcel·la de forma indefinida dels llauradors valencians en l'època foral. Sí que cita "les persones titulars de censos emfitèutics", una afirmació, com a mínim, confusa pel que fa a la possessió de la terra. Respecte al concepte de tornallom o tornajornal, que indica el Diccionari Normatiu Valencià de l'AVL, no hem trobat cap constància documental en la tradició valenciana ni en la normativa foral. El tornallom és un vocable que no recull ni el Dicionario de Autoridades de la RAE, ni el Diccionari català-valencià-balear (DCVB) d'A. M. Alcover i F. de B. Moll, però sí recull tornajornals. No hem localitzat estudis històrics sobre la figura jurídica del tornallom. Tanmateix, no es pot negar que els camperols, siguen adjacents o no de la parcel·la, han intercanviat ajudes no remunerades en els treballs agrícoles, però no sota la filosofia de la solidaritat o el bé comú, sinó de la simplificació i l'eficiència d'un acord, sense formulismes ni diners en efectiu, perquè potser no en tenien, i eludint un intercanvi de jornals o pagaments que tenien un valor equivalent en la tasca intercanviada.

2. FONTS NORMATIVES

El marc jurídic més important de l'època foral valenciana parteix de dos àmbits: el reial, la normativa emesa pel monarca, generalment com a ordres, provisions i privilegis, i el de l'autogovern, la norma emanada per les corts, com a furs i actes de corts.

El que hui coneixem com a furs, en origen, és un cos normatiu emés pel monarca el 1238 i anomenat Costum, possiblement redactat per Pere Albert, fins que en les Corts de 1261, Jaume I els anomena concretament furs, mentre que la documentació posterior usa com a termes sinònims costums i furs (García Edo, 1996). El text introductori del Costum constata que és una norma donada pel rei i el seu consell, en cap moment no és una norma pactada en unes suposades corts:

> *Cum sint iuris precepta honeste vivere, alterum non ledere, ius suum unicuique tribuere, et terrarum principes, miseratione divina, regnorum gubernacula recepisse ut ius suum equa lanxe tam pauperi quam diviti tribuissent provintiasque eis commissas summa diligentia, non distingendo unde essent malis hominibus expurgassent, nos igitur Iacobus, Dei gratia rex Aragonum, Maioricarum et Valentie, comes Barchinone et Urgelli et dominus Montispesullani, supradicta ad effectum ducere cupientes, Deum habentes pre occulis, consuetudines in hac regia civitate Valentie necnon et toto regno, et universis villis, castris, alqueriis, turribus et locis aliis in hoc regno hedificatis et hedi-*

> *fficandis, provisione celesti nostro noviter commissis regimini, voluntate et concilio ...*[1]
>
> [Sent que els preceptes de la llei són viure honradament, no fer mal als altres, donar a cadascú el seu dret i que els governants del món, per la misericòrdia divina, han rebut els timons dels regnes, perquè lliurement donen el seu dret tant als pobres com als rics i a les províncies confiades a ells amb la major cura, sense distingir on són les males persones per apartar-les, per tant, jo, Jaume, per la gràcia de Déu, rei d'Aragó, Mallorca i València, comte de Barcelona i Urgell i senyor de Montpeller, desitjant dur a terme allò abans esmentat, tenint Déu davant dels ulls, els costums en aquesta ciutat reial de València, així com en tot el regne, i a tots els pobles, fins als castells, alqueries, torres i altres llocs edificats i fortificats en aquest regne, la provisió del nostre govern celestial recentment compromés, voluntat i consell...]

La conquesta del territori valencià es va produir sense tindre previst un nou ordenament jurídic, de manera que el territori conquerit se sotmet a jurisdiccions ja conegudes pels nobles conqueridors, així Balasc d'Alagó atorga al poblament de Morella el fur de Sepúlveda i Extremadura, i Jaume I atorga, l'1 de novembre de 1233, carta de poblament a Borriana a fur de Saragossa (Guinot Rodríguez, 1991: 89-95). Durant el segle XIII veiem que conviuen al nou Regne de València diverses normes jurídiques quant al govern territorial, fins que l'any 1329 el rei Alfons III decreta unilateralment (amb prou resistència dels nobles aragonesos) un Fur Nou (així conegut), que serà aprovat en les corts, amb unes concessions jurisdiccionals que, d'alguna manera, beneficien els nobles, els quals acaten definitivament els furs de València per al seu territori. Aquest fur és conegut com jurisdicció alfonsina (Giménez Chornet, 2010, pp. 67-104),

---

1 Transcripció realitzada per Baydal, V. (2023). *Corts i assemblees parlamentàries. Jaume I, Pere el Gran, Alfons el Liberal i Jaume II (1238 – 1326).* València: PUV; fonts històriques valencianes, 85, p. 56.

i és aquella per la qual els posseïdors de territori disposaran del mer imperi i tot el territori valencià estarà sotmés a una sola compilació de furs valencians. A més dels furs, les corts forals valencianes també emeten un altre tipus de norma denominada actes de corts. A diferència dels furs, que són aprovats entre els tres braços i el monarca, els actes de corts fan referència als acords entre uns braços concrets i el monarca, pels quals se'ls concedeixien, o no, les seues demandes (Matheu y Sanz, 1677, p. 226). Els privilegis són el mitjà de què disposa el monarca per a emetre norma de forma unilateral i resoldre distintes circumstàncies sobrevingudes en el govern del regne (García Edo, 2007). Un altre recurs reial és emetre pragmàtiques, que són també una forma equivalent a la llei emesa pel monarca i que sembla que es generalitzen més amb la incorporació dels Trastàmara en el segle XV i finalment en el govern dels Habsburg. Bas i Galceran (1742, p. 20) opinava:

> *Aliae leges generales in Regno nostro habentur, quibus standum erit deficiente forma, et privilegio, et sunt pregmaticae sanctiones a Domino Rege factae, quae a Domine Rege possunt absque dubio fierei, et leges generales sunt, et uti tales debent in Regno observari, secuti in aliis multis Regnis similes Regiae pragmatiace observantur.*
>
> [Hi ha altres lleis generals al nostre Regne, que han de ser respectades a falta de decret i privilegi, i són les pragmàtiques sancions fetes pel Senyor Rei, les quals poden ser fetes pel Senyor Rei, sens dubte, i són lleis generals, i com a tals han de ser observades al Regne i seguides en altres regnes, semblants reials pragmàtiques han de ser respectades.]

Privilegis i pragmàtiques, a més de cartes reials, són les principals categories normatives per les quals el monarca legisla sense les corts valencianes (Villarroya, 1804, p. 138-141). Si bé el virrei dicta crides, aquestes són generalment normes que difón en nom del rei.

Però, hi ha més entitats que produeixen normes de gran importància per a certs àmbits concrets. Pel que fa a la forma de la propietat de la terra, les cartes de poblament són essencials per a entendre la relació vassallàtica entre els camperols d'un municipi i el senyor feudal. Entre el segle XIII i el XIV, les cartes de poblament no sols estan subjectes al fur de València, sinó també a altres furs o costums, com a conseqüència del procés de conquesta portat a terme per nobles aragonesos i catalans (Guinot, 1983). Sense entrar en la consideració de si les cartes de poblament són un acord o una imposició dels senyors territorials (noblesa i eclesiàstics), Pedro Ruiz López les considera unes constitucions senyorials fundacionals.

Els municipis també disposen de capacitat normativa mitjançant ordinacions (en alguns casos aprovades pel senyor jurisdiccional), i bans o crides. Els jurats són oficials locals i no oficials de l'administració reial, tot i que la persona que té la jurisdicció (el rei o el senyor feudal) intervé d'alguna manera en la seua elecció. Aquests oficials disposen de la capacitat de fer capítols i ordinacions que no contradiguen privilegis o furs.

Finalment, estan les entitats sorgides per a defendre interessos comuns entre diferents col·lectius, com els gremis o les confraries, que disposen d'uns estatuts que els permeten gaudir d'un marc jurídic per a autogestionar-se, com és el cas de la confraria de llauradors de Sant Llàtzer de la ciutat de València, constituïda el 1390 (Bofarull, 1876, 451-461).

La documentació notarial permet saber com s'aplicava la normativa valenciana quant a contractes, compravendes, acords, presa de possessions, etc.

La conflictivitat agrària en època foral la trobem conservada en les institucions judicials del justícia local (jurisdicció ordinària), del tribunal senyorial, del Governador, de la Batlia, de la Reial Audiència, del Consell Suprem d'Aragó i la Diputació del General (Generalitat), entre les més destacades.

3. L'ADQUISICIÓ DE LA PROPIETAT AGRÀRIA

L'adquisició de la propietat plena de la terra pot vindre per donació reial o per compra. Aquest tipus de propietat plena, que a la Corona de Castella es generalitza, al Regne de València és escassa[2].

Al Regne de València hi ha diferents formes d'adquirir una propietat agrària, tot i que en predomina una que marca una singularitat especial en comparació amb el dret castellà. La forma d'accés a la propietat és d'acord amb l'aplicació del dret emfitèutic, pel qual una persona compra, s'estableix o hereta el domini útil, o una persona rep del rei, o compra o hereta el domini directe. És un sistema de propietat compartida en el qual dues persones tenen drets sobre una mateixa propietat: el domini directe i el domini útil. Aquest tipus de propietat és el més predominant al Regne de València i condicionarà que la dissolució del règim senyorial siga beneficiosa per als propietaris del domini útil, que aconseguiran la propietat plena i es generarà el minifundi a les terres valencianes.

L'origen d'aquesta situació ve donat pel fet que Jaume I, amb la declaració de dret de conquesta, determina que tot el territori conquerit és de domini seu exclusivament. Així opina Pere Belluga:

> *Et sic iure, dixit dominus Rex Iacobus, quod omnia a principio sua fuerunt in vero et totali dominio ex ipsa belli* (1580, rúbrica 14, nº 30, fol. 93v)
>
> [I així, per dret, va dir el rei Jaume, que totes les coses des del seu principi van estar en vertader i total domini des de la mateixa guerra.]

---

2 Febrer Romaguera, M. V. fa una anàlisi detallada de les formes d'accés a la terra en *Dominio y explotación territorial en la Valencia foral.* València: PUV, 2000.

> *Pari benignitate serenissimus rex Iacobus, memoriae laude dignae, regni acquisitor, dominia subditorum etiam per novam acquisitionenm belli causa, a sarracenorum manibus approbavit, in foro 3 de acquis. rerum dominio (1580, rúbrica 46, nº 4, fol. 205).*
>
> [Amb igual bondat, el sereníssim rei Jaume, la memòria del qual és digna d'elogi, adquirent del regne i també del domini dels seus súbdits, a través de nova adquisició per causa de la guerra als sarraïns, aprovat en el fur 3 d'adquisició del domini de les coses].

Si bé això no és totalment cert, ja que amb l'inici de la conquesta algun noble, com ara Balasc d'Alagò, va conquerir territori i el va sotmetre al seu total domini, i alguns altres nobles aragonesos van sotmetre els seus vassalls a certs furs de poblacions aragoneses, sí que amb la conquesta de la ciutat de València i la promulgació dels primers furs o el costum, i amb els primers privilegis, s'assenta aquest principi i això propicia la gran diversitat de formes d'adquisició de la propietat que hi trobem. Les corts valencianes de 1329-1330 seran determinats per a sotmetre tot el Regne de València al fur de València[3].

L'adquisició del domini ple és per donació del rei als senyors feudals, inclosa l'església, donacions que es van registrar en el Llibre del Repartiment. Amb aquest registre, a la ciutat de València, molts particulars adquiriran cases i terres que eren

---

3 Això va quedar reflectit en el Fur I-X-IV, "Ordenam que tots los lochs del regne de València qui són nostres en los quals se serva vuy fur d'Aragó, los senyors dels quals han consentit e consenten als presents furs, sien de fur de València per tots temps; manants que encontinent hi si més e servat de fet lo dit fur de València". L'altra qüestió important de les corts de 1329 és la creació de la jurisdicció denominada alfonsina, que permet a senyors que tenen un nombre reduït de cases disposar d'un nivell de jurisdicció que els atorga la potestat de nomenar jutges, de manera que apareixen nous senyorius de dimensions reduïdes (Giménez Chornet, 2010).

dels sarraïns, fet que serà el germen pel qual en anys posteriors aquestes possessions es podran vendre i transmetre en ple domini o, pel contrari, el propietari decidirà dividir el domini, en aplicar-hi el dret emfitèutic, retindre el domini directe i vendre o establir el domini útil. Jaume I, amb l'ocupació de la ciutat de València i el terme recentment conquerit, permet dos beneficis als nous pobladors per tal d'animar-los a assentar-se en el nou territori: franqueses de certs impostos, que sí que pagaven al Regne d'Aragó o a Catalunya, i accés a la propietat plena de les noves rompudes de camps.

> Totes les places de la ciutat dins e defora e de tot lo terme de la ciutat, e les vies e les carreres e les aygües e·ls duÿmens e·ls menamens de les aygües, lenyes, fusts, pedres, moles, guix, calç, carbons, patis, almargals, riberes, boschs, caçes, prats (...) són públiques e deputades e comptades e otorgades liurament e francha al comunal e públich ús e a profit de la cosa pública.
>
> E cascun puscha francament laurar e plantar sens alcun servii e tribut e cens anual o perdurable les heres e les terres que en temps de serrahins no foren laurades, enfora les heres e les terres que per nós primerament a alcú foren donades.
>
> En aquest fur enadeix lo senyor rey que tot hom qui·s vulla, pusque rompre e fer camps e laurar en munts e en almarials e en riberes e en tots lochs que·s vullen que en temps antich de sarrahins no·s solien laurar. Axí que no·n sien tenguts de demanar a nos ne a ningun hom licència ..., que ells les hajen franches, axí com les altres heretats lurs. E açò sia entés e·l terme del logar [lloc] on estaran. (Fur, IX-XII-XVI).

L'aplicació del dret emfitèutic s'implanta i generalitza després de les donacions reials, registrades en el Llibre del Repartiment, a les localitats entregades a senyors i entitats eclesiàstiques, ja que aquests no ocupen la totalitat del territori i les propietats per a ús personal (i, per exemple, poder-les arrendar), sinó que hi fan establiments de persones sota domini útil i els senyors es retenen el domini directe, cobrant prestacions, com els censos de les propietats urbanes, o fent partició de fruïts de les propietats agrícoles. Al llarg dels anys, alguns d'aquells senyors que tenen el domini ple de la propietat opten per ser rendistes i establir-hi el domini útil a canvi del pagament d'un cens anual que reben per la titularitat que posseïxen del domini directe, de manera que una gran part de la població valenciana està sotmesa al pagament de censos i, en el cas de les poblacions sota senyors feudals, també a partició de fruits i uns altres drets derivats de l'emfiteusi. Jaume I, per tal de promoure la vinguda de cristians a la ciutat de València els allibera de pagar alguns impostos, però la gestió del territori, de la ciutat o del seu terme general, derivarà en els anys esdevenidors en establiments de nous pobladors sota el dret emfitèutic i els sotmetrà, així doncs, al pagament d'un cens. Tots aquests posseïdors del domini útil, bé estiguen sota el domini directe de senyors feudals (nobles, burgesos o entitats eclesiàstiques) o bé sota el domini directe del rei (llocs de reialenc), estaran controlats mitjançant actes de capbrevació, un registre periòdic que empren els senyors directes per a estar al dia dels detenidors del domini útil i poder cobrar-los el lluïsme (impost sobre la transmissió del domini útil) o fer valdre la fadiga (dret de prelació del detenidor del domini directe quan es vol transmetre un domini útil).

3.1. El dret emfitèutic

La regulació de l'aplicació del dret emfitèutic està en el Llibre IV, Rúbrica XXIII, que en valencià es titula "De dret de cosa que serà donada a cenç" i en llatí De emphiteotico jure. ¿És una deficient traducció al valencià? No, en absolut, tots els contractes de censos o censals han de redactar-se sota el dret emfitèutic[4]. El coneixement medieval d'aquesta regulació ve

4 Hi ha cinc modalitats d'aplicació del dret emfitèutic, tant aplicat a les terres i les cases com als capitals, cosa que no té res a veure amb

de la recopilació de Justinià, que cita l'emperador Zenó (474-491), en el Còdex, Llibre IV, Títol LXVI, De Iure Emphyteutico. En el capítol 1 s'especifica:

> *Ius emphyteuticarium neque conductionis, neque alienationis esse titulis adiiciendum, sed hoc ius tertium esse constituimus, ab utriusque memoratorum contractuum societate seu similitudine separatum: conceptionem definitionemque habere propriam, et iustum esse validumque coatractum, in quo cuncta quae inter utrasque contrahentium partes super omnibus, vel etiam fortuitis casibus, pactionibus scriptura interveniente habitis placuerint, firma illibataque perpetua stabilitate modis omnibus debeant custodiri; ita ut si interdum ea quae fortuitis casibus eveniunt, pactorum non fuerint conventione concepta, si quidem tanta emerserit clades, quae prorsus etiam ipsius rei quae per emphyteusin data est, faciat interitum, hoc non emphyteuticario, cui nihil reliquum permansit, sed rei domino, qui, quod fatalitate ingruebat, etiam nullo intercedente contractu habiturus fuerat imputetur. Sin vern particulare, vel aliud leve contigerit damnum, ex quo non ipsa rei penitus laedatur substantia, hoc emphyteuticarius suis partibus non dubitet adscribendum.* (Codicis, 1562: 289-290)

> [El dret enfitéutic no ha d'afegir-se als títols de conducció [arrendament] ni d'alienació, sinó que aquest siga un tercer dret, separat de l'associació o semblança dels dos contractes esmentats: tindre la seua pròpia concepció i definició i ser un contracte just i vàlid, en el qual tot el que entre les dues parts contractants s'haguera convingut en els pactes celebrats mitjançant escriptura, sobretot, o fins i tot sobre els casos fortuïts, s'ha de guardar de totes maneres ferm i inalterable amb perpètua estabilitat; de tal manera que, si a vegades succeeixen aqueixes coses per casualitat, no havent sigut concebudes per l'acord dels pactes, si en veritat sorgeix tal calamitat, que causa la destrucció completa, encara de la mateixa cosa que va ser donada en emfiteusi, això no se li impute al enfiteuta, a qui no li queda res, sinó a l'amo de la cosa, que l'hauria d'haver suportat, fins i tot no mediant cap contracte, la qual cosa sobrevenia per fatalitat. Si es produeix un perjudici particular o un

---

la regulació censal castellana (Giménez Chornet, 2002: 231-241).

altre mal lleu, que no danya completament la substància de la cosa mateixa, l'enfiteuta no dubta a atribuir-lo a la seua part.]

Posteriorment, l'emperador Justinià va afegir-hi un altre capítol, en el qual permet que, si en el contracte emfitèutic s'han afegit altres condicions, aquestes siguen vàlides i que, si l'emfiteuta no paga les pensions en tres anys, l'amo de la cosa el puga expulsar, llevat que se li done permís perquè deposite el valor de les pensions conforme a llei.

Els furs valencians fan una regulació d'aquest contracte emfitèutic amb unes particularitats que Jaume I va establir des de l'inici per a imposar el règim jurídic que considerava pertinent per al nou regne sorgit de la conquesta.

Cal separar la figura jurídica de l'emfiteusi de la del règim senyorial, és a dir, de la relació entre el senyor i el vassall, tot i que en els contractes o establiments dels vassalls s'opte, predominantment, per un contracte emfitèutic i no d'arrendament de les cases i les terres. Aquesta peculiaritat valenciana permet que les persones puguen accedir a les propietats, domini útil, i que el detenidor del domini directe establisca els nous pobladors sense que aquests aporten capitals i que s'afavorisca el nou poblament o repoblament. Els nous pobladors se sotmetien a un senyor (noble, eclesiàstic, rei i, posteriorment, burgesos en procés d'ennobliment) en adquirir el domini útil de cases i terres a canvi del pagament d'un cens o/i partició de fruits. Un exemple el tenim en el lloc de Rahal, al terme general de Cocentaina, propietat d'Esteve Micó, que decideix establir-hi uns nous pobladors sota el dret emfitèutic l'any 1593:

> Capítols fets y fermats per y entre lo molt magnífic micer Steheve Micó de Gràcia, doctor en cascun dret, senyor del lloch de Rahal, de una, y los honorables Cristòfol Vicari [...], tots vassalls vehins habitadors del dit lloch de Rahal [...] de altra part per rahó e causa dels establiments que lo dit micer Steve Micó entén a fer de les cases, terres y heretats situades en lo dit lloch de Rahal y terme de aquell dels dits sos vassalls los quals capítols són del thenor següent.

> Primerament, és estat pactat e avingut, concordat per y entre dites parts quel dit molt magnífic micer Stheve Micó establirà hi e segons ab lo present capítol, promet y se oblida de establir y estableix als dits Cristòfol Vicari, Hierony Micli [...], tots vassals, vehins y habitadors del dit lloch de Rahal y als fills y descendents de aquells ab los pactes, condicions, retencions y càrrechs en los capítols [...] totes les cases, terres y heretats que y ha en lo dit lloch de Rahal y terme de aquell, exceptades, emperò, la casa del Senyor, les vinyes ab la terra que està contígua a d'aquelles de ves lo barranch vulgarment dit de Toledo y lo canyar vulgarment dit del senyor en esta forma que totes les dites terres se hajen de partir en dotze eguals parts y heretats, les onze de les quals establirà als dessusdits vassalls, ço és, una heretat a cascú de aquells ab les afrontacions que en dits establiments y cadahu de aquells se espresaran [...] reservant-se, segons que ab lo present capítol se reserva lo dit miçer Stheve Micó per a si y per a tots sos successors en lo dit loch de Rahal, tots los drets de senyoria directa [loisme] fadiga y comís quespot reservar [sobre] dites cases y heretats que los senyors directes per furs y privilegis del present Regne et als de justícia tenen y poden tenir en les coses que estan subjectes a directa senyoria de aquelles, y que de dits establiments y cadahu de aquells ne fermarà hi e, segons ab lo present capítol, promet fermarne actes públichs ab totes les clàusules necessàries y oportunes y en semblants actes posar acostumades juxta lo stil y pràctica del notari rebedor de sits establiments e tota utilitat y profit de les dites parts respectivament...[5]

La resta dels capítols fan referència al pagament d'uns censos per les cases i les terres i a la partició de fruits que ha de rebre el senyor directe.

Una vegada aconseguit el domini útil per un establiment realitzat sota la voluntat del detenidor del domini directe, el posseïdor d'aquest domini útil el pot transmetre per donació, herència o venda. Un exemple de transmissió del domini útil

---

5 Arxiu Real Seminario del Corpus Cristi. Notari Lluís Torregrosa, Protocol nº 22933, 1 setembre 1593.

el tenim en l'inventari de béns del difunt Ramon Piquer, de 1420:

> ... Item, un alberch situat en la dita ciutat de València, en la parròquia de Sent Martí de la dita ciutat, tengut sots senyoria del honrat en Bernat de Penyaroga, ciutadà de València, a cens de XX solidos censals ab loisme e dadiga e ab tot altre plen dret emphiteotich...[6]

Una forma de transmissió per venda del domini útil la tenim en la declaració escrita que fa un llaurador de Sueca, el 1420, en una controvèrsia per a mantindre aquella possessió:

> Constituït personalment davant la presencia de vos honrat en Jacme Blanch, ciutadà de València, en Guillem Terraça, laurador vehí de Çuequa, diu e proposa que com vos, sis meses ha, poch més o menyç, haiats venut e alienat a ell dit en Guillem Tarraça un troç de terra situat e posat en terme de Çuequa, en la partida de Vilella, tengut sots directa senyoria del orde de Santa Maria de Muntesa, a la vuitena part de fruyts e a mig loisme e fadiga e a tot altre plen dret emphiteotich, segons fur de València...[7]

El 1478 hi ha una venda del domini útil d'unes cafissades de terra entre dos llauradors d'Albalat dels Sorells, sota el domini directe de Lluís Aguiló de Cordinats, senyor del lloc:

> Ego, Johanes Balaner, agricola loci de Albalat d'en Condinats. Gratis et scienter, cum hoch presenti publicho instrumento, etc., vendo, etc., título pure, proprie, perfecte, etc., concedo, etc., trado, seu quasi trado vobis Anthonio Gaço, agrícola dicti loci, presenti et acceptanti et vostris quandam cafficianta terre campe [...] sitam et possitam in termino dicti loci in partitat vullgo dicta de la marjal tentam sub directo dominio magnifichi Ludovici Aguiloni de Cordinats, domini dicti loci, ad cen-

---

6 Arxiu Real Seminario del Corpus Cristi. Notari Bertomeu Tovia, protocol nº. 24530. 1420, febrer, 27.

7 Arxiu Real Seminario del Corpus Cristi. Notari Bertomeu Tovia, protocol nº. 24530. 1420, juny, 1.

> sum unius solidum menete regalium valencie, anuo in quolibet solvendi in festo nativitati domini ad laudinium et faticha...[8]

Per a garantir que en la venda de la propietat no hi haguera frau en el mateix bé, el dret foral valencià obligava que aquesta venda estiguera sotmesa a evicció, és a dir, a l'obligació del venedor de respondre de la cosa venuda davant la reclamació que poguera fer el comprador quan tinguera accés al bé.

> Enadeix lo señor rey que·l senyor de qui la cosa venuda fo sia tengut de evictio al comprador (Fur VIII-V-IV)

> Si a aquel qui haurà comprat alcun camp, o alcuna cosa, será feita demanda d'aquela cosa que haurà comprada, e aquel comprador no ho denunciara a aquel qui la li haurà venuda, o a l'hereu d'ell, e depuys aquel camp o aquella cosa lo serà evençuda, ço és, tolta per dret, aquel comprador no ha neguna demanda per rahó d'aquella cosa contra·l venedor ne contra fermança d'aquel... (Fur VIII-V-III).

El detenidor del domini útil en pot fer ús sense que cap persona el puga alienar de la possessió, excepte si no paga el cens en un període de 4 anys al detenidor del domini directe. Tot i així, si dins d'aquests 4 anys finalment paga el valor de tot el període, el detenidor del domini directe no li'l pot alienar, ja que el posseïdor del domini útil pot gaudir d'un termini de 4 anys per a fer efectiu el cens establert.

> Aquel qui retendrà lo cenç de IIII ayns que devia per rahó d'alcuna cosa, perde aquela cosa per què fahie lo cenç, jasia ço que lo senyor d'aquela cosa no demanarà lo cens enfre los damunt IIII anys, e pach tot lo cens del temps que serà passat; e·l senyor pusque retenir aquela cosa, o a altre establir, o en altra manera alienar (Fur IV, XXII, II).

---

8 Arxiu Real Seminario del Corpus Cristi. Notari Joan Tode, protocol nº. 25645. 1478, desembre, 15.

Tota propietat sotmesa al dret emfitèutic ha de pagar el lluïsme. Per a Antonio Negri el lluïsme està relacionat amb la conformitat del contracte establert:

> Alij deductum fuisse verbum istud volunt à verbo laudo, proprie & recenti Latina lingua sumpto vocabulo, & arguendo quod sicut à verbo mereo descendit merces, & à verbo Dono derivat donatio, ita & Laudemium proveniat à verbo laudo quod propie significat approbare, vel ratificare, facto, vel verbis aliorum dicta, & facta, inde dicimus consilium alicuius laudari.[9]

> [Volen que aquesta paraula s'haja derivat en un altre lloc de la paraula alabança, terme propi i recentment pres de la llengua llatina, i argumentant que així com la paraula merèixer deriva de la paraula recompensa, i de la paraula Dono deriva donació, així també Laudemium prové de la paraula alabança, que de prop significa aprovar o ratificar per un fet, o per les paraules d'altres, dites i fetes, per això diguem que s'aprova el pla d'algú.]

El valor del lluïsme està fixat en els furs: és una desena part del valor del preu de la venda (Fur IV-XXIII-III). És una tributació que s'ha de fer al detenidor del domini directe, com així es va reafirmar en les corts valencianes de 1542, davant la demanda que les terres sota directa senyoria d'administracions religioses havien de rebre'l, davant els impediments que posava el batle general (Fur IV-XXIII-IV).

Els furs reconeixen dues opcions per a no contribuir amb el lluïsme, quan són béns testamentaris i quan són béns aportats al matrimoni:

> Si alcú en la ciutat o en altre loch del regne de València en son testament o en sa darrera volentat lexarà o donarà a alcú cosa censal o alcuna cosa de que sia donat cert tribut o cert cens o cert servii o certa part de fruits o de rendes o alcun loguer, o si fenbra quant pendrà marit donara al seu marit alcuna de

---

9 Nigro, Antonio (1650). *De Laudemio Tractatus*. Roma: Expensis Io Baptistae, et Iosephi Corbi Bibliopol., pàg. 8.

> les damunt dites coses, o si·l pare o la mare o abdós ensemps o·l tudor del pubill o de la pubilla o pubills, donaran a alcú en exovar o en espoalici alcuna cosa censal que per altre tinga, o alcuna de les damunt dites coses per cert preu estimades o preades, no sien tenguts al señor de la cosa o al altre fer fadiga ne donar d'aquí loïsme (Fur IV-XXIII-XLI).

El detenidor del domini directe comptava amb diverses formes de controlar el pagament del lluïsme per part del detenidor del domini útil. D'una banda, les possessions senyorials afavorien que hi haguera un representant del senyor feudal, nomenat generalment com a procurador o governador, que controlara en el feu els traspassos de propietat per venda o qualsevol altra via. Al representant del senyor li interessava controlar les vendes per a poder cobrar el lluïsme o fer valdre la fadiga. L'altra opció de control de les propietats era el capbreu (Gil Olzina 1998). Periòdicament, els detenidors del domini directe realitzaven una capbrevació del seu territori perquè els detenidors del domini útil manifestaren les seues propietats. El Reial Monestir de Sant Geroni de Cotalba (Gandia) va encomanar al notari Nazianzeno Porcar que fera constar per registre notarial diferents capbrevacions de les seues propietats com a posseïdor del domini directe, cosa que farà i les registrarà en el període de 1666 a 1691. El monestir era senyor directe de propietats situades en diversos llocs del regne (València ciutat, Tavernes, Meliana, Carraixet, Algirós, Campanar, Orriols, Alboraia, Patraix, etc.). En un registre notarial de 1666 es descriu l'acte de capbrevació:

> ... Constituït en presència de Don Jaume Madroño, dotor en drets, jutge delegat en totes les causes enphiteoticals del real Convent de Sent Geroni de Gandia alias de Cotalva, constant in aliis., Antoni Ruviols, llaurador de València, instant y requirent frere Joan Mataredó prevere, síndich de dit real convent, constant in aliis, interrogar lo dit Antoni Ruviols quines terres, casses, eo posicions deté, o poseheix, tingudes sots directa senyoria de dit real Convent, a quin cens y en quin termini pagador. E lo dit Antoni Ruviols medio juramento per aquell en mà y poder del jutge delegat prestat, e dix que deté y posehix

> dues cafissades de terra ab algunes moreres, situades y posades en la horta de la present ciutat, en la partida dita del Giros, tingudes sots directa senyoria del dit real convent a cens de set sous per cada cafissada, pagadors en lo dia y festa de Nadal, en una paga, ab lloisme y fadiga y tot altre ple dret enphiteotical segons furs de València, que afronta...[10]

L'altra prerrogativa que té el posseïdor del domini directe és la fadiga, com a dret de prelació quan l'usuari del domini útil vol vendre, empenyorar o alienar el camp.

> Aquel qui tendrè alcuna cosa a cens per altre, e aquel puys darà aquela cosa a altre a cens ab volentat del primer senyor, e aquel la darà a altre, e axí serà donada a molts d'un a altre, qualque d'aquels volrrà vendre, enpeyorar o alienar lo primer senyor, deu ésser demanat que ferm e atorch la venda o la empeyoratió o la alienatió; e axí lo primer senyor haja la fadiga e tot lo loÿsme [Fur IV-XXIII-XII].

Per al jurista Bas y Galcerán la prelació de la fadiga té una durada de trenta dies des que l'emfiteuta comunica l'alienació de la propietat.[11]

En el cas de la venda d'una possessió a un preu establert, si el comprador no satisfà aquest preu, el venedor no té dret a recobrar la possessió o el camp, sinó sols a reclamar el cobrament de la venda:

> Si alcú no per rahó de donatiu mas verament vinyes o altres possessions sues vené e·l preu no li fo contat ne donat, pot demanar lo preu que li'n fo promès, mas no les coses que haurà venudes (Fur IV-XVIII-VII).

---

10 Arxiu Real Seminario del Corpus Cristi. Notari Nazianzeno Porcar, protocol nº. 15343, fol. 7-8.

11 "Non incipiunt currere hujusmodi triginta faticae dies a celebrari contractus die, sed a die quo emphyteuta domino denunciaverit directo emphyteuticae rei venditionem" (Bas y Galcerán 1742, tom. I, p. 594.).

En la venda d'un camp que confronta amb una ribera, o amb un camí, aquests espais no es contemplen en la venda, ja que es consideren zones públiques d'ús comú:

> Los ribatges de la mar, qui·s tenrran ab lo camp que serà venut, no sien comptats en la mesura ne en compte d'aquel camp venut, car no són de negú, mas per dret natural deuen servir a tots, axí com carreres públiques o camins públics (Fur IV-XVIII-XI).

3.2. Dret a zones comunals

En el context productiu i comercial de l'època medieval era important disposar de zones comunals que permeteren als veïns de la població gaudir d'uns serveis sense comprometre les seues possessions: fer llenya com a font d'energia (cuinar, calefacció), pastura per al bestiar, ja fora propi o dels comerciants de bestiar que el portaven a aquests municipis per al proveïment carni. Aquestes zones de pastura es coneixien com a emprius (Royo Pérez 2020; Ferrer i Mallol 1996) o bovalars (García Edo 1990). El dret dels valencians a gaudir d'aquestes zones comunals calia implementar-lo en totes les poblacions, ja foren del rei (viles reials) o de senyors feudals (laics o eclesiàstics).

> Atorgam que·ls pobladors de la ciutat e del terme de València ajen pastures franques e lliures pels térmens de les viles, dels cavallers, e de clergues e dels religioses, d'era a era e de cèquia a cèquia... (Fur I-II-I).

> Item, tots e sengles boalars per fur otorgats, sien salvus en aquells de qui són o serán, e que algún vehía de la dita ciutat, o contribución general de aquella, no haja en empriu de erbeyar en los dits boalars, sots les penes dejús declarades... (Fur I-II-IX).

La regulació foral prohibia que particulars vedaren zones sense haver demanat llicència reial, i mai podria perjudicar un altre veí. Tanmateix, hi havia llibertat de crear bovalars –zones comunes– per part dels senyors feudals d'una grandària adequada a la dimensió de la població.

> Cavaler ni altre no pusque fer vedat en alcun loch dinstre los termens de la ciutat ne del regne sens nostra licèntia e sens perjuduci d'altre. Mas pusque fer boalar covinent segons la valor e la granea de la vila en la qual aquel fer volrrà (Fur I-II-III, de Jaume I).

Una mostra de la creació d'una zona de bé comunal per part d'un senyor feudal la tenim el 1334, quan el Monestir de Poblet atorga carta de poblament a Quart de Poblet per a poblar-lo de cristians, després d'expulsar els seus pobladors musulmans, amb aquesta clàusula:

> Item, que los dits pobladors, ells e llurs successors, per tot temps, hajen tots emprius en lo terme del dit lloch, francament, de lenya, de fer cals, huix, et hajen tots altres emprius, et hajen erbes, et peixquen e puixen péixer llur bestiar de qualque natura o condició sia, et tenir llurs bestiars francament et quitia, segons que els ciutadans de València és legut de fer en los termens de la ciutat per furs... (Guinot 1991: 509).

El 1276, el comanador major d'Alcanyís (Orde de Calatrava) atorga carta pobla per als cristians que vagen a poblar Begís i els permet fer ús comú de certs béns i crear-hi un bovalar:

> El qual término e población en la forma deiús dita damos e otorgamos a vos, dichos pobladores, con todas sus entrades e sus exidas, e con todas sus pertenencias e sus mexoramientos, aguas, zequias, árboles de qualquier linage que sean, piedas, ierbas, montes, términos ganados e por ganar, los quales a aquell lugar pertaniene ni pertanir deben por qualquier razón ni manera. Et damos a vos licencia que podades fer boalar convinent en el dicho lugar a las besties d'arada. (Guinot 1991: 354)

Amb la repoblació posterior a de l'expulsió dels moriscos, les cartes de poblament del segle XVII continuaven fixant zones comunals. Així ho va fer el marqués de Dénia amb la carta de poblament del Poble Nou de Benitagell, el 1698:

> VIII. Otro sí, que en el término y territorio de dicha universidad se pueda, por el consejo general de esta, designar boalar o vedado competente para el pasto de los ganados que se consumirán en la carnizería de aquella. Y que los dichos ganados puedan transitar por los azagadores del modo y forma que transitan los demàs; y que puedan asimesmo arrendar el dicho boalar y percibir el precio de su arrendamiento, precediendo, en la designación, aprovación y conocimiento del procurador general de los estados, que reside en dicha Ciudad de València. (Guinot, Ardit 2017: 1468).

En la carta de poblament que atorga el comte d'Elda a aquesta població, el 1611, constitueix com a zona d'ús comú les muntanyes d'Elda i Petrel per a tots els veïns, indistintament, però fixa un bovalar concret per a cada lloc:

> XX. Ytem, és tractat que la pastura dels bestiars dels vehins de la present vila y los de Petrel, en los alts y montanyes, hajen de ser y sia comú, de manera que los bestiars dels vehins de Petrel puixen entrar en les montañes terme de la present vila de Elda, y los de Elda en Petrel, indistintament e sens encórrer en pena alguna, declarant que lo bobalar de Petrel ha de estar distint y separat del de Elda, y el ganado de la tria de Petrel no pot entrar en lo bobalar de Elda, ni lo de Elda en la vila de Petrel ... (Guinot, Ardit 2016: 1552).

En l'època foral valenciana és habitual que els municipis disposen de zones d'ús comú per a beneficiar-se de l'extracció de materials com la fusta o uns altres relacionats amb la construcció (depenia dels recursos del territori) i també d'un bovalar per al pasturatge tant dels animals del poble com dels mercaders que s'havien d'apropar al municipi per a fer l'abastiment de carn.

3.3. Arrendament i violari

L'arrendament (lloguer), la comanda o el préstec no es regulen pel dret emfitèutic. No hi ha una divisió del domini útil i el domini directe del bé. En els tres casos el domini (útil o directe) no se cedirà a qui posseirà temporalment un bé.

> Loguer és cant alcun loga la sua cosa a altre per diners o per alcun preu que li será promés o donat, e·l qual cas és utilitat e prou d'aquel qui loga la cosa e d'aquel qui la pren a loguer (Fur IV-XV-XXXII)

> Aquell qui comanà o prestà alcuna cosa a altre recobre la possessió e la propietat d'aquella cosa que li haurà prestada o comanada. Car qui presta ni comana la sua cosa a altre no fa la cosa d'aquel, ço és, no dona la senyoria de la cosa a aquel a cuy la presta o la comana. (Fur IV-XV-XIX)

En el dret comú es contempla també el subarrendament. Qualsevol persona que tenia llogada una cosa la podia subarrendar, si en el contracte de lloguer no s'havia estipulat cap cosa en contrari.

> *Nemo prohibetur rem, quam conduxit fruendam, alii locare, si nihil aliud convenit.* [A nadie se le prohíbe alquilar la propiedad que ha alquilado, si no hay otra cosa acordada] (Código, Libro IV, Título LXV, 6).

Aquest fragment del Còdex té una versió en els furs valencians:

> Si alcú llogara cases o altra cosa a altre entrò a cert temps, no és vedat a aquel qui les haurà preses a loguer que no les loch a altre entrò a aquel temps que les havia logades, si doncs entre éls no haurà covinença que no ó pogués fer (Fur IV-XXII-I).

El fur IV-XXII-V contempla de forma genèrica quina cosa es pot subarrendar, sempre que no es faça a persones considerades per la societat com a conflictives "que no sien tafurs ni jugadors, ni ladres, ne putaners, ne alcavots...".

Una de les problemàtiques habituals en els lloguers era pagar la quantitat acordada del lloguer o arrendament si el bé o la cosa havia patit una disminució del seu valor per causes alienes al llogater. En el dret comú es contempla que, si en el contracte del lloguer no s'ha determinat quina de les parts ha d'assumir aquesta incidència de la disminució del valor de la cosa, és el llogater qui ha d'assumir aquest risc, però pot demanar una revisió de l'arrendament.

> *Licet certis annuis quantitatibus fundum conduxeris, si tamen expressum non est in locatione aut mos regionis postulat, ut, si qua lue tempestatis vel alio coeli vitio damna accidissent, ad onus tuum pertinerent, et quae evenerunt sterilitates, ubertate aliorum annorum repensatae non probabuntur, rationem tui iuxta bonam fidem haberi recte postulabis, eamque formam, qui ex appellatione cognoscet, sequetur.*
>
> [Encara que hages arrendat la finca per determinades quantitats anuals, si no està expressat en el contracte d'arrendament o el costum del país l'exigeix, de manera que si algun mal fora causat pel temps o alguna un altre fenomen climatològic, seria de la teua responsabilitat, i no es provara que les esterilitats que van esdevindre van ser compensades amb l'abundància d'altres anys, amb raó exigiràs que es tinga en compte, de bona fe, i a aquesta disposició s'atindrà el que coneguera en virtut d'apel·lació.] (Còdex, llibre IV, Títol LXV, 8).

En els furs valencians també el risc de dany en la cosa llogada l'ha d'assumir el qui lloga la cosa.

> Aquel qui pren loguer per guardar alcuna cosa, lo perill d'aquela cosa ço és lo dan, deu donar aquel qui reebé aquela cosa en guarda per loguer (Fur IV-XXII-VIII).

El jurista valencià Francesc Geroni de León planteja la problemàtica de la rescissió d'un contracte d'arrendament a partir del cas de l'arrendament de Paterna, abans de l'expulsió dels moriscos (p. 429), com a exemple del fet que les condicions de la cosa arrendada han canviat, en disminuir-hi la població, i dona una opinió contrària als furs valencians, potser influenciat per la legislació castellana, ja que va estudiar a Salamanca, quan contempla que és un dels casos en què es podria rescindir el contracte:

Quarto, quamuis ex oppido de la Pobla, nulli fuerint expulsi sarraceni, et sic in illo depopulatio sequuta non fuerit; tamen cum simul facta fuerit locatio, unico contractu, et unica mercede trium oppidorum de Paterna, Benaguazir, et la Pobla, et respectu aliorum duorum non possit uti conductor re conducta, dicendum est, nec respectu oppidi de la Pobla teneri conductorem, mercedem solvere...

[En quart lloc, encara que no es va expulsar a cap morisc de la localitat de La Pobla, per la qual cosa no es va produir la despoblació en aquesta localitat; però quan l'arrendament es va fer al mateix temps, per un sol contracte, i amb un sol pagament, de les tres viles de Paterna, Benaguasil i La Pobla, i en relació amb els altres dos no puga utilitzar a l'arrendatari l'immoble arrendat, s'ha de dir que tampoc està obligat a complir amb l'arrendament respecte al poble de La Pobla i pagar el lloger...]

De León fa aquesta interpretació a partir de citar el jurista de Ferrara (Itàlia) Govanni Cefali (c. 1512-1580), per l'obra *Consiliorum sive responsorum iuris*, i també la justifica per una sentència favorable als arrendadors, publicada pel notari reial Joan Daça el 15 de juny de 1610. D'aquesta manera s'introdueix en el dret una interpretació de la rescissió del lloguer que no estava contemplada originàriament en els furs valencians.

L'arrendament d'un camp sempre era per un temps i un preu determinats. Un exemple n'és l'arrendament que fa el tutor de la menor Isabel, Bernat Guitart, a Nicolau Carbonell, d'un tros de terra a Castelló de Xàtiva, l'any 1490:

Noverint universi etc., ego Bernardus Guitart, agricultor vicini loci Castillonis Xativarum, tutor et curator Ysabellis fillie et heredis Micaellis Guitart dicti loci vicini vendo et per viam arendamenti concedo vobis Nicolao Carbonel vicino dicti loci pressenti et vostris quodam trocenum terre allinaris sumi et positum in termino dicti loci in partida del pla [...] por precio o sive

> *arendamento cinque librancii viginti tria solidorum et quatuor dinarios...*[12]

En el contracte d'arrendament també es podien establir algunes condicions que havia de complir l'arrendatari, com passa a finals del segle XVII, quan l'any 1695, el jurista Josep Leonard Pintor, veí de València, arrenda a Cristòfol Domingo, de Carpesa, deu fanecades de terra situades a la partida anomenada Bollidor de Carpesa. Aquest tipus d'arrendaments amb clàusules extenses esdevenen després de segles d'experiència en contractes d'arrendaments rústics:

> Primerament, ab pacte y condició que lo dit Chistofol Domingo haja y tinga obligación de cultivar totes les dites terres a ús y costum de bon llaurador.
>
> Item, ab pacte de que dit doctor Jospeh Lleonardo Pintor haja de donar al dit Domingo, moreres plantes aquelles que seran menester pera el camp dins quatre anys, contadors de dia de Sent Juan de juny propassat en Avant, les quals haja de plantar y conrrear lo dit Domingo a ús y costum de bon llaurador.
>
> Item, ab pacte y condició que lo dit Domingo no puixa demanar truchelles ni millores, si que haja de deixar la terra com al present està, ço és, cinch fanecades de melonar de Alger y carabaçes, y lo restant de rastroll de forment de un any...[13]

Una altra qüestió diferent és que algú tinga el dret d'usdefruit d'un bé, però no el tinga en propietat, i l'haja de restituir sense cap disminució del seu valor. Aquesta cessió de l'usdefruit es feia per una vida, és a dir, mentre vivira l'usufructuari (o excepcionalment per dues vides) a canvi d'una prestació

---

12 Arxiu de Protocols del Reial Col·legi Seminari del Corpus Christi, notari Pere Caldes, núm. 20990, 13 de febrer de 1490.

13 Arxiu de Protocols del Reial Col·legi Seminari del Corpus Christi, notari Alexandes Zoco, núm. 13353, 24 d'octubre de 1695.

anual, semblant a la cessió del domini útil i també semblant a un arrendament a llarg termini, sense ser-ne cap d'aquestes dues opcions, i era coneguda com a violari (d'una vida), la qual era usada en el préstec de diners o en el préstec de camps. El propietari del bé podia transmetre'l, però l'usufructuari, mentre visquera, tenia el dret d'usdefruit d'aquest mateix bé (Fur III-XIV-I i II). En el cas del violari de propietats rústiques, l'usufructuari havia de cuidar i mantindre el bé, i reposar, si era el cas, els arbres que moriren, i només, excepcionalment, si la disminució del valor del bé era perquè els arbres s'havien fet vells o es destruïen per accidents o fenòmens climatològics, se l'eximiria de la responsabilitat de replantar aquests arbres:

> ... e si hi haurà usufruyt, ço és violari, en algun camp, o en algun camp seran arbres e morran aquels arbres, ell, tenent aquel violari, deu-n'i altres plantar en loch d'aquels; e aquels arbres qui seran secats o morts sien d'aquel qui haurà violari en aquel camp. Empero, si'ls arbres d'aquel camp seran arrencats per vellea, o per terratrèmol o per força de vent seran gitats, en loch d'aquells aquel qui ha lo violari e·l camp no sia tengut de replantar altres arbres. (Fur III-XIV-IV)

4. EL COMERÇ DELS PRODUCTES AGRÍCOLES

El comerç de productes agrícoles en època foral és una de les fonts de riquesa més importants de les elits rurals (Gracia-Oliver 2017), i també de les elits urbanes, ja que el cereal és un dels productes predominants en el comerç. El mercadeig del blat, deficitari a València, és essencial i vital per a previndre la fam. Una part del blat s'importava del Regne d'Aragó i es depositava a l'almodí de la ciutat de València (Rubio Vela, 2002), i l'altra gran part provenia de Sicília (Belenguer Cebrià, 1973). Per tal de garantir que la ciutat de València estiguera ben abastida de blat, els jurats del govern local van practicar diverses modalitats de subvencions, cosa que suposava un percentatge considerable del pressupost municipal i que es realitzava mitjançant pactes amb mercaders que rebien la subvenció prèviament acordada (Narbona Vizcaino, 2013). En el context internacional, en l'època medieval el comerç pel Mediterrani era predominant entre el segle XIII i la caiguda de Constantinoble el 1453 (Gaspares, 2010).

Amb la conquesta, Jaume I promulga normes a fi de promoure el desplaçament de la població cristiana des de la Corona d'Aragó cap als nous territoris on encara vivien musulmans i, en alguns casos hi hagueren de conviure, encara que habitaren en zones urbanes delimitades, com les moreries de les ciutats, entre altres la de València.

Un fur, reivindicat al llarg de la història foral, fins i tot en el segle XVIII, fa referència a la suposada llibertat de no pagar impostos per les mercaderies, promulgat per Jaume I:

> Los hòmens de la ciutat e del regne de València pusquen, quant que·s volran vendre tots lurs béns; e·l preu que d'aquels béns hauran, pusquen ab si portar la on volrran, francament e liurement, sens alcun embargament. E nós o la cort o aquels qui nostre loch tenrran devem dar a ells, e a les coses lurs e a la companya lur guiatge per tota la terra nostra, e per la senyoria e per lo poder nostre. (Fur I-V-I)

Aquest fur és modificat per un privilegi de Pere el Gran el 1283, en introduir-hi la possibilitat que hi haguera mercaderies que tingueren restriccions o prohibicions de venda:

> *Privilegium Magnum (1283)*
>
> *Item, statuimus et ordinamus quod quilibet libere possit emere et vendere Omnia bona et res et merces quecumque sint et in quocumque loco civitatis et regni, que non proibeantur per privilegium sive forum.*
>
> [Així mateix, decretem i ordenem que qualsevol puga comprar i vendre lliurement tots els béns i propietats i mercaderies, qualssevol que siguen i en qualsevol lloc de la ciutat i regne, que no estiguen prohibides per privilegi o fur.]

Aquest privilegi el que pretén és limitar o prohibir que mercaderies essencials per al Regne de València s'exporten a uns altres estats, com és el cas del blat, que és deficitari en producció al territori valencià. Però, fins i tot aquesta prohibició es podria eludir pagant un impost, l'anomenat de les coses vedades. Ara bé, importar mercaderies sempre havia sigut un benefici per a la societat valenciana, especialment amb la deficiència de productes agrícoles i amb el continu creixement poblacional des del segle XIII fins al XVI que creaven una demanda continuada d'aliments. Només en el segle XVII hi ha una crisi demogràfica important per diversos factors, especialment l'expulsió dels moriscos i la pesta. Generalment es prohibia importar productes manufacturers que feren la competència a les manufactures valencianes[14]. Jaume II, a fi de fomentar el comerç d'importació al sud del regne, va emetre uns privilegis els anys 1310 i 1311, pels quals tots els mercaders que acudiren en vaixells al Cap de Cerver (Oriola) eren francs d'ancoratge i estaven protegits judicialment, sempre que pagaren fiances per a assegurar possibles deutes requerits (Hinojosa Montalvo 1995). També Jaume II estableix uns capítols, en les corts celebrades el 1302, per a regular el comerç internacional en

14 Un cas el tenim en el Fur I-V-XXXI, en el qual els braços demanen que no es compren teles de fora del regne, evidentment, per la competència que faria als gremis valencians, encara que argumenten que "per la compra dels draps francesos de lana e altres fora de vostra senyoria, grans quantitats de moneda del regne de València hajen tretes e se sforcen de traure, la qual cosa és en gran damnatge de la ciutat e del regne [...], a la qual cosa el rei ordena que "null hom no gos vestir de nou de alcuns draps de lana, si no seran feyts dins lo regne de València; e si·u fahia, que perda les dites vestidures e sien dades a pobres", tot i que el monarca es reserva deliberar més endavant si ho concedeix, ja que potser minvarien els ingressos reials de l'impost de lleuda, de trànsit de mercaderies. D'altra banda, els braços també demanen que es prohibisca exportar el tint de la grana.

relació amb el regne, en els quals facilita la importació y producció de blat i prohibeix que s'exporten a terres enemigues certs productes no agrícoles:

> (XII) Ítem, establim e atorgam que tot hom de qualque condició sie del regne pusque portar e trametre blat, e vianda, e totes altres coses e mercaderies on se volrà, exceptat a terra de enemichs del senyor rey ab qui garrejàs o de sarrayns, exceptat que nengú no pusque trer fora la terra nostra aquestes coses vedades, ço és, a saber: pegunta, seu, alquitrà, fusta, cànem, fil d'exàrcia, ferre, e armes e cavails.
>
> Retenim, emperò, que per necessitat de carestia del regne de València, nos puscham posar vet en la terra del blat e de la vianda, e de les altres coses, mas que·n pugam fer gràcia a quins volrem, axí, emperò, que la gràcia no sia feita per diners; et si·s faya, que·l vet del blat e de les altres viandes que serien vedades per nós fos absolt quant a aquella vegada; et que nengun official nostre d'açò no dega pendre diners, ne fer nenguna frau, e si u fahïa, que nós lo·n puníssem; en altra manera que·l vet fos absolt quant a aquella vegada (Baydal, p.184).

La carestia del blat és un fet persistent i en època de preus elevats se n'havia d'exportar a pesar de les prohibicions, aprofitant els beneficis elevats dels mercaders. També s'exportaven productes prohibits, si el batlle general donava llicència, considerant que no hi havia mancança d'abastiment al regne o si aquestes mercaderies, en mans estrangeres, no representaven una amenaça de seguretat a les terres valencianes (Díaz Borrás, p.361). El 1314, els prohoms de València demanen a Jaume II que cesse qualsevol tipus d'exportació de blat, excepte als altres estats de la seua possessió:

> XXXIII Ítem, com en los ayns aprop passats sia estada gran mirva e carestia de blats en la ciutat e viles del regne de València, e de present hi sia, et per esquivar major carestia de blats, ha convengut assegurar moltes navades de forment, en lo qual són perduts .C.XX. mil sous o pus, oltra los dampnatges que la ciutat e viles n'an sostengut, et com lo dit regne haja assats de fer en provehir si eleix de blats et no requer que d'aquell blats fossen treyts, mas sostendran-ho en la forma dejús scrita, em-

> peraçò, supliquen a la alta senyoria e benignitat, que constitució e ordenació sia feyta en Cort General, que neguna persona, de qualque condició o estament, sia privada o estranya, no gos trer o fer trer nengun blat per mar o per terra del dit regne per portar o trametre aquell fora la terra e la senyoria del senyor rey, mas que de un regne a altre del senyor rey blat pusca ésser treyt e portat liurament e francha, sens tota redempció de treyta. Et qui contrafarà, perda tot lo blat per quantesque vegades contrafarà, del qual sia lo terç del senyor rey e lo terç de la ciutat o vila e lo terç del accusador, deduytes e relevades, emperò, les messions que se'n convendrien fer. Et plàcia al senyor rey jurar la dita ordenació e servar e fer observar ab acabament als seus officials. Et d'açò se seguirà molt de bé. (Baydal, p.232)

El 1321 hi ha una altra demanda dels prohoms de la ciutat de València perquè Jaume II facilite la importació de blat des de Tortosa, ja que les inclemències meteorològiques han provocat una disminució de la producció a les terres valencianes:

> Ítem, com per lo temps, qui és molt perillós per la mirva de les pluges que són molt tardades a les messes, se començ carestia de blats en la ciutat e en lo regne de València, que sia mercé del senyor rey que [...] e man ab carta sua que cascú qui blat volrrà [... de] Tortosa e aportar a València, que puscha fer sens que treta o [...] dit blat no pach sinó la leuda e aquells qui pagar-la deuran.
>
> Respon lo senyor rey que·l vet e les vianders serà solt ara a les messes, e lavors poran-ne trer, e encara el senyor rey ne ha atorgades alcunes tretes a alcuns per aportar al regne de València (Baydal, p.256).

El 1323, la ciutat de Valencia traslladа al rei Jaume II la seua preocupació per la carestia del blat o forment i d'altres productes agrícoles, a causa tant de les inclemències meteorològiques com pel suport a la campanya de la conquesta de Sardenya, fet que comportava que el monarca permetera l'exportació de blat, tot i que el govern municipal va acordar amb els mercaders una gratificació per assegurar-ne la importació, però, així i tot, no sempre arribava i havien de crear impostos i endeutar-se per a continuar assegurant la importació del blat amb els mercaders:

> Senyor, encara la ciutat de present és endeutada de .C.L. mil sous e plus per diverses messions que ha feites e per la pèrdua del forment que ha assegurats, per los quals de present ha a fer talla e quèstia, et per la gran necessitat en què és posada, ha aüts a vendre de present del censal qui avia per .XXV. mil sous.
>
> Senyor, encara la ciutat ha sostenguts greus dayns per plujes e per diluvis d'aygües que derrocaren molts alberchs e los pons de la ciutat, e conssumaren lurs rendes, axí com de vi, fruytes e altres béns.
>
> Encara ha sostenguts grans dampnatges en la mar per nauffragis e per cossaris e males gens, et de present sostenga carestia de blats e messió per la ajuda atorgada a vós, senyor, e al senyor inffant n'Amfós dels .CCC.L. mil sous per lo viatge de Cerdenya, la qual ajuda ha a durar encara un ayn e plus (Baydal, p.276).

La importació del blat de Sicília era essencial per al Regne de València i especialment per a la gran urbs que era la ciutat, seu de la major part de la noblesa i la burgesia valencianes. La conquesta de Sicília i Nàpols, i la seua incorpació a la Corona d'Aragó com a nous estats, afavoreix la relació comercial en benefici dels valencians i suposa una continuada importació de blat des d'època medieval, tot i que també se n'importava d'altres zones com Pisa, Nàpols, Sardenya, Castella o França (Llop Català, 1973). A la ciutat de València es diferenciava entre el blat que portaven els mercaders o productors voluntàriament a l'almodí, forment aventurer, i el blat que negociava el govern local amb els mercaders, pel qual els donava una quantitat econòmica per a assegurar-ne la importació, i el qual es venia a l'almodí a un preu fixat pel Consell de València, forment assegurat (Seguí Cantos, 1992), i que, de vegades, es venia a un preu més baix que el comprat a Sicília, cosa que agreujava el dèficit de la hisenda local (Felipo Orts, 2005). Per tal de garantir la importació del blat de Sicília a bon preu, un consell general de la ciutat de València de 1585 delibera que s'ha d'elegir una persona que estiga a Sicília de forma estable i continuada "sens intermissió alguna, perquè de altra manera no assistint de continu en dita ylla persona que entenga en dita negociació, nos poden comprar dits forments ab la comoditat que convé..." (Ciutat de València, 1661, p. 10), ja que sense aquesta persona que coneguera el mercat del blat el podrien comprar a un preu més elevat.

La problemàtica de l'abastiment de blat de Sicília es tracta en les corts valencianes de 1626, pels tres braços, com a fur. Aquests exposen a Felip IV que el Consell d'Itàlia havia concedit a la ciutat de Valencià, el 1614, llicència i permís per a traure de Sicília, francament de pagar qualsevol dret, huit mil salmes de forment anualment, per un període de deu anys, en compensació per la fidelitat de la ciutat, i també que, el 1622, el monarca va signar novament una altra reial cèdula, despatxada pel Consell d'Itàlia, per la qual ordenava executar el privilegi d'extraure blat de Sicília pel període de quatre anys (1621-1624) sense perjudici dels sis anys que restaven de la primera ordre, perquè la ciutat no havia pogut fer valdre totalment el primer privilegi. Però el govern de la ciutat no va poder executar els sis anys restants, no per negligència o deixadesa de la ciutat, sinó perquè Felip III havia ordenat que la ciutat no enviara un síndic a Sicília a comprar blat. En la mateixa demanda dels braços es fa esment de com el rei Ferran va establir un fur titulat "De la treta de forment de Sicília", pel qual la ciutat de València podia traure blat de Sicília franc de drets reials[15]. Fur

---

15 Una pragmàtica d'Alfons del Magnàmin, de 1450, emesa a Sicília (Castell Novo), ordenava que qualsevol prelat o baró no poguera impedir que els llauradors vengueren el blat i altres cereals a qui volgueren i al preu que volgueren (Regne de Sicília 1622, p. 549). Al Regne de Nàpols, els clergues podien extraure blat, ordi, vi, oli, i

que va ser ratificat per Carles V sota el mateix títol, per Felip II en les corts de 1585 i per Felip III en les corts de 1604, i es va tractar també com a contrafur. Els braços valencians reconeixen que no poden anar en contra de les pragmàtiques del Regne de Sicília, especialment de la que tracta la rescissió de les llicències, que no afecta la llicència de 1614, ja que no va ser executada. Per tot això, els braços demanen que novament Felip IV, pel Consell d'Itàlia, "per la gran y extrema necessitat en que està constituhida de ordinari la ciutat de València, per falta de forments, supliquen los tres Braços a V. M. sia de son Real servey manar que ab cèdula particular, despachada per lo Consell de Italia, axí per via de justícia, com de gràcia, sia servit dispensar ab la dita Ciutat en los dits sis anys de vacant que ha deixat de cobrar les dites huyt milia salmes..." (Regne de València, 1635, fol. 9). La resolució reial és molt diplomàtica i deixa els tres braços amb incertesa: "Sa Magestat manarà al Consell de Itàlia que done a la ciutat de València pera la execució destes trates los despaigs més favorables ques poran donar, sens perjuhí dels privilegis del Regne de Sicília, y dels particulars".

4.1. Els mercaders

La València medieval és un centre actiu econòmicament, on el comerç té un gran dinamisme a causa del creixement demogràfic i productiu, cosa que afavoreix les relacions comercials d'importació i exportació. Aquest dinamisme comercial propicia que en el segle XVI hi haja una presència destacada de mercaders dels estats italians i alemanys, tot i que els productes comercials agrícoles poden arribar a Flandes o a uns altres estats europeus. Entre els productes destaquen les exportacions d'arròs, panses, figues, mel, sucre o ametlla (Hinojosa Mon-

---

altres aliments, encara que estigueren prohibits, si hi havia llicència reial (Capone, 1677, p.236).

talvo, 1973, 1976, 1982, 1985; Furió, 1987; Cruselles Gómez, 1990).

Els furs valencians regularen alguns aspectes relacionats amb els mercaders. Com a norma general, qualsevol home (la dona no pot ser mercadera, Fur VII-IX-V) pot comerciar amb productes en qualsevol part del regne o en altres països, sempre que no siguen enemics o el monarca estiga en guerra amb ells:

> Item, stablim e atorgam que tothom de qualque condició sia, del regne, pusqua portar e trametre blat e vianda e totes altres coses e mercaderies on se volrà, exceptant en terra de enemichs del senuor rey ab qui guerregàs, e de sarrahins; et exceptant que ningú no puxe traure fora la terra nostra aquestes coses vedades, ço és a saber: pegunta, seu, alquitrà, fusta, cànem, fil de exàrcia, ferre, armes e cavalls.
>
> Retenim, emperò, que per necessitat de carestia del regne de València, nos puscham posat vet, en la terra, del blat e de la vianda e de les altres coses; mas que·n puscham fer gràcia a qui·ns volrem, axí, emperò, que la gràcia no sia feyta per diners; e, si l'àls faÿm, que·l vet del blat e de les altres viandes fos absolt quant aquella vegada. E que ningun oficial nostre d'açò deja pendre diners ne fer ningun frau; e si ho farà, que nos lo'n puníssem; en altra manera, que·l vet fos absolt quant a aquella vegada (Fur I-V-XXV).

A fi de garantir el producte que es comerciava, els mercaders podien demanar seguretat als altres mercaderes, independentment que foren cristians o musulmans, sobre les mercaderies que es comerciaven (Fur I-V-XXIV), encara que el monarca estiguera en guerra amb els seus estats. En el segle XIV hi ha una marcada relació comercial amb els musulmans del nord d'Àfrica, i els mercaders han de destinar recursos per a assegurar les mercaderies (Soler Milla, 2006).

La causa més castigada als mercaderes és la de frau manifest, i pot ser amb la pena capital de mort:

> Mercaders, cabalers, canviadors, drapers, sia que sien chistians, juheus o sarrahins, los quals per rahó de prèstet o de

> comanda o de compra e de qualque altre contract seran feits deutors o obligats, si s'alçaran ab coses d'altre o s'abatran, dién que no han de què pagar, sien punits per mort, si doncs no era provat manifestament que per cas d'aventura perderen aquelles coses en terra o en mar.
>
> Enadeix, lo senyor rey que sia entès d'aquells qui públicament són haüts e·l loch on seran per mercaders, cabalers, canviadors o drapers (Fur VII-IX-IV).

Els cabalers són els botiguers, com els defineix el Fur VII-IX-V: "que cabalers sien dits aquells qui públicament en la ciutat, vila o loch tendran botigues per vendre cedants, tafetans, draps d'aur, de seda, freses, tercenells, xamellots e altres semblants venderies o tindran botigues venents en gros specieria e tendran botigues venen merceries axí com gavinets, spills e altres coses menudes e venents les dites merceries axí en gros com en menut...". En el segle XVI, el jurista valencià Tomàs Cerdan de Tallada encara considera que el frau comés pel negociant o mercader, en compliment del fur, mereix la pena de mort[16]. L'altre fet que els furs condemnen directament als mercaders és que facen aliances per a alterar el preu de les mercaderies, actes que podran ser penats pecuniàriament, hui els podríem considerar com a pactes entre comerciants per a alterar el lliure mercat i la competència:

> Mercaders no sien osats fer alcunes convinences entre ells, que coses o mercaderies compren o venen a cert preu; e si ó faran, sien condemnats peccunialment, ço és, en aver (Fur II-III-III).

---

16 "... que si algún tratante, o como dize el fuero (cabaler) o deudor se ausentaser con fraude, de la ciudad o lugar de donde haurá tomado la ropa o mercaderia, el acreedor o otra persona en su nombre puede prender al tal deudor, y ponerle hyerros y cadenas, y entrgalle a la Corte o Juez ordinario... hasta que haya pagado o asegurado de pagar la deuda, y aun el mercader, cambiador o tratante que con engaño rompiere, alçandose con la hazienda de otri, es encorrido en pena de muerte por fuero..." (Cerdán de Tallada 1574, p. 111).

Amb la possible carestia dels gèneres agrícoles pot ocórrer que un mercader venga a un altre una quantitat de producte i que després, veient que el seu preu puja i que pot obtindre més guanys, determine no entregar la mercaderia esmentada al comprador. Aquest fet també és castigat pels furs que obliguen el mercader venedor a rescabalar al comprador el valor dels beneficis que poguera obtindre per la pujada del preu per a la venda:

> Si alcú vendrà forment o vi a altre e no·l li volrrà liurar, és tengut a donar al comprador tot lo interés lo qual és en aquela cosa, ço és, que si·l preu del forment o del vi serà cregut, tot aquel preu que serà cregut deu donar lo venedor al comprador ... (Fur IV-XVIII-XXVII).

En cas que un mercader venga un producte a un preu determinat amb un contracte amb testimonis, ni el venedor ni el comprador poden anul·lar el contracte, encara que el producte no siga entregat o el preu no siga pagat, si no és que entre ells arribaren a un acord:

> Si venda serà feita d'alcuna cosa entre alcunes persones, jatsia ço que fermança no·y sia dada ne reebuda o la carta de la compra o de la venda no sia feita ne manada fer per lo venedor davant testimonis, o la possessió de la cosa, que serà venuda no serà liurada corporalment o en altra manera o·l preu no sia pagat, gens per açò no roman que la venda no sia acabada e ferma. E per ço lo venedor no·s pot penedir de la venda que haurà feita, ne·l comprador no pot trencar ni desfer la compra que haurà feita. Car en contrats sol lo consentiment de les parts abasta, dementre emperò que per testimonis o per altres leals proves sia provat que aquella compra e aquela venda sia feyta ... (Fur IV-XVIII-XVII).

Un contracte de venda d'arròs sense entregar el producte, perquè encara s'ha de collir, el tenim en la venda que fa, el 15 de setembre de 1468, el llaurador veí de València Pere de la Saragoça al doctor en lleis Joan Valero, de deu càrregues d'arròs blanc, que li entregarà "al for que valrà en lotga e hun sou menys, lo qual arròç li promet donar e liurar per tot lo mes de octubre primer vinent sots pena de L sous [...] i confess haver rebuts per principi de paga trenta sous..."[17]. En aquest contracte hi ha una obligació entre les dues parts, el comprador dona una part del preu de venda com a bestreta al venedor i aquest ha de pagar una pena pecuniària si no li entrega l'arròs.

Qualsevol mercader que vulga exportar productes agrícoles compresos entre les coses vedades ha de demanar llicència al batle general. Aquest tipus de llicències no sols serveixen per a controlar i fiscalitzar els productes que s'exporten, per si n'hi ha carestia o van cap a algun estat enemic en aquells moments, sinó també per a recaptar ingressos, ja que les llicències tenen un cost. El 1371, els braços plantegen en les corts valencianes que aquesta norma general s'estava incomplint perquè alguns batles locals, tant de viles reials com Castelló com de viles d'eclesiàstics, estaven donant llicències d'exportació de productes prohibits i causant una disminució dels ingressos del batle general. En aquestes corts demanen:

> E per tal sia mercé de vós, senyor, proveir e ordenar perpetualment que·l dit batle de Castelló, o altre qualsevol batle particular de qualsevol ciutat, vila o loch del dit regne, vulle's de vós, senyor, o de la senyora reyna o de vostre primogènit, vulla's d'Església o de barons o de cavallers o altre, no puxen fer les dites inhibicions o dar les dites licències, ansaquelles haje a dar e fer lo dit vostre batle general, o lloctinent seu; e que les inhibicions de aquel hajen a servar e tenir tots e sengles batles particulars desús dits e altres oficials e persones.
>
> Plau al senyor rey. (Fur I-V-XXVI).

El rei Martí I farà una xicoteta modificació en l'exclusivitat que tenia el batle general de donar les llicències als mercaders

[17] Arxiu de Protocols del Reial Col·legi Seminari del Corpus Christi, notari Joan Argent, n. 25216, 15 de setembre de 1468.

sobre els productes vedats. Per una Provisió de 1403 (Fur I-V-XVII), que passa a fur en les corts valencianes d'aquest mateix rei, els batles locals de les viles reials, per absència del batle general, poden donar llicències de productes vedats sols si transiten per terra i no ixen del regne:

> Per lo present acte de cort volem e manam que la provisió feta per nós, a suplicació del braç reyal, sobre lo traure de les coses vedades, sia servada en aquesta forma: que cascun que sia habitador del dit regne puxa traure, dur e portar e fer portar, per terra tantsolament, les dites coses vedades e qualsevol d'aquelles. Dins lo dit regne, prestant tansolament jurament en poder del bal·le general o lloctinent de aquell, en virtut del qual jur que aquelles no traurà fora lo dit regne sens licència. Però si en les ciutats, viles o lochs reyals lo dit bal·le general no serà, o tindrà lloctinent, puxa pendre lo dit jurament, donat la licència e albarà lo bal·le local nostre, on les dites coses carregarà ... (Fur I-V-XXVIII).

En aquest fur es reafirma que és el batle general l'únic que pot donar llicències a les mercaderies vedades que es comercien per mar (exportació i importació) i a les que es comercien per terra, però, fora del regne. En les corts valencianes de 1418, amb el rei Alfons el Magnànim, els braços traslladen al monarca el malestar dels mercaders d'Oriola i d'altres viles de la Batlia dallà Xixona, perquè aquest batle els cobra més drets, no només els tres diners que han de pagar simplement per l'albarà de comerciar productes vedats per terra dins del regne, de manera que aquests mercaders consideren que l'impost és tan elevat que "car molt més valdria pagar drets, com a castellans o estrangers de vostra senyoria, que no sostenir les dites opressions e novitats, car prop tant costa, e o més, lo que despenen en les dites fermances, e en los albarans, responsions e en cancel·lar les dites coses, e ab les messions que fan en tornar ab la dita resposta, que no costarien los dits drets..." (Fur I-V-XXIX), per la qual cosa demanen que cesse aquest sobrecost. El batle dellà Xixona, a les darreries del segle XIV, impedia que els mercaders exportaren blat a la ciutat de València, contravenint el fur general, per això, en les corts de 1371, demanen que es complisca el fur, i que es puga exportar blat a la ciutat de València (Fur I-V-XXXIII).

En les corts de 1418, Alfons el Magnànim obri la possibilitat que hi haja una exportació reduïda de productes agrícoles per terra, que no en siguen grans quantitats, i, a més, que ho poden fer persones particulars o comerciants que viatgen a l'estranger:

> Empero, en la dita inhibició no són compreses ne enteses alguns caminats o reqüers del regne de València qui per terra trauran alcuns càrrechs de forment, farina, ordi e civada, ab què no sien en grant quantitat; ne·y són compreses aquells del dit regne qui, per visitar lurs amichs e per provisió de lurs companyes o missatgers trauran per terra alguna càrrega de format, farina, ordi o civada (Fur I-V-XXXV).

En les mateixes corts també es permet exportar uns determinats productes agrícoles, sempre que el preu no en supere una determinada quantia, com l'oli, (Fur I-V-XXXVI), el blat de moro[18] (Fur I-V-XXXVII), el panís (Fur I-V-XXXVIII) o l'arròs (Fur I-V-XXXIX). En el segle XVII, quan el Regne de València compartia el rei amb el Regne de Castella, els mercaders valencians del sud que transportaven mercaderies cap al nord del regne i passaven per Castella, concretament per Villena i Sax, es veien obligats a pagar els impostos castellans de trànsit. En les corts valencianes de 1604, els braços demanen al monarca que "se proveheixca y mane despachar mandatos, o provisions reals per als Corregidors, Alcaldes, Duaners, Alcabalaters y Recaudadors dels dits drets reals de la dita ciutat de Villena y vila de Saix, per a que aquells deixen passar lliberament les robes y mercaderies per los dits ports de una part a altra del present Regne, ab sols lo albarà de guia ques portarà per los passatgers y vianants, de la taula de hon hauran eixit les tals ro-

---

[18] En el fur consta com 'adacça', que deriva de l'àrab 'daqsa'.

bes e mercaderies", demanda que accepta el monarca (Regne de València, 1607, cap. CCXV, fol. 41v.)

Els veïns valencians estaven exempts de pagar els impostos reials pel dret de trànsit de les produccions pròpies, especialment el de lleuda (Igual Luis, 2013), però aquest fur no indica que afecte els mercaders, que no són productors. Així ho va especificar Jaume I:

> Los habitadors e·ls pobladors de la ciutat de València e del terme d'aquella ningun temps no donen pes, mesuratge ne leuda, peatge, portage o ribatge d'alcuns esmerçaments o de qualsque altres coses que sien pròpies d'ells, les quals portaran o faran portar o faran vendre o hauran en la ciutat de València e en tot lo terme d'aquella, o d'aquèn trauran o faran trer per rahó de esmerçaments e per qualque altra rahó en la ciutat, o e·l terme metran o faran metre... (Fur IX-XXXIV-I).

Aquest fur té un aclariment en un altre fur de Jaume I, en el qual s'específica que aquesta franquícia és extensiva als qui "juraran la habitació o l'estatge de la ciutat o aqui hauran muller o aqui tendran son major cap", sempre que siguen mercaderies adquirides per a les seues necessitats (Fur IX-XXXIV-II). En algun moment, aquest privilegi de franquícia es fa extensible als mercaders que demostren que són veïns de València, possiblement en època de Jaume II[19], per això, l'aveïnament és un procediment que habilita els mercaders estrangers per a gaudir dels privilegis dels natius valencians. Aquests aveïnaments es fan per un període concret (és freqüent per a 5, 7 o

19 Un fur de Jaume II de 1301 ja generalitza la franquícia a qualsevol persona que comercia amb mercaderies. Ho fa per al cas que un vaixell, per inclemència del temps, s'introduïsca en un port valencià "e allí aurà alcunes mercaderies de ciutadans o d'altres hòmens de les viles o dels lochs del regne de València qui diguen sí haver franquea ... no·ls sia presa leuda forçadament aquella vegada. Ells [els homes o mercaders], emperò, asseguranls que dins cert temps covinent facen fe de la franquea ..." (Fur IX-XXXIV-III).

10 anys) i amb la fiança o l'aval d'un valencià que responga pel mercader. En la primera meitat del segle XV, dels aveïnats que en van declarar la professió, en primer lloc estan el llauradors (entenent per llaurador qui té camps, no els jornalers), que en són 312, i els segueixen els mercaders que en són 221 (Piles Ros, 1978, p. 30), les dues professions són les més representatives del total d'aveïnaments i també són les dues professions involucrades amb els productes agrícoles, uns com a productors i els altres com a comerciants. Un possible frau comés pels mercaders era aveïnar-se a València, però de fet, no fer-ho, a fi d'obtindre els avantatges fiscals, era un delicte. En unes ordinacions de jurament dels jurats de la ciutat de València de 1661, se'ls obliga a vigilar aquest frau:

> Item jurau, que en la recepció dels vehinatges e concessions de carta de franquea dels novells vehins, servareu e servar fareu les coses e maneres per furs nous del molt alt senyor Rey en Martí de gloriosa memòria estatuydes e ordenades sobre lo fet dels amprius; e esquivareu tota frau e ficció, e no rebreu los vehiantges, sinó solament daquells qui verdaderament, e sens tota frau veureu, coneixereu e sabreu per tot vostre poder, volen ésser e ferse verdaderament, e sens tota frau e ficció, vehins de la dita Ciutat, e dels lochs de la contribució de aquella, e volran jurar en vostre poder tenir, e haver domicili, habitació, estatja, e cap major ab muller, sin han, e ab la major e gran part de sos béns mobles, que no sien mercaderies, al menys per deu anys continuos ... (Ciutat de València, 1661, pp. 4-5).

La franquícia de pagar drets de trànsit de mercaderies als valencians es degué mantindre durant tota l'època foral. De fet, el rei Martí concedeix un fur, el 1403, validant la franquícia esmentada, especialment a reivindicació de la ciutat d'Alzira (Fur IX-XXXIV-VIII), i també ho fa Ferran II el 1488 (Fur IX-XXXIV-X i XI), qui la fa extensible al braç militar (Fur IX-XXXIV-XII), i per últim, en les corts de 1604, per un acte de cort i a proposta del braç reial, es reclama a Felip III que es complisca un privilegi antic de la vila de Penàguila sobre la franquícia de comerciar els seus veïns; petició que és admesa pel monarca:

> ... per quant lo Sereníssim Rey don Ioan ab son Real Privilegi, dat en la ciutat de Balaguer en 16 de Octubre del any 1391, per bons y justs respectes otorgà y concedí a la universitat y singulars persones habitants en la vila de Penàguila y sos termens, presents y esdevenidors, in perpetuum, total franquea, immunitat y exemció de tots los drets Reals, ço és, de lleuda, peatge, portatge, mesuratge, penso, usatge, moxarifat, duana, ancoratge, teutatge, pesatge, muntatge o montasgo, y gabella, y de altres qualssevol imposicions noves y velles, constituhides o constituhidores, per qualsevol nom ques nomenen, per totes les terres, regnes y estats del Sereníssim Rey de Aragó, per qualssevol robes, béns y mercaderies, en qualssevol parts y llochs ... (Regne de València, 1607, fol. 67v.).

Els mercaders estrangers estaven obligats, doncs, a pagar lleuda pel trànsit de les mercaderies. La pena imposada per no pagar aquest tribut era simplement pagar el doble de la tributació. Aquesta pena es feia extensiva a aquells valencians que amagadament comerciaven mercaderies d'estrangers.

> Si mercader estrany retendrà leuda o peatge, pes, mesuratge, portatge o ribatge, no haja altra pena en la persona ne en les coses sues, sinó que pach lo doble. E aquesta pena haja loch que pach lo doble lo vehí de la ciutat o del regne si·s retendrà leuda, peatge, pes, mesuratge, portage o ribatge d'aquelles coses, de les quals devia dar leuda, peatge, pes, mesuratge, portatge o ribatge, ço és, a saber, de comandes e dels esmerçaments dels estranys (Fur IX-XXXIV-XVII).

Aquesta franquícia dels mercaders era reconeguda també pel jurista valencià Bas y Galcerán en el segle XVII, qui indica que, en estar sota el mateix domini reial, també era concedida als castellans:

> *Secundus caus est, quando cartellum civilitatis datut incolis civitatis Valentiae, aut villarum, civitatum, et oppidorum Regni qui alienigenae sunt, et domicilium acquisierunt in nostro Regeno. Hoc enim in casu si incole esti exteri, erant subditi domini regis antea quam ad regnum venirent, ut quia erant castellani,*

> *cathalauni, aragonenses, aut sardi, immunes, sunt a solutione pedagii, etiam pro quibuslibet mercius, nam haec immunitas, non est dubitandum, quod conceditur incolis nostrae Civitatis et civitatum, villarum, et oppidorum Regeni, etiam si exteri fuerint, ut probatur ...*
>
> [El segon cas és quan es dona cèdula d'urbanitat com a veïnatge de la ciutat de València o dels pobles, ciutats i viles del Regne, als que siguen estrangers i hagen adquirit domicili al nostre Regne. Perquè en aquest cas, si el veïnatge és estranger, van ser súbdits de domini del rei abans de vindre al regne, de manera que si eren castellans, catalans, aragonesos o sards, estaven exempts del pagament de peatges per a qualsevol mercaderia, perquè aquesta immunitat és indubtable que es concedeix als veïns del nostre Estat i de les ciutats, viles i pobles del Regne, encara que siguen estrangers, com està provat.
>
> (Bas y Galcerán, 1762, Tom 2, p. 285).

És Carles V, com a primer monarca unipersonal i senyor dels diferents estats peninsulars, qui, en les corts de 1542, concedeix un fur perquè tots els mercaders valencians mantinguen la franquícia atorgada pels reis de la Corona d'Aragó en el nou territori castellà:

> Item, senyor, com ab diversos privilegis atorgats per los alts reys de Aragó, de immortal recordació, e per vostra real magestat confermats, los ciutadans de la ciutat de València tinguen franquea per totes les terres de vostra magestats, axí conquistades com conquistadores per vostra magestat, per ço supliquen los braços ecclesiàtich e real votra magestat que los dits privilegis e franquea atorgada e atorgats als dits ciutadans de la dita ciutat de València, iuxta la sèrie e tenor de aquells dits privilegis e franquea, sien observats en los regnes de Aragó, Castella e principat de Catalunya, sots les penes en dits privilegis contingudes.
>
> Plau a sa magestat que dits privilegis sien observats. (Fur IX-XXXIV-XXXII).

4.2. La botiga, el mercat i les fires

Els mercats o les fires són els llocs on finalment arriben el productes agrícoles per a abastir el veïnatge. Ho fan en dies determinats. El trànsit dels productes agrícoles des de l'hort fins al mercat o la fira estava sotmés, com en l'actualitat, a uns impostos, uns intermediaris (generalment els mercaders) i unes normes per a garantir la qualitat i traçabilitat del producte. Les normes que regulen el mercat són dictades, preferentment, pel govern local, d'acord amb una escassa normativa general establerta pels furs. Les botigues, com a lloc habitual de l'abastiment, també estan regulades preferentment pel govern local, tot i que els furs disposen algunes consideracions generals contra l'acaparament de productes per a intervindre en el preu del producte (Giménez Chornet, 2023), incrementant-lo en detriment de la llibertat de mercat que podria afavorir una baixada del preu. Una altra qüestió és la intervenció del govern local per a mantindre els preus dels productes agrícoles el més assequibles possible.

Les crisis del sistema productiu agrícola de l'època foral valenciana no tenen res a veure amb les crisis del sistema productiu actual. Fins a la revolució industrial i agrària a terres valencianes, aproximadament en la segona meitat del segle XIX, una crisi de la producció agrícola venia donada per una molt baixa producció, cosa que provocava una pujada de preus i, sobretot, una mancança important dels productes bàsics agrícoles, com ara el blat o altres cereals, i en conseqüència, fam amb mortalitat. En l'època foral, els productors llauradors sempre eren benvinguts i tots els cultius que feien es venien amb una altíssima probabilitat. A les ciutats o els senyorius rebien els llauradors amb facilitats (en el context del sistema d'aquella època) i si un llaurador no es trobava satisfet en el seu senyoriu o la seua ciutat, migrava a un altre lloc (encara que estiguera prohibit en les cartes de poblament), perquè el senyor de l'altre lloc el protegiria, ja que era un vassall més que havia de rendir en tributs.

En el sistema productiu capitalista, amb la incorporació de les tècniques i els fertilitzants de la revolució agrícola, el problema és de sobreproducció. Els llauradors no saben quina cosa poden plantar per a garantir una venda, ja que una elevada producció, que el mercat no pot absorbir, implica una crisi i la ruïna dels productors agrícoles.

Quan el llaurador produïa un gènere, el més provable era que estiguera gravat per algun tipus d'impost de les diferents entitats jurisdiccionals, especialment pels impostos reials de trànsit (com la lleuda), els impostos eclesiàstics (com el delme), els impostos de la Diputació de la Generalitat (com la mercaderia), els impostos senyorials (com la partició de fruits) o els impostos del govern local. Tots aquests gravàmens s'havien de satisfer, generalment, abans que el producte arribara al mercat per a ser comprat pel veïnat. Les portes de les muralles tenien la funció de controlar el comerç dels productes, i en aquestes estaven apostats els diferents oficials de les diverses jurisdiccions, per a cobrar els tributs. Per això, moltes muralles no s'enderroquen fins el segle XIX, en època constitucional, quan la fiscalitat canvia radicalment de sistema i ja no cal disposar d'oficials en les portes de les muralles. La fiscalitat foral sobre els gèneres agrícoles ens declara quins són els que arriben al mercat o si hi ha un consum prominent d'algun producte.

La major part dels impostos reials graven el trànsit de les mercaderies, especialment la lleuda (del qual estan exempts els valencians) i les coses vedades, però n'hi ha d'altres a causa dels monopolis (com la sal) o també recaptacions periòdiques puntuals per diferents motius (com és el cas del morabatí) i alguns impostos aplicats a col·lectius concrets com el dret als alemanys o els italians (Correa Ballester, 1995, pp. 70-78; Hinojosa Montalvo, 1976). Els furs regulen la tarifa que s'ha de pagar per lleuda, per venda pel trànsit i la que han de pagar els consumidors en l'hostalatge, com s'indica en el llibre IX, rúbrica XXXIV "de leuda e hostalatge e altres drets reals, y de corredors". Pel que fa a la lleuda dels productes agrícoles, cal destacar el gravamen de l'arròs (1 càrrega paga 3 sous i si l'arròs no és picat en paga menys, 18 diners), ametllons (1 càrrega paga també 3 sous), l'oli (1 càrrega paga 3 sous), sucre (1 càrrega paga 1 morabatí), mel (1 càrrega paga 15 diners), figues (un quintar paga 3 mealles), vi (1 càrrega, 3 diners), faves (1 càrrega, 3 diners) o dàtils (1 quintar paga 1 diner). Els productes que més paguen són el sucre (el més fiscalitzat), l'arròs, els ametllons i l'oli; els menys gravats són els dàtils, les figues, el vi o les faves (Fur IX-XXXIV-XVIII). Cal destacar que són unes tarifes fixades per Jaume I, en el segle XIII, en una quantitat monetària sobre el pes o el volum de la mercaderia, per la qual cosa la fiscalitat en el segle XVI i XVII, en incrementar-se els preus, és molt menor. Aquesta és una mala política hisendística de la monarquia, la de gravar sobre el pes i no sobre el valor del producte, que té conseqüències negatives en els ingressos patrimonials uns segles després. La fiscalitat sobre l'hostalatge recau sobre les persones que compren, no sobre l'hostaler que entrega la mercaderia. Dels productes agrícoles destaquem el sucre i el sucre d'Alep (Síria) i de Castella, una càrrega dels quals val 8 diners, i l'orxica (possiblement la planta *Carthamus tinctorius*, d'on podien aprofitar la flor per a extraure un colorant groc), l'arròs, l'ametlló i la batafaluga (l'anís, *Pimpinella anisum*), per una càrrega dels quals es paguen 6 diners (Fur IX-XXXIV-XXV); menor càrrega fiscal té l'oli (un quintar val 2 diners), les figues, les panses o els dàtils (un quintar val 1 mealla), el blat o els llegums (un cafís val 1 mealla) i, d'altra banda està el safrà, l'únic producte que es grava sobre el preu de venda (una lliura de preu val 1 diner) (Fur IX-XXXIX-XXVII).

De l'església, la fiscalitat més important sobre els productes agrícoles són el delme i la primícia. L'església ha de recaptar dues terceres parts del delme i el rei una tercera part (es coneix com el terç delme que ingressava la corona). És una concessió papal de l'època de la conquesta (Mateu i Sanz, 1655, tom 1, p. 183). L'argument justificatiu d'aquest pagament es retrotrau a l'antic testament, concretament al Levític, que assenyala: "Tots els delmes de la terra o dels fruits o dels arbres són del Senyor; les ovelles, els bous i les cabres que estan sota la vara del pastor ho seran; tot allò que es converteix en delme serà santificat davant el Senyor, i no serà canviat ni el bo ni el dolent, ni es canviarà per una altra cosa", i es va convertir en el cànon *omnes decimae, 16, quaestio 7* (Belluga 1580, fol. 83. De decimis. Rubrica 13, 4). Tot i que els juristes eclesiàstics definien el delme, basant-se en el cànon, com la "*decima pars omnium fructuum et proventuum juste acquisitorum, Deo in recognitionem universalis, supremique dominii debita, atque Ecclesiae Ministris solvenda*" [la desena part de tots els fruits i guanys justament adquirits, deguts a Déu en reconeixement del domini universal i suprem, i a pagar als Ministres de l'Església], la realitat era que en els estats cristians es va modificar al llarg del temps i s'hi va aplicar a productes concrets i en percentatges desiguals[20]. En temps de Jaume I, en unes corts o parlament fetes al palau bisbal el 4 d'abril de 1268, es regula el Fur IV-XXIV-I, sobre les dècimes i primícies, les taxes que han de pagar uns productes concrets i l'excepció que se'n fa a uns altres que no han de pagar res. El motiu d'aquest fur és arribar a un acord concret amb l'estament eclesiàstic, ja que el monarca reconeix que per la salvació de l'ànima cal pagar el delme:

> Sguardants lo contrast que era entre los honrats bisbe e capítol e els clergues de la Ciutat e del bisbat de València de una part e els richs hòmens, cavallers, ciutadans, e altres habitadors de aquella matexa ciutat e del bisbat del altra sobre delmes e primícies, e sobre eclesiàstichs sagraments, per ço car delmes e primícies són coses que ultra rahó retenir no·s poden sens perill d'ànimes, sens voluntat del bisbe, del capítol e dels clergues damunt dits, demanaven algunes coses sobre les damunt dites coses contra los habitadors de la damunt dita ciutat e

20 "*Confirmant, Decimae formaliter sumptae, variis in locis per consuetudinem fuere diminutae et alteratae...*" (Confirmat, que els delmes, agafats formalment, van ser disminuïts i alterats en diversos llocs per costum...). (Reiffenstuel, Anacleto, 1706 p. 760)

> del bisbat, les quals a ells era vist que demanar no·s devien ab rahó, ne encara que fos rahó fossen donades. Axí fortment requeriren lo bisbe, el capítol e els clergues e els bons hòmens damunt dits que, enans que nos partissem de les parts de Valencia, per Nos aquella dissensió é discòrdia fossen determinades, les quals eren sobre les damunt dites coses entre ells, e que per Nos fos feyta declaració de quals coses, e quant fos donat a la Sglésia de delme e de primícia. Nos sguardants e regonexents que gran scàndal sobre les damunt dites coses se poria créxer entre ells, tractants e parlants ab una part, e ab l'altra, e treballant sobre açò, e egualan e endreçan aquelles coses que sobre les damunt dites coses a Nos eren vistes ésser mal ordenades, e feytes, ab voluntat e ab assentiment de cascuna de les parts e aquelles consentints. Car millor cosa és composar les parts consentints que seguir rigor de dret. Déus havents denant nostres ulls, dehim, jutjam que·ls delmes e primícies sien donades a la sglésia e als sagraments ecclesiàstichs encara sien feyts, segons que davall se contén ...

Aquesta relació de productes agraris (ramaders i agrícoles) és un marc general que potser varia en unes demarcacions concretes (delmaris), però que manifesta la diversitat de productes i la diversitat de percentatges, aplicats en alguns casos sobre el volum del producte i en algun altre cas sobre el preu del producte. D'alguns productes, el fur vol deixar constància que queden exempts de gravamen, com els animals que llauren el camp, els polls de gallines i ànecs, els ous, els paons (*pavo cristatus*, oriünd de l'Àsia) o els coloms, etc.

Pel que fa als gèneres agrícoles, en alguns casos, si la producció és per al consum propi de casa no s'ha de pagar delme, però sí que se'n paga en el cas que siguen per a vendre, que en paguen una desena, com per exemple, "de cols, spinachs, de porros, de alls, de cebes, de albergínies, de cavallons[21], de pastanagues, de naps e de totes altres ortalices ..."; de les plantes farratgeres es paga la desena part, excepte si s'entreguen per a

[21] Possiblement una gabella de blat.

la cavalcadura del senyor; de les fruites com "peres, de nous, de pomes, de préssechs, de magranes, de prunes, de codony e de altres fruyts d'arbres sia donada la XII part del delma del preu" de venda, exceptuant-hi les fruites que són per al consum propi i les que es venen a menut (aquelles que habitualment ven el productor mateix a casa seua o al mercat), sempre que no arriben a un volum concret de venda avaluat en cinc sous; de les olives s'ha de tributar la dotzena part; de les figues i les ametlles fresques, si són per a consum propi, no se'n paga res, i de les figues fresques que són per a la venda a menut a la plaça, tampoc no se'n paga res, però, si són per a la venda a l'engròs se'n paga una dotzena part; de les figues seques es paga la quinzena part; de les ametlles seques la dotzena part; del raïm fresc es paga delme, però si està fet pansa no es paga delme; es paga exactament una desena part de delme pel "cànem, lli, faves, ordi, forment, venema, paniç, tramella, adacça, guixes, ciurons, fesols, lentilles, tramuços, pèsols, alquena, batafalua, avena, cardemoni"; l'arròs paga la dotzena part; el safrà paga la quinzena part; el blat paga la desena part; de les hortalisses, els fruits dels arbres i les parres que tenen les cases a la ciutat de València o els seus barris, no es paga delme, però sí se'n paga si són d'altres llocs.

Sobre la primícia, el fur estableix que s'ha de donar segons es fa a Aragó. El 1657, les constitucions sinodals de l'arquebisbat de València ja suggereixen que hi ha diversitat a l'hora de pagar el delme i sembla que l'arquebisbe frare Pedro de Urbina desconeixia el fur de Jaume I, ja que indica que "en el pagar de los diezmos se guarde lo que dispone el derecho común, y donde huviere costumbre en contrario se guardará como esté legítimamente assentada, y por el tiempo que el derecho dispone; pues no se puede dar regla más cierta, ni universal" (Urbina 1657, p. 201).

L'altre grup fiscal és l'imposat per la Diputació de la Generalitat o del General, que ha de pagar tothom, fins i tot els eclesiàstics, i s'aplica sobre les mercaderies. La justícia d'aquest impost la reconeix el jurista valencià Miquel Salón:

> *Apud nos vero pertinent ad vectigalia tria genera exactionum. Primum quod est commune toti Regno vocatur Valentine lo General, institutum in mercinioniis ad communia aedificia, communesque huius Regni necessitates.* [Amb nosaltres, però, hi ha tres tipus d'exaccions relacionades amb els impostos. El primer, que és comú a tot el Regne, s'anomena en valencià lo General, que s'imposa en les mercaderies per als edificis comuns i les necessitats comunes d'aquest Regne] (Salón 1608, p. 124.)

Aquesta fiscalitat naix com a forma de sufragar el subsidi del rei aprovat en les corts pels tres braços. Com que el subsidi s'entrega íntegrament i no es disposa d'aquest capital, es carreguen censals basant-se en imposicions que són aprovades pels tres estaments, els quals es reuneixen periòdicament i, des de 1418, ho fan de forma permanent (Muñoz Pomer, 1987). Encara que hi havia imposicions anteriors, el naixement de l'impost de generalitat es produeix en les corts de 1362-1363 (Muñoz Pomer, 1987, pp. 57-88). Entre els productes agrícoles que grava tornem a trobar el vi, l'oli, la mel, les figues, les panses, els fruits secs, els llegums, el blat o el safrà. Entre el segle XV i el XVII, els gravàmens de la Diputació del General es poden agrupar en les denominacions següents: general del tall, mercaderia, real de la sal, doble tarifa (des de 1604), neu, naips i barrets, també des de 1604 (Mora d'Almernar, 1625, p. 102) i, puntualment, l'impost del vi de 1627 (Felipo, 1982). El dret general del tall grava els teixits. El dret de mercaderia també grava certs productes d'artesania tèxtil, de joieria, els esclaus o els llibres, però també un producte agrícola, possiblement considerat luxós, l'arròs blanc i vermell (Mora d'Almernar, 1625, pp. 112-117). L'impost de doble tarifa de 1604 grava més diversitat de productes agrícoles o derivats, especialment en l'exportació: arròs blanc i arròs roig, panses, figues, ametlles, sucre, vi i aiguardent.

Els drets senyorials són uns dels primers que resulten gravats ja des de la recol·lecció dels fruits i abans d'arribar al mercat. En aplicació de l'emfiteusi, quan el senyor del domini directe estableix una propietat rústica, amb domini útil, el camperol que s'hi estableix està obligat a pagar uns tributs sobre una producció agrícola concreta, generalment, especificada ja en una carta d'establiment o en un altre document privat (davant notari) d'adquisició del domini útil. Una de les primeres cartes de poblament constituïdes en els nous territoris conquerits és la de Morella, atorgada pel seu conqueridor Balasc d'Alagó, a fur de Sepúlveda i Extremadura (encara no existia el fur valencià), el 1233 (Guinot Rodríguez, 1991, pp. 89-91), qui entrega les propietats de forma franca i lliure "*per nos et omnes nostros presentes atque futuros, donamus atque concedimos villam de Morella cum òmnibus suis terminis, quingentis populatoribus ad populandum ad fòrum de Sepulveda et de Extremadura, franche, libere et quiete in perpetuum cum hac presenti carta perpetuo valitura*" [per nosaltres i tots els presents i futurs, donem i concedim la vila de Morella, amb tots els seus confins, a cinc-cents pobladors per a poblar a fur de Sepúlveda i Extremadura, franca, lliure i assosegadament per sempre amb la present carta perpètuament vigent], no sota emfiteusi, però això no vol dir que no tributaren com a vassalls.

El fur de Sepúlveda (Callejas, 1857, pp. 92-98), en el capítol "Del portazgo, como se debe tomar", desenvolupa tota una relació dels productes gravats, entre altres els agraris, tot i així, Balasc d'Alagó especifica que no s'ha de cobrar cap peita per dret senyorial, ara bé, la font d'ingressos del conqueridor hi provenia de la *quartam partem omnium furnorum [...], retinemus nobis et nostris omnia molendina que sunt vel fuerint intra terminum castri Morelle* (la quarta part de tots els forns [...] mantenim per a nosaltres i els nostres tots els molins que hi ha o han estat dins els límits del castell de Morella), amb les aigües i séquies dels molins, de manera que als vassalls se'ls graven els cereals que produeixen quan van al molí o al forn. Aquest tipus de gravamen durarà poc de temps, fins que, al voltant de 1247-1250, Morella i diverses poblacions de la rodalia s'incorporen a la corona. Pel que fa al poblament musulmà medieval, en tenim un exemple a la Vall d'Uixò, on Jaume I pacta el rendiment de la població el 1250 i obliga els musulmans a pagar els drets que ja pagaven als anteriors senyors musulmans però, a més, han de pagar delme (excepte el primer any), encara que els fa "franchs de la verema dels arbres e de tota ortaliça, sinó d'aquella la qual se vendrà públicament" (Guinot Rodríguez, 1991, 224-226). Una carta de poblament a fur de València és la que atorga Berenguer de Vilarragut, senyor d'Ontinyent, amb la seua dona Alamanda, el 1368, als tres pobles que formen l'honor de Rebollet: la Font d'en Carròs, Potries i Rafelcofer:

> ... siats tenguts donar e pagar a nós e als nostres, ço és saber, de les terres e arbres que en aquelles són, la huitena part de fruyts, lluysme e fadiga e tot altre plen dret enfitheòtic en totes cosses e per totes, segons fur de València. E de les vinyes que ara són o seran en los dits termens de la Font e de Potries, vos e los vostres siats tenguts donar e pagar a nós e als nostres en per tot temps, certs çens per cascuns anys tant solament, sens lluysme et sens fadiga, et segons que havets acostumat; enaixí, que si en les dites terres e possessions que fan-nos la huitena part dels fruyts, si farets e sembrarets erbes qualsevols a obs de provisió de les vostres bèsties de llaurar, que de aquelles erbes, ferraja o altra qualsevol null temps vos ne los vostres siats tenguts donar a nós ne als nostres part o partida ne dret algú. Puixats encara en les dites terres e possessions fer plantar o sembrar alls e sebes, e tota altra qualsevol ortaliza a obs de provisió de vostres cases ... (Guinot Rodríguez, 1991, p. 572).

Pagar una vuitena de partició de fruits es considera una taxació baixa i assumible pels vassalls. La cinquena de partició de fruits, que poden tindre algunes cartes de poblament, es considera més onerosa. En algunes cartes de poblament medievals no hi ha partició de fruits, sinó que el senyor hi estableix unes quantitats fixes, generalment en gènere i no en diners. Una gravació molt onerosa és la que han de pagar uns nous pobladors al Rahal de Cocentaina el 1593, entre un terç i una quarta part, depenent si la terra és de regadiu (horta) o de secà, i la meitat de l'oli:

> ... pagaran si e segons ab lo present capital prometen pagar anualment a [...] y sos successors, en dit lloch de Rahal, lo terç de tots los fruyts y esplets ques cullen y colliran anualment en les terres hosrtes de dit lloch de Rahal y terme de aquell que huy són y per temps seran, y de qualsevol grans ques cullen de aquelles ara sien de forment, ara de ordi, adarça, panís y qualsevols altres, y la quarta part dels grans y spelts ques cullen y colliran en terres de secans qualsevols que aquells sien, y la mitat del oli y lo terçs de la fulla y lo quart de les figues de tots los arbres plantats, e per plantar, tant en les ortes com en lo secans, y lo quint de la pansa que faran o podran fer de les vinyes que tenen plantades y plantaran, y la fruyta y palla que vulla y haja menester per a sa casa y cadahu dels sessos dits habitadors que huy són y per temps seran del present lloch hajen de pagar [trencat] diners cascuns anys...[22]

Finalment, l'altre grup de gravàmens sobre els productes agrícoles són els municipals. No són gravàmens sobre la producció sinó sobre la venda en l'abastiment de mercaderies a les localitats. Aquests gravàmens els creen els municipis mateixos, mitjançant un consell local i amb llicència de l'autoritat jurisdiccional, ja fora reial o senyorial. El producte agrícola gravat més freqüentment pels municipis valencians és el blat. El consell de València imposa els anys 1322 i 1329 uns gravàmens per a finançar subsidis a la corona per les campanyes de conquesta a la Mediterrània, especialment per a la conquesta de Sardenya (Guinot Rodríguez, Mira Jódar, 2008), i els aplica sobre el blat, l'ordi, la civada i el panís (blat de moro). El 1392, l'orde de Montesa, senyora de Traiguera, concedeix al govern local una sèrie de gravàmens estipulats en ordinacions. D'una manera general, aquest gravamen municipal és sobre el valor monetari de la transacció, en la qual el venedor ha de pagar tres diners per

---

22 Arxiu de Protocols del Real Col·legi Seminari del Corpus Christi, notari Lluís Torregrosa, n. 22933, 1 setembre 1593.

lliura i el comprador també (això suposa una fiscalitat total del 2,5%, cadascun paga l'1,25%) sobre alguns productes agraris o derivats, com l'oli, la mel, les figues, les panses, les ametlles i el safrà; en el cas del blat, com que els veïns ja pagaven per ell el dret de menjador, no se li aplica un impost municipal, però el venedor, en cavi, sí ha de pagar els tres diners per lliura. Un gravamen inclòs en aquestes ordinacions que no és sobre un gènere agrícola, sinó sobre un bé immoble, és l'aplicat a la compravenda de camps, amb un esment especial a les vinyes, amb la mateixa taxa que els anteriors productes (García Edo, 1982).

Els furs regulen el mercat de manera breu però amb informació significativa. Jaume I és qui, en el Fur III-XXI-II, estableix per a la ciutat de València (suposem que açò es podria fer extensible a unes altres ciutats) que ha d'haver-hi un dia de mercat a la setmana, el dijous, en una zona determinada, sense que cap persona tinga assignat un lloc específic i al qual poden assistir francament tant els veïns com altres persones forasteres (sense cap tipus de tribut) i lliurement (sense cap tipus de servitud):

> Donam que sia feit mercat cascuna setmana e·l dia de diyous [...] E ningú no haja aquí cert lloch, mas, axí com és enclòs en les dites afrontations, tots los habitadors e·ls estranys hajen franch e lliure, sens tot servii, cenç, tribut e tota altra servitud que·s feés d'an en an o per tot temps.

Hi ha cartes de poblament que no especifiquen cap partició de fruits sinó una peita o tribut anual, en aquest cas els veïns tenen més llibertat de vendre els seus productes agrícoles. Així, en la carta de poblament de Xelva, de 1370, feta per a cristians, després d'haver-ne expulsat els musulmans, se'ls obliga a pagar el delme de la producció, però no a efectuar partició de fruits, sinó a "dar e pagar e paguedes a nós e a los nuestros succehidores en cada un año por todos los tiempos, seys mil quinientos cinquenta sueldos reales de Valencia de pecha ordinària, en dos pagas medieras..." (Guinot, 1991, pp. 584-585) i a canvi, els veïns gaudeixen d'una certa llibertat de venda:

> ... podais vender el vino de vuestra cogida cada uno en su casa ...; que el alcayde del Castillo nuestro de Chelva, que és o por tiempo serà, no puedademandar a algún vecino del dito lugar, ni tomar ni llevar derechos algunos de vino ni de otras mercaderies que al dito lugar traygan pora sus cases opara vender, ni haya que veyde en ello sinó tansolament el Mustasaf de dito lugar ... (Guinot, 1991, p. 584).

Un exemple de la regulació del mercat sota els criteris de la norma foral és el que s'estableix en la carta de poblament de Betxí, el 1611, entre el senyor Sanxo Roís de Liori Folch i de Cardona, marqués de Guadalest, i els nous pobladors:

> XIIII. Item, és estat pactat, clos, avingut y cobcordat per y entre les dites parts que lo dit don Antoni de Cardona, en lo dit nom, los senyalarà, segons ab lo present capítol los senyala, lo dia de dimecres de cascuna semana per a tenir mercat a la plaça o places de la dita vila y baronia de Bechí, lo qual dia se entengue de sol a sol. Y en dit dia de dimecres, y no en altre, puguen venir tots los forasters que voldran a vendre qualsevol gènero de vitualles de la tenda y de totes les demés regalies, francament y sens tenir obligació de pagar ninguna cosa ni dret algú a la senyoria ni a altra persona. Y los arrendadors de les regalies, *et signanter* lo tender qui tindrà arrendada la tenda de la dita vila y baronia de Bechí, no puguen per si, ni per interposada persona o persones, traure ninguna de ses mercaderies al mercat en lo dit dia. Y en respecte de tots los vehins de dita vila, tinguen facultat de poder traure qualsevol vitualla el di de mercat, ara y per qualsevol temps, excepto la vitualla del vi, lo qual no·s puga vendre sinó serà de mija quarta ensús y no menys. Yací se ha de entendre aprés que los de la terra hajen acabat de vendre tot son vi, de manera que mentres hi haja vi en la terra, no puga entrar dita vitualla de vi en lo dit dia de mercat ni en altre, y acabat lo vi de la terra, puga entrar dita vitualla de vi dit dia de mercat com les demés. Y així mateix, dits nous pobladors, si tindran vunyes pròpies fora lo terme de la dita vila y baronia de Bechí, puguen portar son propi vi a vendre en la dita vila de Bechí de mija quarta ensús, e no de altra manera, guardant la orde que desús és dit. E si serà festa

> lo dia de dimecres, se faça lo mercat lo dia següent. (Guinot, Ardit 2017, II, p. 1524)

El fur que regula la fira és diferent al del mercat. La fira és una concessió per un temps anual determinat en què els mercaders poden portar-hi els seus gèneres amb un sistema de seguretat per a no ser perseguits penalment, excepte si en la mateixa fira cometeren delictes. És una forma de fomentar que els mercaders porten els seus productes a les ciutats o poblacions. El Fur IV-XXI-I és de Jaume I, i serà millorat posteriorment per ell mateix:

> Les fires sien feytes per tots temps e·l loc on lo mercat és feyt, e comencen e duren de les kalendes d'agost [1 d'agost] entro en la festa de santa Maria d'Agost; e qualque sia que vendrà a aquestes fires sia salvu e segur en vinén, e·n estan e·n retornan, si doncs no haurà feit homicidi en la ciutat o e·l terme de la ciutat. Ne·l venedor no sia tengut de donar fermança de salvetat de les coses les quals aquí vendrà; ne alcú no pusque ésser demanat per crim ne per malefici que en altre loch haja feit sinó per aquel que en les fires haurà feit. Ne negun deutor o fermança no pusque ésser demanat aquí per deute o per fermança que haja feita en altre loch, sinó per aquel deute o per aquella fermança de pera o de coltell o de puny o d'altres coses, sofira la pena que és posada en lo fur de València.
>
> En aquest fur adobà e millorà lo senyor rey.

Sembla que no era pràctic fer complir que hi haguera fira a tot el Regne de València en el mateix període –primera quinzena d'agost– ja que els principals mercaders no hi podien acudir alhora. Així, el mateix Jaume I concedeix a Xàtiva, el 1250, que puga tindre fira en la festa de Sant Martí (l'11 de novembre) i durant 10 dies (Ventura i Conejero 2000), en les condicions fixades pel fur de seguretat dels mercaders. Carles II, el 1677, concedeix una fira anual a Alboraia per deu dies, la qual ha de començar el 15 d'agost, però l'any 1716 la vila mateixa demana traslladar-la al 4 d'octubre[23]. Ontinyent rebrà un privilegi d'Alfons el Magnànim de 1418 per a poder fer una fira anual durant 15 dies, la qual ha de començar en la festivitat de la Mare de Déu de setembre (el 8 de setembre) i, posteriorment, en les corts de 1645 i a petició de la vila, es trasllada a finals del mes de setembre, amb l'argument que era època de verema, encara que per un privilegi de Felip V de 1720 la fira torna al 6 de setembre[24]. El 1267, Jaume I concedeix 15 dies de fira a Onda, la qual ha de començar en la festa de Sant Miquel[25]. Sembla que els dies feriats es configuraven després de l'estiu, quan ja s'han fet les diverses collites agrícoles.

La seguretat dels mercaders, un mecanisme essencial per a garantir el comerç, també està regulada de forma genèrica en un altre fur, amb una duresa evident en les penes, generalment pel doble del dany causat:

> Qui trencharà nostre guiatge e nostra guarda, la persona d'aquell sia punida civilment a nostre arbitre, restituït primerament en doble lo dan que haurà donat o feit. E si alcun reebrà altre en son guiatge o en sa seguretat e puys, duran lo guiatge o la seguretat, li farà mal, esmén-lo-li en doble. E si en la persona li farà mal o·l nafrarà, pach les penes peccunials e civils que són establides e·l títol dels crims; açò entés que si aquell qui serà nafrat morrà, per aquelles nafres lo narrador muyre (Fur IX-XX-XIV).

El 1363, a les corts de Montsó, es demana al rei que, per tal d'assegurar l'arribada de mercaderies, l'assegurament siga efectiu a tots aquells que porten mercaderies, tant de fora com

23 Arxiu del Regne de València. Reial Acord, any 1716, llibre 11, fol 80r.-80v.

24 Arxiu del Regne de València. Reial Acord, any 1720, llibre 15, fol 283r.-285r.

25 Arxiu de la Corona d'Aragó, Reial Cancelleria, Registre 15, fol. 71r.

de dins del Regne, tant per mar com per terra (Fur IX-XX-XXVI).

Amb aquesta mateixa finalitat, s'haurà de garantir que les vies de transport són segures: El fur IX-XX-XX condemna aquells que facen algun tipus de malbé: "Los trencadors de camins públics deuen ésser punits peccunialment o criminalment, a arbitri e a coneixença de jutge".

Durant l'època foral valenciana s'utilitza indistintament tant el terme 'botiga' com el terme 'taverna' per a denominar el lloc on es ven qualsevol tipus de gènere agrícola, encara que hui dia aquest últim l'assimilem tan solament a la venda de vi. Una altra cosa són les botigues especialitzades, com la del llibreter, la de l'especier, la del cirurgià, la de l'apotecari, la del mercer, la del sabater, etc. La possibilitat de disposar d'una botiga, o venda a la menuda, està regulada pel *Privilegium Magnum* de Pere III, de 1283, i es traslladarà al fur I-V-II i III, que permetrà a qualsevol persona vendre productes:

> *Item, statuimos et ordinamus quod quilibet libere possit emere et vendere omnis bona et res et merces quecumque sint et in quocumque loco civitatis et regni, que non proibeantur per privilegium sive forum.* [Així mateix, decretem i ordenem que cadascú puga comprar i vendre lliurement tots els béns, coses i fruits, qualssevol que siguen i en qualsevol lloc de la ciutat i el regne, la qual cosa no estarà prohibida per privilegi o fur.]

> *Item, statuimus et ordinamus per civitatem et regnum quod sarraceni regni Valencie, tam nostri quam alii, possint vendere quibuscunque voluerint res et alias mercès suas, et emere eciam a quibuscunque voluerint. Et christiani et judei emere possint ab ipsis, et eis vendere res suas.* [Així mateix, establim i ordenem a tota la ciutat i el regne que els musulmans del regne de València, tant els nostres com els aliens, puguen vendre les seues mercaderies i altres coses a qui vulguen, i també comprar a qui vulguen. I els cristians i jueus poden comprar-los i vendre'ls els seus productes.]

Posteriorment, Ferran el Catòlic, el 1488, estableix un fur pel qual revoca qualsevol fur o ordenació que prohibisca a algun estranger vendre en el Regne de València a la menuda, i ordena "que tot hom, de qualsevol ley, stat o condició, ara sia nostre vassall o súbdit o no, puixa vendre coses de mercaderia, axí de teleria, com de quinquilleria, com altres de menut, e tenir botigues, comera acostumat" (Fur I-V-IV).

Al Regne de València, el senyor jurisdiccional podia implementar un monopoli com a regalia en el nombre de botigues o tavernes per a vendre comestibles que vulguera, o així també en el nombre de forns i molins que estimara convenient per a controlar el processament dels productes agrícoles. El jurista Juan Bautista Trobat opina:

> *... quod in nostro Regno Barones eandem potestatem, et facultatem havent prohibendi, quia est, et pertinent ad iurisdictionem baroni concessam; (...) et idem dicitur de Macello, Taberna, et aliis ad vendendum carnes, et alia victualla (...) esse etiam regalies, quibus nemo uti potest, nisi qui eas habet consessas.* [... que en el nostre Regne els barons tenen el mateix poder i facultat de prohibir, perquè és i pertany a la jurisdicció concedida al baró; (...) i el mateix es diu de la carnisseria, de la taverna i d'uns altres per a la venda de carns i altres provisions (...) que també són regalies, de les quals ningú no pot disposar, sinó qui en té la concessió] (Trobat 1690, pp. 125-126).

Trobat justifica els monopolis en diverses sentències de la Reial Audiència valenciana, entre elles: una del 4 de maig de 1624, entre la cartoixa de Valldecrist i la vila d'Altura, i l'altra del 16 de març de 1688, entre la cartoixa esmentada, com a baró d'Alcubles, i el síndic d'Alcubles, sentències per les quals es dona la raó a la cartoixa pel fet de concedir llicència als pobladors per a construir nous forns (Trobat 1690, p. 126).

Les cartes de poblament regulen les botigues, els forns, els molins, les almàsseres o les tavernes de les poblacions senyorials. En els segles XIII i XIV no trobem un control generalitzat sobre les botigues (sí sobre els forns o les almàsseres), sembla que funcionaven com a les viles reials, amb la llibertat de tindre-les i vendre-hi els productes sense cap dret de regalia. Un exemple d'aquesta llibertat està en la carta de poblament de Xert de 1320, que a fi d'afavorir la població de cristians, és atorgada a fur d'Aragó: "Item, que puxats tenir tenda entre vosaltres, en axí que no puxats vendre res de la dita tenda a ningun saraí del dit lloch, ni de fora lo loch, mas entre vos tansolament puxats comprar e vendre" (Guinot, 1991, p. 485). El 1382, l'infant Martí i la seua dona María de Luna, com a comtes de Xèrica i de Luna, atorguen diversos privilegis, replegats en uns capítols, en resposta a unes reivindicacions dels cristians de la Pobla de Vallbona, entre elles la de tindre tendes:

> Item, que tots los vehins e habitants de la dita Pobla de assí avant, com per tots temps, puixen tenir en la dita Pobla taverna o tavernes, tenda o tendes de totes e qualsevols coses o mercés que volrran tenir o vendre en les seues cases o en altres parts, sens que no sien tenguts de donar al damunt dit senyor o als seus servici, do, cens o altres rehemçó en qualque manera sia nomenat o apellat. Plau al senyor Infant que's fasa segons que's acostumat (Guinot, 1991, p. 615).

La llibertat de vendre gèneres agrícoles en botigues, tendes o tavernes canvia durant l'època moderna, especialment en les cartes de poblament atorgades per a repoblar els llocs dels moriscos expulsats. El senyor jurisdiccional vol incrementar les seues rendes senyorials, per això amplia les exigències fiscals al comerç local i introdueix en les cartes diverses exigències, com passa a Bèlgida l'any 1611:

> XXXII. Íttem, és estat pactat y se prohibix que ningun vassall ni poblador puixa vendre vi per menut si no és a cànters y mig cànters, y no a quartes ni miges quartes, ni tampoch oli si no serà a arrobes y miges arrobes, y açò entés que lo dit vi y oli sia de sa cullita, perquè si no, en manera alguna es puga vendre sinó en la taverna del senyor y lo oli en la tenda. Y axí mateix, dits vassals no puguen vendre en ningun dia ninguna manera de peixca salada, vi, Arroz ni ninguna altra cosa tocant a les tendes; y los forasters que portaran dites provisions, axí de vi com de coses de tenda, solament puguen vendre cada semana

> un dia lo vi francament, y les demés coses de tenda pagant dos diners al tender conforme és ús y pràctica (Guinot, Ardit 2017, II, p. 48).

La carta de poblament de Benilloba, de 1611, deixa clarament establert que els forns, molins, carnisseries, tendes, fleques, hostals o tavernes són algunes de les regalies que s'autoadjudica el senyor i, quant al comerç local, s'hi capitula:

> XV. Que compren de la tenda.
>
> Íttem, que los dits vassalls y pobladors de dita e present baronia hajen de comprar de la tenda, taverna y fleca de la senyoria, tot lo nessesari, havent emperò, en dites regalies lo nessesari, sots pena de vint sous per cascuna vegada que anirà a comprar a altra part.
>
> XVI. Que no·s venen per menut per los particulars coses de tenda sinó lo que serà de sa collita.
>
> Íttem, que ningú puga vendre per menut ninguna cossa de mercaduria que pertanyga a lo que·s ven a la tenda, taverna y fleca, com dites cosses se hajen de vendre en dites regalies de la senyoria respectivament. Açò emperò declarat, que los fruits de la collita de cascun vasall los puguen vendre a quarterons o migs quarterons, o a quartes o miges quartes, al preu que serà just. Y que ningun foraster, ni vasall o vehí de la present baronia puga vendre per menut mercaderia alguna de les que vendran en dites regalies sino és un dia de cada semmana tansolament, ab què·s vena públicament en la plaça per lliures o cànters, y migs cànters si serà vi ... (Guinot, Ardit 2017, II, p. 892-893).

4.3. Control i gestió de l'abastiment agrícola local

Amb la insuficiència periòdica de gèneres agrícoles essencials, com el blat, el vi, l'oli o altres mercaderies, en l'abastiment de la localitat, els governs locals s'interessaven perquè les vitualles no faltaren en les diferents dependències. Hi havia una confluència manifesta d'interessos locals, o del govern local, en aquest control i gestió de l'abastiment alimentari: la seguretat de disposar de les vitualles; el control sanitari, de qualitat i l'antifraudulent de la seua comercialització i, en molts casos, el control fiscal, ja que els governs locals imposaran tributs i gravaran la venda de productes per a nodrir la hisenda local.

A la ciutat de València hi havia llibertat de crear forns, fonamentalment entesos com a lloc de coure pa, però sempre havien de comptar amb la llicència reial donada pel batle. Amb la conquesta, Jaume I fa donació dels forns existents *in feudum perpetuum* a la catedral de València (*Aureum Opus*, Jaume I, privilegi XII, fol. IVv.) perquè disposara d'unes rendes, entre altres conceptes. Però, els segles següents es van edificar nous forns on portar el pa a coure. En el segle XV sembla que era una inversió rendible i que molts particulars van demanar llicències per a construir-ne un, de manera que a finals de segle hi havia molts forns pròxims al nucli urbà o als ravals. Ferran el Catòlic va ordenar una provisió, registrada per Alanya en el *Aureum Opus* com a privilegi, de 1509, per la qual obligava disposar d'un sol forn de coure per cada seixanta cases.

> Per quant es pervengut a nostra notícia per diverses clamors nos son stades fetes que en la nostra ciutat de València se fan alguns abuos e preiuhins per algunes persones volents fer y construir forns de coure pa en aquella per virtut de licències nostres o de nostre batlle general, de hon se causen es seguexen diversos incovenints, volents doncs en dites coses saludablement provehir ab tenor de les presents de nostra certa sciencia e deliberadament y de propri motiu nostre, provehim, declaram, statuhim e ordenam que cascun forn de coure pa en dita ciutat construït o construidor en sdevenidor, haia y tinga almenys sexanta cases de límits entorn, dins los quals límits altre forn no puga estar ni esser construït o edificat preferint aquells que son primers en temps e millors en dret segons forma de lurs licències e privilegis ... (*Aureum Opus*, Ferran II, privilegi XXVIII, fol. CCXXVIIr.)

Aquesta provisió va passar a fur amb Carles V, el 1532, el qual confirmava l'ordre de Ferran el Catòlic referent al control del nombre de forns i ratificava que la construcció d'un nou havia de contemplar la distància de seixanta cases de distància del forn existent (Fur IX-XXIII-XI). Els forns podien estar en funcionament tot l'any, excepte els diumenges i el Divendres Sant de Pasqua (Fur IX-XXIII-X).

En algunes localitats reials hi havia forns propietat del Reial Patrimoni que, en pagar la tarifa establerta pel forn o pel seu arrendament, incrementaven els ingressos del Reial Patrimoni com a baró feudal. En el segle XVII troben casos en què les viles reials sol·liciten la construcció d'un forn, les taxes per coure del qual, tot i ser del domini directe del Reial Patrimoni, podrien servir per a incrementar els ingressos del govern de la vila. En les corts de 1625 hi ha una demanda del braç reial per la qual sol·licita que la vila de Castelló de la Plana puga construir un molí fariner i un forn per a poder disposar d'ingressos propis. La sol·licitud de construir el forn es fa sota el dret emfitèutic, de manera que el forn serà del Reial Patrimoni i la vila estarà obligada a pagar-li un cens. La resposta reial a la petició enumera quines coses ha de pagar la vila per l'establiment emfitèutic del forn i el molí:

> Plau a sa Magestat fer mercé a la dita vila de donerli la llicència que suplica pera fer un forn y un molí, ab cens, fadiga, y lluysme, y tot altre ple dret emphiteotich, segons fur de València, y sens perjuhí de tercer, y que per lo forn haja de pagar la vila cascun any deu sous de cens perpetuo, y lo molí altres deu sous de cens, y mig cafiz de forment, y mig de ordi. (Regne de València, 1635, Cap. CCXV, fol. 69r.).

La vila de Vila-real fa una sol·licitud semblant en les corts de 1625, perquè necessita construir un tercer forn a causa de l'augment de la població (els altres dos ja eren del Reial Patrimoni), però aquest tercer forn el construiria la vila "y que los emoluments de aquell sien propis de dita vila". La resposta reial és que aquest assumpte el tracte la Junta Patrimonial

(Regne de València, 1635, Cap. LXXXVII, fol. 55v.). També Borriana fa una sol·licitud similar, ja que en la població no hi ha cap molí o forn del Patrimoni Reial (Regne de València, 1635, Cap. CXXXVIII, fol. 61r-61v.). La vila reial de Llíria, on ja hi ha dos forns del Reial Patrimoni i un d'un particular, fa la sol·licitud perquè no hi ha suficients forns per a abastir la localitat i vol construir-ne un nou al raval de Sant Francesc, del portal de fora, a cens del Reial Patrimoni. En aquest cas, com que la vila de Llíria només busca donar un servei i no vol obtindre més ingressos per al govern local, el monarca decideix "concedir facultat a la vila pera edificar a ses pròpies despeses lo forn que suplica, y que los emoluments de aquell resten aprés pera sa Magestat" o que la vila pague al Reial Patrimoni el preu de l'arrendament que paguen els arrendadors dels dos forns reials i, en aquest cas, que puga construir els forns que vulga (Regne de València, 1635, Cap. CXLII, fol. 61v.). La vila de Xèrica també sol·licita un forn nou per a satisfer la demanda, ja que per ella passa el camí reial de València a Saragossa i és "cap de jornada", però la vila sol·licita que el forn es contruesca a compte del Reial Patrimoni. El rei ho permet, i dona compte del seu cost al Mestre Racional (Regne de València, 1635, Cap. CLIX, fol. 63r.).

La crisi hisendística de la ciutat de València al segle XVII, amb la mancança d'ingressos per a fer front al pagament del deute, és el motiu pel qual el govern local decideix fer unes ordinacions per a regular el forment i els forns que en controlen el circuït i abasten de pa la ciutat i que aporten uns ingressos a les arques municipals. Aquestes ordenances són el marc jurídic de la gestió d'un sistema anomenat pastim, només a la ciutat de València. La darrera finalitat dels ingressos del pastim era el quitament o l'amortització del capital censal del deute municipal (Capítols, 1669). El sistema de gestió i venda del pa té una finalitat eminentment fiscal i es basa en que els venedors de pa cada dia sol·liciten a l'oficial que regenta el caixer de menut unes pòlisses, signades per aquest i els administradors del forment, de les quantitats que els venedors ingressen a la ciutat. Les pòlisses signades pels administradors i dirigides als forners permetien als venedors de pa acudir als forners, els quals es quedaven amb la pòlissa com a descàrrec. El forment s'emmagatzemava primerament en les sitges, situades a Burjassot, i els administradors del forment tenien l'obligació anual, al mes de setembre, de "fer obrir les Sitges hon estarà lo forment de la sua administració, per veure si han fet asiento, o, se ha caygut lo empall, y adobarla, y de dos en dos anys per lo menys hajen de fer traure lo forment, y renovar la palla, çots pena de pagar de propis, lo dany que es causarà, per descuyt de dit Administrador" (cap. CIII, p. 53). Els administradors del forment eren els responsables de la qualitat i del funcionament del sistema del pastim o venda de pa i, en cas que hi ocorreguera algun tipus d'irregularitat comptable, l'administrador podia recórrer a una supervisió del procés de gestió o 'escandall', perquè no se li adjudicara a ell la irregularitat (cap. CXI, p. 55). La fiscalització, o escandall, del procés de gestió que dirigeix l'administrador del forment és clau perquè el govern de la ciutat aprove decisions que pren el mateix administrador. L'escandall sols es podia fer a sol·licitud dels administradors del forment "y que per a ferse ho hajen de delliberar los Illustres Jurats, Racional y Síndich, y els ellets del Abast del Consell General, nomenant experts que sien persones incertes, les quals procehint visura, hajen de fer relació a dits Illustres Jurats y Elets, de si es deu fer o no dit escandall, y, haventse de fer, haja de assistir en aquell lo Sindich de dita ciutat, y dos de dits Elets del Consell General" (cap. CII, p. 53). Fer l'escandall donava pas a poder vendre forment en la botiga. A València hi havia trenta forns que pastaven pa per a l'administració (comptant-hi el forn de l'Hospital i el de Sant Gregori), que estaven obligats a complir uns requisits:

> ... abans de entrar a pastar per conte de dita administració tinguen obligació de donar bones y suficients fermamces, a coneguda dels Illustres Jurats, Racional y Síndich pera securitat dels sachs de forment que sels liurará, obligantse a donar bon

> conte dells, segons està dispost en lo Cap. 3 dels de 20 de Ianer 1629. Y jurar aquells en poder dels Illustres Jirats, de fer bé y lealment son ofici, y que no defraudaran, mudaran, ni adulteraran la orde del pa que pastaran per conte de la present Ciutat, y observaran los Capítols del pastim general, sots les penes en aquells contingudes (Capítols, 1669, p. 60).

Els forners no eren els que venien el pa, això ho feien els flequers. Els forners havien de tindre el pa cuit, a l'hivern, una hora abans que es fera de dia, i a l'estiu, a l'alba, per a entregar-lo als venedors (entre l'1 de maig i el 31 d'octubre, de les 5 a les 7 del matí, i des de l'1 de novembre fins al 30 d'abril, de les 6 a les 8 del matí). Els jurats de la ciutat de València es podien valdre de veedors per a inspeccionar la qualitat del pa, especialment per si el forner "cometra frau algú en les farines de dita administració, per rahó de mesclar en aquelles segó o altra matèria estranya en la pasta de aquella, e no tragés lo pa ab la puritat que es requereix..." (Capítols, 1669, p. 67), i podien imposar unes penes molt dures, que podrien arribar, si cometien frau tres vegades, a tres anys de galeres i suspensió perpètua de l'ofici de forner.

El 1595, el virrei de València, el marqués de Dénia, publica una *Real crida y edicte* per a regular assumptes conflictius, entre ells alguns que estan relacionats amb el mercat. Una qüestió que s'hi tracta, i que en la societat actual veiem normal, és la prohibició de la revenda. A fi que no s'incrementaren els preus, estava prohibit revendre un producte que ja s'havia venut i també comercialitzar-lo de formes semblants, com la permuta, per altres persones que no foren les que "tinguen aquell exercici o commerci que saben, o presumen dehuen saber, o presumir, que no compren sinó per a revendre de continent als mateixos". Les persones no acreditades com a comerciants i que revenen els productes han estat criminalitzades en l'Antic Règim. Un altre grup de persones també criminalitzades és el dels agabelladors de vitualles (acció que coneixem també com embotigament), perquè provocaven l'augment dels preus, en perjudici dels més pobres:

> E més avant, vent y considerant sa Excel·lència, la molt gran carestia que de molts anys hi ha en la present ciutat y Regne de València, generalment de totes coes, e senyaladament de les que són necessàries e convenients pera la sustentació de la vida humana, no solament de les que porten fora lo present Regne, més encara de les que fan e cullen dins aquell. E no sols en anys tan estèrils, mes encara en los fèrtils e abundants, en tanta manera, que los poblats, vivints e habitants en la present Ciutat y Regne, ab molt gran dificultat poden viure, y sustentar ses cases, muller, fills e família, senyaladament les persones pobres, e de poques facultats, les quals de cascun dia se van consumint ab la gran intolerable carestia, e hauran de perir si ab deguts e oportuns remeys no hi és provehit. De hon, considerants les causes per les quals dites caresties e preus inmoderats de dites vitualles, e altres coses concernents pera la sustentació humana provenen, pera ressecar y extirpar aquelles, se ha vist y entés clarament provenir aquelles, a causa que moltes persones poch tements Déu, y a gran càrrech de ses conciències treballen, e són sol·lícits ab summa diligència de comprar, haver, adquirir y ocupar los fruyts que nostre Senyor Déu, per la sua infinita bondat e misericòrdia, és servit de donarnos de la terra, per a sustentació e manteniment de la vida humana, anticipant los preus, o part de aquells, axi estant los dits fruyts en herba, com apres de collits y en moltes maneres illícites y reprovades, trahentne, o fentne traure molta part del present Regne, e altres agabellant aquells, e embotigant-los, e ensitjant-los, e tenint-los guardats, perquè acabant-se los pochs fryuts que no han pogut agabellar, se augmenten (com necessàriament ab la fretura de aquells se venen a augmentar) los preus de aquells, puguense llavors vendrels a preus molt excessius e immoderats en gran dany e notori perjuhí a la casa pública de la present ciutat, vehins y habitadors ...

La crida del virrei reprodueix algunes prohibicions que ja estaven establertes en els furs, com la compra de fruits en herba (venda prematura de la producció en el camp) o confabular preus abans de collir els fruits, i que els llauradors o comerciants concerten preus conspirant per a augmentar-los. Altres prohibicions relacionades amb els productes agrícoles es refereixen a que els arrendadors de drets senyorials, delmes o primícies, no puguen adquirir altres gèneres, especialment si van a avituallar la ciutat, o que no es puguen vendre gèneres fiats, a més preu. En el cas del blat, el que entrava al Regne des de Castella venia per Requena o per Moixent i en els dos casos no es podia comprar aquest blat fins que no arribara a la ciutat de València i es dipositara en l'almodí. La venda del vi també estava regulada. El vi no es podia revendre mai a l'engròs i el taverner només podia disposar del vi necessari per a vendre'l i no podia acaparar-lo. Pel que fa a l'oli, es prohibeix que el producte s'exporte fora del Regne si el seu preu sobrepassa un límit fixat en dotze sous l'arrova; igualment n'estava penada la revenda. De la mateixa manera, es prohibeix l'extracció de l'arròs si el seu preu sobrepassa els seixanta sous la càrrega.

Els membres del govern local són els principals responsables de l'abastiment de gèneres agrícoles i, també, de la seua comercialització i la seua qualitat. Tot i que el mostassaf és l'oficial responsable directament de qüestions de frau i qualitat, els jurats tenien la responsabilitat última del bon funcionament i la gestió del sector alimentari local. A la ciutat de València, quan els jurats presten el jurament del seu càrrec davant el batle general, es comprometen a unes obligacions regulades capitularment en unes ordinacions (Còpia del jurament, 1596), com són observar les ordinacions referents a la guarda del vi o mantindre una persona desplaçada a Sicília, segons una deliberació de 1547 que ja vam indicar anteriorment, necessària per a conéixer la gestió més eficaç per a obtindre el blat més barat:

> ... en axí que tostemps y contínuament hi haja persona en dita ylla peral efecte desusdit sens intermissió alguna; perquè de altra manera no assistint decontino en dita ylla persona que entenga en dita negociació, nos poden comprar dits formants ab la comoditat que convé; perquè quant açò se ha interrompput y va persona de nou, se donen a entendre que és per gran y urgent necessitat, y axí sen puja y altera lo preu dels forments; lo que no seria si en dita ylla totstemps hi hagués persona que fes lo efecte desusdit... (Còpia del jurament, 1596, s/f).

Per a evitar fraus en el pes de les mercaderies, un fur obliga el govern local a disposar d'un pes i una mesura de capacitat que estaran a disposició de la comunitat, per si algú se sent defraudat i vol comprovar que el producte que ha adquirit correspon al pes o la mesura acordada amb el venedor:

> La cort e·ls prohòmens de la ciutat tinguen lo pes del pa e de totes les coses que deuen ésser pesades e tinguen altra mesura de vi e de totes coses que deuen ésser mesurades, per ço que aquell pes o aquella mesura pusque hom recórrer sobre semblants peses e sobre semblants mesures (Fur IX-XXV-II).

L'ofici municipal de pesador, que potser en molts casos l'exercia directament el mostassaf, estava a càrrec de les mesures o els pesos en el mercat, per si se'n trobaven de falsos; podia denunciar el frau a la cort local, la qual nomenaria dos o tres prohoms per a jutjar la falsedat de les mesures i, en cas d'haver una condemna, la pena pecuniària subsegüent es repartiria en terços, un per a la cort, un altre per al comú i un tercer per al pesador que denuncia (Fur IX-XXV-III).

L'ofici més important a l'hora de supervisar els fraus del mercat és el del mostassaf. Igual que els altres oficials del govern local, la durada de l'exercici del seu càrrec és d'un any, i és elegit pels prohoms de la ciutat en la festa de Sant Miquel Arcàngel, al setembre (Fur IX-XXVI-I), encara que des del 1342 és el dia abans (Fur IX-XXVI-II i III). La reina Maria de Luna, el 1398, concedeix a Sogorb la potestat d'elegir el mostassaf "*in vigília san Michaelis*"[26]. El mostassaf comptava amb una gran autonomia per a inspeccionar tot tipus d'entitat que disposara de productes alimentaris, especialment davant el poder polític que tenia el batlle general, que podria impedir-li alguna fiscalització. Això va ser ratificat per un fur de Jaume II, del 1301:

---

[26] Arxiu del Regne de València, Pergamins de Segorbe, núm. 19.

> Item, atorgam e volem que·l mustaçaf de la ciutat e dels altres lochs del regne no si embargat per lo batle nostre que no veja e puxa veer en lo almudí, si·s voldrà, e en lo pes de la taula e en la juheria e en la çoch e·n la pescateria e en les mesures de la sal e en les altres coses, que·ls mutaçafs dels temps passats han acostumat veure a esquivar tota frau, segons, emperò, que en lo temps del senyor rey En Jacme, de bona memòria, avi nostre, se acostumava de fer (Fur IX-XXVI-IX).

En temps del rei Martí, en les corts de 1403, s'hi torna a emetre un altre fur, més extens, incidint en l'autonomia del mostassaf davant les ingerències del batle reial, i en aquest es descriuen les sues competències més conflictives amb altres interessos polítics:

> Lo batle nostre en les ciutats e viles reals no perturbe ni embargue lo mustaçaf en lo exercici de sa juredicció en les coses al dit mustaçaf pertanyents, segons fur en special dins nostres moreries en les coses següents; ço és, per no bons e falsos pesos o pesades e en mesures no bones e en mercaderies o coses no leyals, e fer tenir les carreres públiques needes e que no sien elegides, stretides ni pejorades, les quals coses són del dit ofici de mustaçaf, e aquelles pot e deu exercir, encara dins les dites moreries e açochs nostres, açò declarat, que·ls moros se voldran obrar dins les dites moreries, puxen edificar sens tornar atras, pus per lo dit obrar no sien pus stret que huy són los carrers de les dites moreries. E per semblant pertany al dit mustaçaf o a son ofici que les carreres de la pescateria no sien stretides o empaxades per los venedors de peix ne les carreres de les carneceries sien empoquides o stretides per les taules, perxes o clavilles, per les quals coses e altres pertanyents al dit ofici de mustaçaf, manam al dit nostre batle, e altres oficials nostres, sots pena de cent morabatins d'or per quantesque vegades contrfaran al nostre fisch aplicadors, que no embarguen o facen alcun empatx al dit mustaçaf en les dites coses o altres toquants lo exercici de sa juredicció (Fur IX-XXVI-X).

L'ofici del mostassaf estava molt protegit per la monarquia per a garantir la seua independència davant les ingerències d'unes altres autoritats, com també passa amb el portantveus de general governador (Fur IX-XXVI-XI). Les decisions o sentències del mostassaf eren orals, d'execució immediata, i en alguns casos amb acord dels jurats. Un fur descriu que l'ofici del mostassaf és "oir, cullir, diffinir, e determinar sens scrit e sens pleyt, segons les costums de la ciutat de València, e solament la nua paraula ab acord, emperò, de jurats e de mustaçaf de temps passat e de prohòmens e de mestres de obres de vila e de altres sperts e avisats en les dites e semblants qüestions... (Fur IX-XXVI-XI). Davant la problemàtica que alguna comunitat, com la dels jueus, disposara d'un mostassaf propi, Pere el Cerimoniós signa un fur, el 1371, pel qual cap comunitat de jueus o musulmans no podria disposar d'un mostassaf propi, i indica que sols hi haurà un mostassaf en cada localitat per a cristians, jueus i musulmans (Fur IX-XXVI-XII).

En els llocs de senyoriu, el mostassaf és elegit pel senyor jurisdiccional, generalment a proposta d'una terna de persones elegida pel govern local. En les cartes de poblament simplement se'n sol regular la forma de l'elecció i, com estableix el fur, s'havia de nomenar la vespra de Sant Miquel Arcàngel. En la carta de poblament de Beniatjar, de 1611, s'especifica una de les seues funcions:

> 30[27]. Ítem, que totes les vegades que vindran a la dita y present vila oliers, saboners y altres semblants persones per a vendre ses mercaderies, les hajen de vendre en la plaça, vistes y reconegudes que sien primer per lo mostassaf, donant aquell lo for de la manera que se auran de vendre y regonexent les pedres, mesures y alna; y no les puguen vendre en altra manera sots pena de sexanta sous partidors entre lo senyor, mostassaf y acusador. Igualment, lo olier o saboner que vindrà en una semana no puga tornar fins a l'altra aprés següent, lo qual per cascuna vegada que vindrà a vendre haja de donar dos dinés al tender (Guinot Rodríguez, Ardit Lucas, 2017, II, p. 343)

---

27 Aquest article és una còpia de la carta de poblament de Salem, també de 1611, del mateix senyor jurisdiccional, el comte del Real.

El mostassaf solia disposar d'un llibre on registrava les ordinacions o els establiments dictats pel govern local. Aquests establiments són el marc jurídic concret, a més dels escassos furs, que regulen les competències i el desenvolupament de l'ofici del mostassaf. En el llibre del mostassaf de Llucena, que inicia el registrament d'actes l'any 1442, s'indica l'obligació que en la casa del mostassaf hi haja pesos i mesures, per a qualsevol tipus de gènere, a disposició de la cort i els prohoms de Llucena. En aquest lloc també es diferència entre el pesador (la persona que ha d'inspeccionar, amb dos prohoms locals, les peses i mesures de la població i donar compte al govern local cada quatre mesos) i el mostassaf (responsable d'afinar els pesos i mesures). Una altra tasca del mostassaf és reconéixer les mercaderies. És l'oficial que supervisa la qualitat dels productes agrícoles que es comercialitzen a la localitat. A Llucena, per fer aquesta tasca d'inspecció s'especifica que "no puga rebre més salari del acostumat, que és micha lliura de cada mercaderia, açò entés de qulsevulla manera de pex, de oli, de formatge, de panses, figes, rahims o qualsevulla genero de fruites, e lo qui contrafarà encórrega en pena de cinch sous..." (Guinot i Rodríguez, 2006, p. 99). Tal com està redactada l'ordenança, era més econòmic defraudar (ja que es paguen 5 sous) que pagar la taxa (que són 10 sous). Estava prohibida la venda de mercaderies els diumenges, excepte si el mostassaf donava una llicència especial per a fer-ho. Qui inspeccionava la taverna també era el mostassaf, que havia de controlar les mesures amb què es venia el vi i vigilar que no s'hi cometeren fraus en l'adulteració del vi que es practicava en la localitat:

> Ítem, statuheixen y ordenen que per evitar fraus que les gents porien fer mescalnt materials en lo vi, per ço proveixen que ningú sia gosat ni presumexca posar ne mesclar en un vexell de vi guix, blanchs de ous, calç, sal gema, mel, carns, sots pena de sexanta sous... (Guinot i Rodríguez, 2006, p. 99).

En els establiments de Catí (segle XVI), era el mostassaf qui fixava el preu de venda de la bota del vi (Guinot i Rodríguez,

2006, p. 328). Prèviament, tots els productors de vi que tenien collita pròpia per a vendre ho havien de declarar als jurats i aquests, mitjançant un sorteig en què un xiquet extreia el paper o albarà de cada productor, fixarien l'ordre de la venda de cada productor.

Els preus de les mercaderies, en molts casos, eren fixats pel govern local i les tendes estaven obligades a vendre els productes agrícoles a aquest preu, sota un control supervisat pel mateix mostassaf. Les penes imposades pel mostassaf d'Alacant, Esteve Briones, l'any administratiu de 1640 a 1641, indiquen alguns dels fraus habituals en el comerç dels productes agrícoles, com eren: vendre pa i vi sense llicència; utilitzar pesos falsos; vendre civada a almuds i barcelles amb un mig almud que no estava marcat; haver comprat i venut arròs sense demanar-ne el preu; per "haver comprat sigrons y haverlos mesclat ab la sua barsella"; no haver demanat preu ni llicència per a vendre arròs i cigrons i no disposar d'aranzel; vendre naps sense demanar-ne el preu; vendre els dàtils mesclats i sense llicència de venda; per "haverli trobat lo pes en que pesava los fideus que no estava bo, perquè caia la una pesa més que l'altra"; "per aver mesclat forment delns castellans sens demanar barsella, e la dita barsella no tenir-la senyalada"; "per haver venut cauls[28] sens mesurar"; per haver comprat fesols i no haver-los manifestat; per vendre vinagre sense demanar-ne el preu; per vendre oli sense demanar-ne el preu; "per aver trobat que un dumenge, ans de alsar a déu, donava a menjar a uns forasters"; haver venut faves sense demanar-ne el preu; haver venut canyamons sense demanar-ne el preu; haver venut pebre a més preu de l'aforat; haver venut farina sense demanar-ne el pes; haver mesurat el vi sense manifestar-lo o haver venut vi sense manifestar-ne la mesura; vendre

---

28 Caul ve del llatí caule-is, i un dels seus significats és: tota herba de les hortalisses.

el pa sense arribar al seu pes[29]. Una funció important del mostassaf era assegurar que els preus de venda dels gèneres agrícoles eren els fixats pel govern local. Els venedors locals havien de manifestar els gèneres que compraven per a vendre'ls, amb un control del seu volum o pes. La funció d'aquest control era evitar la pujada de preus de manera abusiva.

Un altre aspecte d'influir en l'abastiment era garantir alguna producció específica de gènere agrícola per la seua carestia. A Catí, a fi que l'abastiment de vi estiguera garantit, el govern local va obligar la comunitat de veïns a plantar vinyes. Davant la carestia del vi, el 1582, el consell local obliga els seus veïns a plantar vinyes en unes terres considerades poc fèrtils per a altres conreus:

> ... atenent que en lo terme de la present vila de Catí y haga molt poques vinyes, hi haga moltes terres fluixes y primes les quals apenes són bones per a sembrar y plantant-les, se traurà més útil de dites terres, lo que redundaria en gran útil e profit tant dels vehins de la dita y present vila, com encara del delme y del terço que quiscun any reb la vila. E attés que per haver-i poques vinyes los raïms de les que·y són quiscun any se'n porten molta part per aver-n'i pochs, per ço e altres coses tot lo magnífich consell unànim e concorde y ningú de dits magnífics oficials ni consellers discrepant, establiren, estatuïren e ordenaren que tots los vehins de la present vila de Catí hagen de plantar quiacú de aquells un Gornal de vinya disn dos anys, és a saber, que lo giner que ve hagen de plantar mig Gornal de vinay, y del giner en un any l'altre mig Gornal. Q qui no plantarà encórrega en pena de seixanta sous ... (Guinot i Rodríguez, 2006, p. 340).

Com hem vist anteriorment, sols hi ha un fur que obliga l'usufructuari d'un camp a plantar-hi alguna cosa agrícola, com els arbres, si és que disminueixen per algun motiu (Fur III-XIV-IV), però no l'obliga a plantar-ne com a novetat. Tan-

29 Arxiu del Regne de València, Mestre Racional, núm. 7084.

mateix, una altra normativa, com les ordres reials o les cartes de poblament, per alguna necessitat o abastiment, obliga els veïns a plantar o sembrar uns gèneres concrets. Una carta reial del 1390 indica la pobresa que havia arribat a la zona de Russafa a Alfafar, a causa de l'augment de la terra improductiva de marjal, i que calia conrear-la perquè augmentarà la producció agrícola. La carta reial especifica que és un acord al qual han arribat els detenidors del domini senyorial, el capítol de l'església i el jurats de la ciutat de València:

> ... E açò fos e sia gran dany de la cosa pública, no tansolament, per los esplets que si son perduts, e perden, ansencara per la infecció que se ensegueix, e majorment, per la gran tinguda de la dita partida marjalenca, e erma. Com tinga de larch mes de una llegua, e de ampla mitja, o al menys terça poch mes, o menys; e a rellevar aquest danys, e procurar utilitat sia estat tractat, e concordat entre les parts dejús escrites, que la dita partida sia Deu ajudant, redhuida a agricultura, e bonament fer nos pogués, ne puixa sens grans treballs, e despeses, segons es estat vist a hull, e reconegut per alguns de cascuna part trameses en la dita partida, per aquesta raho, e a ells encara, segons lur relació, e en altra manera fos vist a les parts dejús escrits, que la dita reducció de agricultura, nos podia fer bonament, sens fer e complir les coses dejús contingudes ... (Llop, 1675, p. 319).

Entre les coses acordades estava que els camperols que volgueren conrear les terres tindrien algunes excepcions fiscals, però també tindrien algunes obligacions, com la de no plantar vinyes ni arròs, sinó solament blat o "a qui les dites terres seran atorgades en torn, e en les vores de son camp, sia tengut plantar, enodir, e tenir arboleda, eo saluda en la cals dels arbres, o salces, puixa plantar, e en aquelles tenir enodir parres, així mateix puixa per lo mig, o dins lo camp plantar, nodir, e tenir arbres fruitals, exceptades parres, e vinyes, segons es dit ..." (Llop, 1675, p. 322)

En algunes cartes de poblament es regulava si podien plantar llavors o altres coses o conrear lliurement gèneres, o hi havia algun control. En la carta de poblament de Quart de Poblet, de 1334, el monestir de Poblet es reservava les vinyes de secà, però, malgrat això "que los dits pobladors sien tenguts laurar costeres, et pensar a ús e costum de bon llaurador les dites terres del regadiu et del secà; et aquelles hajen de arrencar et plantar sens requisició de la senyoria..." (Guinot Rodríguez. 1991, p. 508). En les cartes de poblament del segle XVII es dona llibertat de plantar aquells gèneres més demandats per la societat valenciana, com en la de Picassent (1611) on es diu "...plantar en lo secà terme de dita vila y baronia totes les oliveres, garroferes y moreres que voldran...", o vinyes, sempre que paguen la partició de fruits corresponent (Guinot Rodríguez, Ardit Lucas, 2017, II, pp. 1404-1406). En uns altres casos, l'abastiment de blat era tan important que no es podien plantar arbres en els camps, només en els marges, com a Benissilli, el 1611:

> ... Y si als dits vassalls y pobladors pareixerà plantar alguns arbres fruitals, auquells no·ls puguen plantar per lo mig de les heretats sinó per la vora e per los màrgens y ribasos, perquè no impedixquen als sembrats y esplets que se an de fer en dites terres ... (Guinot Rodríguez, Ardit Lucas, 2017, II, p. 816)

5. EL DRET A L'AIGUA I AL REG

La regulació de la gestió de l'aigua a l'època foral valenciana ja tenia un precedent en el dret comú. El jurista valencià Juan Sala Bañuls (1731-1806) va dedicar una part de la seua obra a interpretar el dret romà des de la perspectiva de la problemàtica del seu context històric en la seua obra *Digesto Romano-Español compuesto para uso de los cursantes juristas* (Sala Bañuls, 1856). En el dret romà, l'obtenció de l'aigua es classificava en tres categories troncals: l'aigua *quotidiana*, l'aigua *aestiva* i l'aigua *ex castello*. L'aigua *quotidiana* era la que es podia extraure de qualsevol lloc en qualsevol estació de l'any, tot i que podria haver períodes d'escassesa i no haver-ne, o per alguna servitud. L'aigua *aestiva* era aquella que generalment sols es podia extraure a l'estiu, tot i que podria haver-ne un aprofitament a l'hivern, amb la singularitat que calia especificar l'objectiu al qual es destina i la naturalesa del terreny per on discorre; la característica d'aquesta aigua és que només es consumia a l'estiu. Per aigua *ex castello* s'entenia aquella que estava en un contenidor d'aigües públiques, de manera que sols s'hi podria extraure segons el règim de gestió d'aquesta aigua; és el monarca qui pot fer la concessió de l'aigua. A més d'aquesta classificació, el dret romà tractava també problemes constants al llarg del temps lligats a l'aigua, com la protecció de les riberes per on circula, el manteniment de la infraestructura per on es canalitza l'aigua, qui té dret en la conducció de l'aigua, sobre la gestió de la conducció de l'aigua (com per exemple, els drets del camp inferior a rebre aigua del camp superior), sobre l'aigua pluvial, sobre el dany de l'aigua als camps veïns, etc. (Sala Bañuls, 1856, Tomo II, pp. 124-125).

Amb la conquesta territorial de Jaume I, els nous pobladors cristians van ocupant viles i camps i en tots els casos hi ha un element essencial, l'aigua, tant per al reg com per a usos domèstics i de neteja personal. En el Llibre del Repartiment es localitzen a la ciutat de València divuit banys públics. L'aigua és essencial tant per al consum de les persones com per a diverses activitats, entre elles les agrícoles (Hinojosa, 2000). En el període immediat a la conquesta, alguns camps s'unien a uns altres i també n'incrementava la grandària amb noves rompudes, per això requerien més aigua de reg (Guinot Rodríguez, 2024). En aquest període també es va iniciar la construcció de noves infraestructures hidràuliques davant la necessitat de més aigua de reg, com va ser la Séquia Reial del Xúquer, i també va haver un projecte referent al riu Xúquer, de 1393, i no acomplit, que consistia a agafar aigua al terme de Tous i conduir-la al riu Túria, per a poder cobrir la demanda de l'horta i la ciutat de València (Gual Camarena, 1979, p. 133). Aquesta activitat agrícola no va estar exempta de conflictivitat per l'ús de l'aigua i va haver-hi una regulació foral.

La gratuïtat i l'aprofitament de l'aigua dels rius i les fonts queda establerta pels furs de Jaume I següents:

> Tots los flums e·ls ports de les aygües dolçes e de la mar són públics e comuns a tots (Fur IX-XII-XI).

> Totes les places de la ciutat dins e de fora e de tot lo terme de la ciutat e les vies e les carreres e les aygües e·ls duÿsmes[30] e·ls menamens[31] de les aygües, lenyes, fusts, pedres, moles, guix, calç, carbons, patis, almargals, riberes, boschs, caçes, prats, pastures, entrades, eixides, erbes, rambles, arenals, deveses de conils, ço és, que cascú pot fer deveses de conils e d'altres bèsties, ponts de fust e de pedra e·l passatge d'aquells ponts, fons, basses d'aygües e flums e ports e ribatges de la mar són públiques e deputades e comptades e atorgades liurament e francha al comunal e públich ús e a profit de la cosa pública... (Fur IX-XII-XVI).

En un altre fur, Jaume I també estableix l'ús públic de les riberes, on tothom pot arreplegar arena o grava i llavar o assecar draps (Fur I-II-XXI). El que no és públic són els camps de les riberes, on hi ha arbres, que són d'aquells a qui pertanyen (Fur IX-XII-XII).

Un altre fur estableix l'ús públic de les aigües conduïdes per les séquies, exclosa la Séquia Reial de Puçol, en la actualitat Séquia Reial de Moncada, però sí que contempla l'ús públic de totes les altres séquies existents en el període andalusí, de manera que s'accepta la gestió de les séquies que reguen el terme de la ciutat de València (i el Tribunal de les Aigües) o altres séquies del territori valencià.

---

30 Duÿsme, possiblement deriva del verb llatí Duco, amb el significat de conduir, i per tant conductes.

31 Menamen, també amb el significat de conduir o conductes de les aigües.

> Per nos e per los nostres donam e atorgam per tot temps a vós, tots ensemps e sengles habitadors e pobladors de la ciutat e regne de València e de tot lo terme d'aquell regne, totes e cascunes céquies, franques e liures, mayors e miyanes e menors, ab aygües e ab menamens e ab uïmens d'aygües, e encara aygües de fonts, exeptada la cèquia real, qui va a Puçol. De les quals cèquies e fonts Ayats aygua e enduïments e menamens d'aygües tots temps contínuament, de dia e de nuyt, enaxí que puscats d'aqueles regar e pendre aygües sens alcuna servitud e servici e tribut, e prenats aqueles aygües segosn que antigament és e fo establit e acostumat en temps de sarrahïns. (Fur III-XVI-XXXV).

Una obligatorietat genèrica a tots aquells que tenen camps és mantindre en bon estat la infraestructura, per aquesta causa, si per riuades (força de l'aigua del riu, com diu el fur) o fortes pluges n'hi ha destrosses, els veïns que estan més a prop "deuen refer e adobar o donar carrera per lur terra pròpia" (Fur III-XVI-XXXIV). D'altra banda, si algú dona aigua a una altra persona, és obligatori també cedir-li un camí o espai per a accedir a l'aigua o el lloc per on ha d'escórrer l'aigua (Fur III-XVI-XXIII, i Fur III-XVI-XXV).

Una qüestió que es va plantejar, i que es va resoldre per fur, era a qui pertanyia l'aigua que brollava de nou en algun lloc o camp. En un principi el fur va establir que "negú no la pot pendre", però posteriorment s'hi va fer una addició, ja que lògicament algú es podria aprofitar de l'aigua, i es va estipular "que aquel de qui serà lo loch on naxerà l'aygua haurà mester aquela aygua, que la prena e la haje, e quant no la haurà mester, que la prenen e la hajen los vehïns qui seran dejós ell" (Fur III-XVI-XXXVI). D'aquesta manera, l'aigua del subsol que poguera brollar en algun moment o potser de forma continuada en una propietat rural, passava a ser d'ús privatiu del propietari del camp o lloc i, si en sobrava, dels propietaris agrícoles confrontants. En relació amb l'aigua, l'única reserva que se'n va fer el monarca eren les aigües de les albuferes, que eren de possessió reial, i sols ell podia donar els permisos per a pescar-hi o fer-ne uns altres usos (Fur IX-XII-XIII).

Un privilegi de Jaume II de 1293 confirma furs i privilegis anteriors que anul·len les concessions fetes en una carta reial. Arran d'aquest privilegi, el monarca sosté que els habitants del Regne de València estan exempts de certs impostos (cosa que no passa en altres regnes del monarca), entre ells el de ribatge i el de transport per mar, terra o aigua dolça (AO, Jaume II, Privilegi III) i, en conseqüència, existeix la gratuïtat del transport de fustes pel riu. L'ús públic de l'aigua està confirmat per aquesta normativa, una altra cosa és la gestió de l'aigua, especialment per al reg dels camps, sotmesa a la normativa genèrica d'alguns furs i a la normativa particular dels administradors o sequiers establerts al llarg del territori valencià. D'altra banda, per servitud, si algú obté aigua per al seu camp mitjançant el pas per un altre camp, i si l'amo d'aquest altre camp no li posa cap impediment durant deu anys, ja no se li pot vedar l'ús d'aqueixa aigua (Fur III-XVI-XXVI).

En les corts d'Alfons el Magnànim de 1418 es va denunciar el batle dellà Xixona ja que permetia als oficials i el consell d'Elx posar impediments perquè es poguera pescar dins la mar, prop de l'illa de Santa Pola, en perjudici de la resta de les viles de la jurisdicció d'Oriola o d'Alacant i contra els furs que permeten l'ús gratuït de les aigües. En un fur posterior es va dictaminar la llibertat d'ús de les aigües i de la pesca de les poblacions dellà Xixona (Fur IX-XII-XIV).

5.1. Normativa foral de la gestió de l'aigua

La gestió de l'aigua és essencial per a poder distribuir un recurs tan escàs i imprescindible per a regar una estreta franja de terreny pla al litoral valencià, destinada principalment a conreus d'horta, encara que també al conreu d'alguns arbres fruiters o de cereals. En altres zones més muntanyoses ha predominat el conreu de secà, tot i que s'hi van introduint xicotetes zones de regadiu. L'interés per l'estudi de la gestió de l'aigua ens pot remuntar a l'obra de François Jaubert de Passa, qui va recórrer Catalunya i València entre 1816 i 1819, i que va publicar a València, el 1844, *Canales de riego de Cataluña y Reino de Valencia, leyes y costumbres que los rigen: reglamentos y ordenanzas de sus principales acequias.* Aquest agrònom francés va estudiar diversos sistemes de reg, com el de les sénies de Benicarló i Vinaròs; el sistema de reg de la zona de Millars i la Plana de Castelló; el sistema de reg de la vega de València amb el riu Túria, des d'Ademús fins a les séquies que reguen l'horta de València; la Séquia Reial del Xúquer; el reg de l'horta de Gandia, la Séquia Reial d'Alcoi; la vega de Xàtiva; els sistema de reg del Segura i l'horta d'Oriola, i també va estudiar el Tribunal de les Aigües de l'horta de València, la normativa municipal, normes senyorials o del batle general, i va fer algunes descripcions finals dels conreus de secà i de regadiu. Ja en els segles XX i XXI, han aparegut més estudiosos del reg valencià que ens permeten disposar d'un major coneixement del govern i l'administració de les aigües continentals, com Thomas F. Glick (1988), Vicente Giner Boira (1988), Armando Alberola Romà (1984), Tomás Peris-Albentosa (1991, 2008, 2015), Josep Torró (2007) i David Bernabé Gil (2004), entre molts altres.

La normativa foral, principalment els furs i els privilegis, regula matèries generals del reg. Són les ordenances de les séquies les que tracten amb detall els assumptes de gestió de l'aigua com la distribució, l'òrgan de gestió, la conflictivitat, etc. Els furs o els privilegis arrepleguen normativa de conflictes o qüestions que hi han anat sobrevenint, especialment durant els primers segles de la configuració jurídica del regne.

La neteja de les séquies és una de les tasques essencials per al manteniment de la distribució de l'aigua. Aquesta feina era responsabilitat dels regants. Els amos dels camps havien de deixar una zona a les dues vores de la séquia perquè els regants hi pogueren passar per a fer les tasques de neteja (escombrar o refer els desperfectes que hi hagueren).

> Si alcú per lo camp de son vehí haurà dret, ço és servitud, de menar aygua a rregar lo seu camp, per ço deu haver carrera al reiu o a la céquia a escombrar o a refer; e·l senyor del camp deu ell lexar espahi de cascuna part de la céquia en què pusque posar aqueles coses que seran obs a refer lo riu o la céquia e en què pusque posar les escombradores e·l terquim d'aquel riu o d'aquela céquia (Fur III-XVI-XXIV).

El manteniment en bon estat de les séquies era competència dels sequiers. El Privilegi 34 de Jaume I de 1250 és el que regula de forma extensa les funcions dels sequiers: neteja de les séquies, supervisió dels jurats sobre la neteja, reparacions de la infraestructura, l'establiment de les taxes pel servei de l'aigua, l'establiment de les penes, les obligacions dels propietaris de camps en el manteniment de les seues regadores, la fiança que ha de donar el sequier, etc. Els furs esmenten només una vegada una figura que també apareix en el dret foral aragonés, denominada 'savacequier', com a inspector de les séquies; en la resta dels furs ja es generalitza com a 'sequiers', amb les competències de supervisió, manteniment i neteja. A l'època moderna també rep el nom de 'sobresequier'[32]. El sequier, savacequier o sobresequier, tal com s'anomene, tenia l'atribució de vigilar la distribució correcta de l'aigua, que cap persona no poguera agafar l'aigua d'una altra, ni desviar el curs de les séquies, ni causar desperfectes en les séquies, i tenia la potestat de posar penes "per la força ab la cort e sens la cort, e segons que a ell serà ben vist" (Fur IX-XXXI-I). Els sequiers havien de fixar deu dies a l'hivern i deu dies a l'estiu per a reparar la infraestructura danyada i, una vegada a l'any, escombrar o

---

32 Arxiu Municipal d'Alcoi. *Jurats Mà de provisions dels Jurats, Mustaçaf i Sobresequier*, 1685-1688. Signatura I1.1.3./ 199. https://bivia.info/opac/ficha.php?informatico=00023751EX&suposi=1&codopac=OPARS&idpag=524942497#viajeinicial

netejar els braçals on els veïns tenen terres (Fur IX-XXXI-IV), i no havien de donar l'aigua fins que no hagueren supervisat que les séquies estaven netes (Fur IX-XXXI-III).

Si el veí que obté l'ús de l'aigua durant els deu anys, deixa de regar perquè la font o la séquia s'ha assecat, no perd el dret, ja que el recobra quan torne a haver-hi aigua en la font o la séquia (Fur III-XVI-XXXVII).

Per fur de Jaume I, l'aigua d'ús públic ha de ser repartida segons la grandària dels camps, sense que per això es perjudique cap regant (Fur III-XVI-XXXVIII). Una tasca de les comunitats de regants és precisament que, amb la quantitat d'aigua disponible, cap agricultor no isca desfavorit, i que es repartisca l'aigua segons les dimensions dels camps. Són els sequiers els responsables del repartiment de l'aigua, no pel tipus de conreu, sinó per la grandària dels camps, i també són els responsables de posar penes a aquells que malbaraten l'aigua o trenquen filloles, de manera que impedisquen que l'aigua transcórrega pel seu llit; també són els responsables de vigilar si el propietari del camp deixa que l'aigua arribe al camí, podent posar-los penes pecuniàries (Fur IX-XXXI-V). Un privilegi de Pere el Gran de 1283 va més enllà i castiga els sequiers que posen cabal de sobra en les séquies:

> *Item, statuimus et ordinamus et prohibemus sub pena LX solidos, quod cequiarii de Muncada et de Favara vel alii no mitant tantam aquam per cequias suas in preiudicium hereditariorum* (Pere I de València, privilegi XXII).
>
> [A més, establim, ordenem i prohibim, sota una pena de 60 sous, que els cequiers de Moncada i de Favara, o d'altres, no envien tanta aigua a través de les seues séquies en perjudici dels propietaris de camps].

Amb el creixement demogràfic, alguns barons o cavallers que tenen propietats més amunt de la ciutat de València, a la ribera del Túria, fan assuts i noves séquies o fan més grans els ja existents, en perjudici dels regants de l'horta de València. Un privilegi de 1318 encomana al seu procurador general que faça demolir qualsevol assut o séquia indegut, "de manera sumària" (Privilegi Jaume II, XCVI).

El 1321 va ser un any de sequera i el riu Túria no portava suficient aigua a l'horta i la ciutat de València. Els jurats de la ciutat van exposar a Jaume II que l'escassesa impedirà que els molins funcionen, necessaris per a moldre el blat, i que l'horta es regue convenientment. Si no n'hi ha una solució, temen que a l'estiu s'hi produesca conflictivitat social. En aquestes ocasions de sequera, els jurats de València acusen d'acaparament d'aigua les poblacions més amunt del riu, com ara Pedralba, Vilamarxant, Benaguasil i Riba-roja. Per tal d'evitar la conflictivitat, Jaume II emet tres privilegis. Un n'és de maig de 1321 i permet que els jurats de València s'acosten a les poblacions esmentades per a examinar-hi la distribució de l'aigua i que la puguen desviar al riu. La finalitat és desembarassar qualsevol dubte sobre el seu ús i evitar qualsevol escàndol (Privilegi Jaume II, CXXXV). Però, uns altres dos privilegis de juliol de 1321 encomanen al governador general que també hi intervinga (Privilegi Jaume II, CXXXVI) i que faça distribuir l'aigua de la manera següent: que quatre dies i nits, de manera contínua, usen l'aigua els pobles avantdits i que els següents quatre dies i nits ho facen els habitants de la ciutat de València, així successivament (Privilegi Jaume II, CXXXVII). També en aquest any de sequera, el monarca va preveure un possible conflicte entre la séquia de Montcada, d'una part, i les séquies de Mestalla, Favara, Rascanya i Russafa, de l'altra. En un privilegi va regular la distribució de l'aigua, així la séquia de Montcada havia de tindre la comporta o sobrepost posat i, a més, en temps de necessitat, que de les quatre comportes que té, en puguen tindre una les quatre séquies de Russafa, Mestalla, Favara i Rascanya, durant dos dies i dues nits i, si la necessitat és molt gran, que puguen tindre dues comportes en el mateix període, que ha de ser el dilluns i el dimarts de cada setmana, tot això amb coneixement del sequier. Si els propietaris de terres perceben que el sequier no realitza bé la distribució, poden acudir al batle general, qui pot proveir immediatament una solució, sense escrits i sense cap solemnitat. El monarca declara que és potestat seua modificar aquesta ordenança i que l'han d'exercir i acomplir el batle general, els sequiers i els propietaris de les terres (Privilegi Jaume II, CXXXVIII.)

En les corts de Pere IV de 1342 es planteja una nova qüestió sobre el repartiment de l'aigua amb un assumpte que serà recurrent al llarg de la història: com es reparteix l'aigua si hi ha un increment de terra conreable que abans no hi era. Els jurats de la ciutat de València es veuen perjudicats pels nous establiments de terres fets més amunt del riu Túria, els quals agafen l'aigua i redueixen la que pot arribar a l'horta de la ciutat. El problema encara és més crític en època de sequera. Els nous establiments de terres els fan els senyors als seus vassalls, cosa que és un procediment legal en el dret foral. Malgrat això, els jurats de València demanen al monarca que només ells puguen disposar de la competència de regular el repartiment de l'aigua del riu en la seua trajectòria valenciana.

> [com segons fur l'aigua] deu ésser partida segons la manera e granea de les possessions a regar, e que açò sia feyt sens injúria d'altre; e, senyor, aprés la confecció del dit fur, alcuns hajen staliades e fetes staliar moltes terres e diverses, a les quals a regar prenen e reben del dit flum gran partida de l'aygua, en gran dan, injúria e prejudici de les terres de la orta de València, les quals ja en temps de sarrahins eren laurades e havien compliment de aygua del dit flum a regar aquelles, ço que algunes de vegades entre l'any n'an gran minva e fretura, per rahó de les aygües que alguns prenen a ops de regar les terres que aprés són stades staliades; e com no sia cosa justa, ne consonant a rahó, que les terres que no havien acostumat de regar hajen gran abundància d'aygües, axí que casi neguen, que les terres antigament laurades en la dita orta n'ajen gran minva e fretura per la qual los pleyts se perden. Per ço, senyor, vos plàcia proveir e ordenar que, en temps de necessitat e minva d'aygües, los jurats de la ciutat hajen plen poder de partir les aygües del dit flum, sens embarch o contradicció de qualsevol persones,

> per tal que si squivat e tolt contencions, baralla, nafres e morts, que són stades enseguides e se n'enseguexen cascun any, e·s porien d'aquí avant enseguir per minva de aygües, si la dita provisió per vós feta no ere.
>
> Lo senyor rey farà partir les aygües per justícia, segons lo fur, com no serà contrast.
>
> La cort persevera.
>
> Lo senyor rey persevera (Fur III-XVI-XXXIX).

El monarca no concedeix la demanda de la ciutat, persisteix en que el repartiment de l'aigua entre diferents usuaris és competència reial i manté l'esperit del fur de Jaume I sobre la distribució de l'aigua de forma justa, assumint que hi ha un increment de terres conreades. En un sistema productiu caracteritzat per l'escassesa, i no per la sobreproducció que defineix el nostre període actual, hi ha recolzament a les noves explotacions de terra de regadiu.

En les mateixes corts de 1342, també la vila de Borriana manifesta la seua indignació perquè ella té dret als escorriments de les aigües de les séquies de Vila-real, però, un privilegi recent concedit al noble Gilabert de Centelles permet també els escorriments a Nules, en perjudici de Borriana (Fur III-XVI-XL). El monarca es torna a manifestar de forma ambigua ("lo senyor rey breument e sens figura de juhí la farà determinar"), tal vegada amb l'esperit de distribuir l'aigua per a tots.

Davant les disputes per la distribució o l'acaparament d'aigua, el monarca fa valdre els seus oficials perquè els sequiers no dirimisquen els conflictes. Un privilegi de Pere IV de 1368 recorda a la séquia de Montcada una ordre de Jaume II, ja que els representants de la séquia addueixen que l'han perduda, sobre la disputa entre el molins que estan a cens de la séquia de Montcada i aquells que tenen terres en alqueries pròximes als molins, perquè en la séquia col·loquen un sobrepost per damunt de l'obra d'argamassa que impedeix la conducció de l'aigua, o la minva, perjudicant així els propietaris i els moliners de més avall, i genera una conflictivitat fins i tot armada; el rei, davant això, ordena que eliminen el sobrepost que impedeix el descens de l'aigua i confia al batle general l'execució de la seua ordre (Privilegi Pere II de València, CXVIII).

El 1369, amb motiu de donar sentència a un conflicte sobre posar un assut en el riu Xúquer per a afavorir un molí, el rei Pere IV fa un mandat, que passa a ser privilegi, en el qual ratifica la seua jurisdicció, o del batle general, en els conflictes entre distintes parts sobre les aigües públiques:

> Attenents que axí per e segons disposició e ordinació de fur e rahó natural com encara segons antiqua e inconcussa usança tots e qualsevol flums navegables en tant com passen e decorren per e dins nostre realme e los ports e ribatges de aquella són pròpies regalies nostres e la iurisdicció e cognitiu de aquelles o de qualsevol qüestions incidents e emergents de aquells e de molins en aquells o ribatges de aquells construhits e edificats és e pertany a nos o a nostre batle e aquell en loch veu e nom nostre ne coneix e ha acostumat de conexer e aquelles decidir e determinar... (Privilegi de Pere II de València, CVI).

La disputa sobre la competència de la distribució de l'aigua del riu Túria torna a plantejar-se en les corts de 1510, a súplica del braç reial que assevera que els jurats de la ciutat de València són els únics amb potestat de conéixer sobre aquesta distribució, excepte de la séquia de Montcada, i no del governador o del batle general. La resposta del rei Ferran és ambigua una altra vegada: "que sien guardats los privilegis e altres provisions reals" (Fur III- XVI-XLI). El Fur IX-XXXI-II, que es remunta a Jaume I, deixa ben patent la possibilitat que qualsevol que amplie o cultive nous camps ha de disposar d'aigua per al reg:

> Les vinyes e les heretats que·s poden regar, donen cequiatge, jasia que·ls senyors d'aquelles vinyes e d'aquelles heretats no volrran pendre l'aygua a rregar. E si alcun posseix alcuns lochs qui no han acostumat a regar tro ací, pusque pendre l'aygua

> ab que reg aquells lochs, segons la manera del loch o de la possessió e que rech aquells lochs sens vet d'alcú e don d'aquí cequiatge, segons la tenor dels altres vehins d'aquella céquia"

La importància de distribuir l'aigua que transcorre pel territori valencià a tots els habitants queda palesa en la voluntat del monarca i en la normativa foral. El rei Joan I, en un privilegi de 1393, es va atrevir a permetre que del riu Xúquer es poguera desviar aigua des de Tous a la ciutat de València, desembocant en el riu Túria. Va establir les condicions següents: que s'atorgue compensació als propietaris de les possessions per on haja de passar aquesta aigua pels danys que els puga ocasionar; també ordena al governador, al batle general i als altres oficials reials que els puga afectar aquest privilegi, que s'aplique aquesta ordre (Privilegi Joan I, IX). El rei Martí, el 1404, també va permetre que de la Séquia Reial del Xúquer es poguera conduir aigua per a l'horta de València (Privilegi rei Martí, VIII).

Les cartes de poblament regulen, en alguns casos, aspectes concernents als sequiers i a la gestió del reg. En la carta de poblament de Sumacàrcer, de 1613, els nous pobladors estan obligats a netejar les séquies i les filloles anualment. En cas que no ho facen, se n'encarregarà el sequier, qui adjudicarà les despeses a qui no haja complit amb l'escura de la séquia. El sequier és un càrrec anual del govern local, elegit pel senyor, sobre una proposta de dues persones feta pels consellers (Guinot Rodríguez, Ardit Lucas, 2017: II-1701,1716). Si bé l'ús de l'aigua és gratuït, la construcció de la infraestructura és la que determina els pagaments que poden fer els veïns. En el cas de la carta de poblament de Benaguasil, també de 1613, el senyor hi demana una quantitat pecuniària als nous pobladors que fan establiments en terres d'horta i regadiu per un període de quatre anys, per les costes de construir un assut i els ponts sobre les séquies per on ha de discórrer l'aigua. Els nous pobladors de Benaguasil proposen dues alternatives al senyor: no fer les obres i regar com fins ara, o que els nous pobladors facen les obres i no paguen (Guinot Rodríguez, Ardit Lucas, 2017: II-1245, 1263).

La gestió directa del sequiatge estava regulada en les ordinacions o capitulacions de cada comuna. Un exemple el tenim en la séquia i comuna de Mislata que aprova unes ordinacions, el 1639, en una reunió amb presència del governador de València[33]. Les ordinacions van precedides per una còpia traduïda al valencià dels furs relacionats amb els sequiers. El sequier era una persona que arrendava la gestió i el manteniment de la séquia per un període de temps. No podia ser sequier qui tenia o havia tingut algun plet contra la séquia. Els sequiers estaven obligats a escurar les séquies fins que s'hi pogueren veure les fites i havien de notificar-ho al síndic i veedor de la séquia. Si no ho feien, el síndic i el veedor ho realitzarien a costa del sequier. El sequier també havia de netejar de brosses la séquia durant el mes d'agost, així com examinar-ne tot el trajecte ("... obligat de recórrer la dita céquia del partidor dels moros tro al pont de l'abeurador del camí real de Quart, açò a coneguda del sindich e vehedor, tantes vegades quantes menester serà..."). El repartiment de l'aigua, és a dir, les tandes, s'havia de fer per meitats entre els posseïdors de terra i els moliners. Els sequiers n'estaven exempts de responsabilitat si el trencament de l'assut era degut a algun conflicte militar. Unes altres funcions dels sequieres eren: mantindre la séquia plena d'aigua del riu Túria; supervisar el curs de l'aigua per si algú feia una parada il·legal; donar fermança o garantia amb una quantitat de diners al comú, per tal de complir amb les seues obligacions; cobrar el sequiatge a tothom, excepte als que seran síndic i veedor; signar els capítols a fi "que la dita cequia sia ben regida e ben conservada"; pagar un guarda perquè vigile els rolls, les files i les parades; fer escurar qualsevol braç o roll si hi ha un requeriment; mantindre netes les almenares (ca-

---

33 Arxiu del Regne de València. Séquia de Mislata, caixa 20, exp. 1.

nal de desguàs que torna al riu l'aigua sobrant de les séquies); manar als propietaris dels camps que netegen els braçals de la séquia; pagar les despeses de les crides; pagar les despeses de la jornada en què el síndic i veedor supervisen la neteja de la séquia; cobrar les taxes; conservar els partidors de la séquia a fi que ningú furte aigua; vigilar que els camps que es reguen estiguen cavallonats i siguen al menys d'una fanecada, i manifestar al clavari o síndic les calònies (penes pecuniàries) que imposarà als propietaris del camps.

A banda que els capítols regularen les funcions de sequiers, síndics, veedors i altres oficials, així com les penes per les infraccions, periòdicament la comunitat de regants podia fer reunions que, en època foral, havien de comptar amb la llicència del governador de València[34], i en les quals podien modificar o afegir nous capítols per al regiment de la comuna de la séquia.

5.2. Tribunals de reg

L'administració de justícia requeia en els sequiers, així va ser la voluntat des de Jaume I, sense que pogueren intervindre en el conflicte el governador o el batle general. Ja el 1321, un privilegi de Jaume II ordena al batle general que no s'immiscisca en els assumptes de les séquies ni en els seus litigis, excepte si aquests afecten als drets reials o, de qualsevol altra manera, a un assumpte del rei o als molins reials (Privilegi de Jaume II, CXXX). Tanmateix, posteriorment el batle general tindrà més influència a l'hora de resoldre conflictes entre diferents comunes de regants o defendre els drets del patrimoni reial.

---

34 El 1496 la comuna de la séquia de Rovella fa una junta general al convent de sant Francesc, precedida per la llicència del governador de València. ARV, Séquia de Rovella, caixa 1/1.

Cada comuna, mitjançant les seues ordinacions, organitzava la forma de nomenar sequier, així com les penes establertes per a castigar els infractors. Un privilegi de Pere IV de 1386, reproduït per Josep Llop (1675), declara:

> Item, que el Justícia Civil, Jurats e Consell de la dita Ciutat perpetualment, a bienni o trienni, o a aquells anys que mils los serà vist, eligen, meten cequier o administrador, e tenidor en condret les dites cequies, braçals, escorredors, ponts e pontons; e dos prohòmens vehedors, haja plena jurisdicció e poder, de e sobre les dites cequies, braçals, escorredors, ponts e pontons, e hereters de aquelles, e de aquells, segons que per furs e privilegis, cascun cequier ha sobre la cequia e hereters de aquella, e si algú del juhy o acte del dit cequier o administrador se sentira agraviat, quen puixa recórrer als dits Justícia e Jurats, e no a altri.

A l'hora d'administrar justícia en els conflictes del reg cal distingir quina és la jurisdicció que recau sobre la comuna dels regants. Hi ha sèquies de jurisdicció reial, com la Séquia Reial del Xúquer o d'Alzira, en la qual la competència era del sequier i no s'hi podia immiscir el governador de València, i sols també n'era competent el batle general, pel privilegi de 1467:

> *"...baiulus generalis quicumque fuerit in eodem regno meram cognitionem habeat causarum et questionum quarumvis quod pendeant sive alias suscitate sunt et quod moveri etiam sperantur qualiter cumque inter habitantes et homines dicti regni Valencia pretextu fluminum undecumque derivantium et quocunque decurrentium per territoria dicti regni...* (Privilegi de Joan II, IX).

> [el batle general, qui siga en el dit regne, tindrà mer coneixement de les causes i qüestions de qualsevol espècie que estiguen pendents o s'hagen suscitat en una altra part, i que també s'espera que es produïsquen de qualsevol manera entre els habitants i homes del dit regne de València, amb pretext dels rius que corren d'on siga i que discorren pels territoris del dit regne].

El sequier és jutge en primera instància. Ara bé, les penes pecuniàries o calònies pertanyien, per una banda, als sequiers de les séquies gestionades des de temps immemorial (en funcionament en l'època andalusina), i per una altra banda, al patrimoni reial de les séquies que havia fet construir el rei. Això va ser fur d'Alfons III.

> De cequiers. Rúbrica XVIII
>
> Ordenam e atorgam que les penes e calònies les quals los cequiers hauran o levaran segons fur, ús e costum antich, per raó de les aygues e de les cequies e dels braçals, pertanguen als dits cequiers o a aquells als quals aquelles penes o calònies seran atorgades per los hereters en l'encant e venda de les cequies. E açò mateix declaram ésser entés en los cequiers del temps passat. No entenem emperò que les dites coses haien loch en la real cequia de Algezira ne altres cequies reals nostres pròpies (Fur d'Alfons III, I de València, edició de 1482, de Lambert Palmart; També Fur IX-XXXI-VI).

En les corts de Pere IV de 1342, un capítol de cort, a petició del braç militar, recull la demanda que els sequiers, com que administren justícia i diners de les penes, que estiguen també sotmesos a la fiscalització reial:

> Item, supliquen los richs homens, e cavallers de la ciutat, e daltres viles del regne que com los cequiers en molts casos facen molts, e diversos greuges a ells, e als homens lurs, e donen lo dret del aygua a altres, e reguen aquella hajen gran juredictio axi que dels juhis de aquells no puixa hom a alcun recórrer. Que sia vostra mercè ordenar que a cascun cequier cascun any sia feta inquisició per aquells qui per nos seran ordenats segons que per fur nou en los oficials es acostumat de fer. Majorment senyor com ells sien oficials, e han poder vostre, e ells fan penyores, e leven calonies segons que ells se volen. Concordant richi homines, et generosi, et persone Ecclesiastice. Contrasten hi los jurats de la ciutat. E semblantment hi contrasten los Sindichs de les viles Reals (Fur VII, In Extravaganti, edició de Joan Mey de 1547).

Són les ordinacions de les comunes de les sèquies les que regulen les penes. Per exemple, en la séquia de Mislata s'estableix:

> Capítol XXIII. De sots regar camp o vinya
>
> Ittem, si algú sots regarà camp o vinya e clam a terch y aura sia tengut e obligar pagar deu sous per cascuna regada que sots regarà e satisfer lo dany fet a coneguda dels dits sindich e vehedors e si acusador hy aurà la mitat siha pera el acusador e l'altra mitat sia del cequier, e si no y aura cusador sia la mitat del cequier y l'altra mitat del comú.

En les corts de 1510 torna a presentar-se la problemàtica de la intervenció del governador o del batle general en les causes de les séquies, i el braç reial demana que no hi interferisquen. El rei ho concedeix, ja que realment els sequiers tenen competència exclusiva jurisdiccional en les seues séquies, el que no planteja el fur, ni el rei ho comenta, són les competències del batle general pels casos esmentats més amunt (en aquestes corts encara no s'havia publicat la recopilació dels privilegis que fa Lluís Alanyà):

> ... senyor, com per privilegi atorgat a la vostra ciutat de València per lo sereníssimo senyor rey En Pere, de alta recordació, la jurisdictió de les marjals de la ciutat e terme de aquella, axí deçà com dellà lo riu Guadalaviar, sia dels jurats de la dita ciutat, en tant que lo batle ni altre qualsevol oficial no·s pot entrametre de les dites marjals ni de les cèquies de aquelles, com, per virtut del dit privilegi, la coneixença e jurisdictió de les dites marjals pertany als dits jurats, los quals stablexen e han a establir les terres de aquelles e proveheixen e acostumen provehir en lo scurar de les cequies de les dites marjals, lo qual no pot ni deu ésser impedit per ningun oficial, axí com no ho són ni poden ser los altres cequiers de la orta. Supplica per tal lo dit braç real plàcia a vostra magestat provehir e manar que lo dit privilegi sia inviolablement observat, axí per lo dit batle general com per qualsevol altre oficial.
>
> Plau a sa magestat que lo dit privilegi sia inviolablement observat (Fur III-V-CX).

Un capítol de les ordinacions de la séquia de Mislata confirma que hi havia la possibilitat d'una intervenció d'oficials reials per a dirimir conflictes d'aquests cap a un tercer:

> Capítol XV, De rahonar lo dret de la cequia
>
> Ittem, que lo cequier sindich e vehedors sien tengut a rahonar e defendre lo dret de la cequia davant los magnifichs jurats e senyor governador e aquells jutges a qui es pertanyga sens salari algu.

El jurista Mateu i Sanz (1655) sostenia que, per privilegis de Jaume I i de Jaume II, eren els sequiers els únics amb jurisdicció per e jutjar els conflictes del reg. Aclaria que en qualsevol lloc amb senyoria baronial, situat en terme de reialenc, la jurisdicció era dels sequiers (*"aut oppidi regii reperiatur aliqua Baronia, cognitio harum rerum non pertineat ad baronem, sed ad dictum cequiarum nomine illius universitatis"* [o si una baronia es troba en un poble de reialenc, el coneixement d'aquestes coses no pertany al baró, sinó als dits en nom d'aquella universitat] (Mateu y Sanz, 1655: p. 463)

BIBLIOGRAFIA

Albentosa, T. P. (2015). El ejercicio de la autonomía local en las Acequias de la Huerta de Valencia: La olvidada imbricación municipal (Siglos XIII-XIX). *Minius*, 23, 131-170.

Alberola Romá, Armando (1984). *El pantano de Tibi.* Alacant: Instituto Juan Gil-Albert.

Alfons el Liberal i Jaume II (1238 – 1326). València: Corts Valencianes, Universitat de València.

Aureum opus regalium privilegiorum civitatis et regni Valentie ... (1515). València: Diego de Gumiel.

Bas y Galcerán, Nicolás (1742). *Theatrum iurisprudentiae forensis valentinae...* València: Ex oficina Josephi Stephani Dolz, Primera Parte.

Baydal, Vicent (2023). *Corts i assemblees parlamentàries. Jaume I, Pere el Gran, Alfons el Liberal i Jaume II (1238 – 1326).* València: PUV; fonts històriques valencianes, 85.

Belenguer Cebrià, E. (1973). Importación de trigo por "Ayuda" en Valencia durante el último cuarto del siglo XV (1475-1500). *Estudis: Revista de historia moderna, 2,* 79-96.

Belluga, Pere (1580). *Speculum principum.* Venecia: expensis Iacobi Anielli Mariae.

Bernabé Gil, D. (2004). Repercusiones del cambio dinástico sobre los Juzgados de Aguas del Bajo Segura. En Álvar Ezquerra, et. al. (ed.) *Política y cultura en la Época Moderna.* Universidad de Alcalá, pp. 419-430.

Bofarull y de Sartorio, Manuel de (1876). Gremios y cofradías de la Antigua Corona de Aragón. *Colección de documentos inéditos del Archivo General de la Corona de Aragón.* Barcelona: en la imprenta del archivo, tom XL.

Callejas, Feliciano (1857). *Fuero de Sepúlveda.* Madrid: Boletín de Jurisprudencia.

Capitols, estatuts, eo ordinacions de la... ciutat de Valencia, dits del quitament (1669). València: per Geroni Vilagrasa.

Capone, Giulio (1677). *Disceptationum forensium...* Lió: Joannis Antonii Huguetam.

Carrau, J. G. (2017). La Llei de contractes agraris: un paso constitucional en materia de derecho foral civil valenciano. *Corts: Anuario de derecho parlamentario,* (29), 335-364.

Cefali, Giovanni (1624). *Consiliorum sive responsorum iuris.* Frankfurt: Sumptibus Godefridi Tampachii Bibliopolae.

Cerdan de Tallada, Tomás (1574). *Visita de la cárcel y de los presos...* València: en casa de Pedro de Huete.

Ciutat de València (1661). *Copia del iurament que presenten los iurats de la Ciutat de València en lo principi y ans de la asminitracio de sos oficis* ...València: per Iuan Llorens Cabrera.

Codicis DN Iustiniani Sacratissimi principis... París: apud Gulielmum Merlin in ponte Numulariorum..., 1562.

Comunitat Valenciana (2013). Llei 3/2013, de 26 de juliol, de la Generalitat, dels Contractes i altres Relacions Jurídiques Agràries. [Legislació consolidada]. *Diari Oficial de la Generalitat Valenciana,* núm. 7079. https://dogv.gva.es/auto/dogv/docvpub/rlgv/2013/L_2013_03_va_L_2019_02.pdf

Copia del jurament que presten los Jurats de la ciutat de València en lo principi y ans de la administració de sos oficis ...(1596).València: estampada en casa de Felip Mey.

Correa Ballester, Jorge (1995). *La hacienda foral valenciana. El real patrimonio en el siglo XVII.* València: Generalitat Valenciana.

Cruselles Gómez, E. (1990). Jerarquización y especialización de los circuitos mercantiles valencianos (finales del XIV-primera mitad del XV). *Anales de la Universidad de Alicante. Historia Medieval,* 7 (1988-1989); 83-109.

Díaz Borrás, Andrés (2002). *El ocaso cuatrocentista de Valencia en el tumultuoso Mediterráneo, 1400-1480.* Barcelona: CSIC, Institución Milá y Fontanals.

Febrer Romaguera, Manuel V. (2000). *Dominio y explotación territorial en la Valencia foral.* València: PUV.

Felipo Orts, A. (1982). Las sisas del vino y del general de entradas tras las Cortes valencianas de 1626. *Saitabi: revista de la Facultat de Geografia i Història,* 32, pp. 61-74.

Felipo Orts, A. (2005). Las repercusiones de la crisis triguera de 1629-1631 sobre las finanzas de la ciudad de Valencia. *Revista de historia moderna,* 23, 261-284.

Ferrer i Mallol, M. T., 1996. Emprius i béns comunals a l'edat mitjana. Disponible en: https://digital.csic.es/handle/10261/25208

Furió, A. ed. (1985). *València, un mercat medieval.* València: Institució Alfons el Magnànim.

García Edo, V. (1996). La redacción y promulgación de la " Costum " de Valencia. *Anuario de Estudios Medievales, 26*(2), 713–728. https://doi.org/10.3989/aem.1996.v26.i2.666

García Edo, V., 1990. Notas sobre las dehesas, bovalar, carnicerias y ferias de Onda. *Anuario de Estudios Medievales, 20(1),* 467–483. https://doi.org/10.3989/aem.1990.v20.1159

García Edo, Vicent (1982). Concesiones y privilegios medievales de Traiguera. *Estudios castellonenses, 1,* pp. 509-524.

García Edo, Vicent (2007). El dret foral valencià abolit el 1707. *Anuari de l'Agrupació Borrianenca de Cultura: revista de recerca humanística i científica,* 18, 13-23. http://hdl.handle.net/10234/5013

Garcia-Oliver, F. (2017). Élites campesinas en el entorno de la ciudad de Valencia: los Castrellenes. *Studia Historica. Historia Medieval,* 35(2), 119–144. https://doi.org/10.14201/shhme2017352119144

Gaspares, C. (2010). The trade of agricultural products in the eastern Mediterranean and the regional sea routes from thirteenth to fifteenth century. *Aspekte der Warenversorgung im östlichen Mittelmeerraum (4. bis 15. Jahrhundert). Akten des gleichnamigen internationalen Symposiums Wien, 19. bis 22. Oktober 2005*, pp. 93-104. Verlag der Österreichischen Akademie der Wissenschaften. ISBN 978-3-7001-6680-1. Print Edition ISBN 978-3-7001-6942-0. Online Edition doi:10.1553/0x00237bcd

Gil Olcina, A., 1998. Control del dominio útil y salvaguarda del directo en la enfiteusis señorial valenciana: los cabreves. *Estudios Geográficos*, 59(231), 201–224. https://doi.org/10.3989/egeogr.1998.i231.601

Giménez Chornet, V. (2010). De la potestad jurisdiccional real a la potestad jurisdiccional senyorial: jurisdicció alfonsina, civil i criminal, mer i mixt imperi. En: Ramón Frenandez, F. (coor). *El Derecho civil valenciano tras la reforma del Estatuto de Autonomía.* València: Tirant lo Blanch.

Giménez Chornet, Vicent (2002). *Compte i raó. La hisenda municipal de la ciutat de València en el segle XVIII.* València: Universitat de València.

Giménez Chornet, Vicent (2023). El precio justo de los productos agrarios en el derecho común y el derecho foral valenciano. *GLOSSAE. European Journal of Legal History*, 20, pp. 597–612. https://www.glossae.eu/glossaeojs/article/view/603

Giner Boira, Vicente (1988). *Tribunal de las Aguas de Valencia.* València: Tribunal de las Aguas de la Vega de Valencia.

Glick, Thomas F. (1988). *Regadío y Sociedad en la Valencia medieval.* València: Del Cenia al Segura.

Gual Camarena, Miguel (1979). *Estudio histórico-geográfico sobre Acequia Real del Júcar.* València: Institució Alfons el Magnànim-Centre Valencià d'Estudis i d'Investigació.

Guinot i Rodríguez, Enric (2006). *Establiments municipals del Maestrat, els Ports de Morella i Llucena (segles XIV-XVIII).* València: Universitat de València.

Guinot Rodríguez, E. (1983). El problema de la renta feudal y los fueros. Un análisis de las cartas puebla del siglo XIII en el norte de Castellón. *Saitabi: revista de la Facultat de Geografia i Història, 33*, 59-84.

Guinot Rodríguez, E. (1991). *Cartes de poblament medievals valencianes.* València: Generalitat Valenciana.

Guinot Rodríguez, E. (2024). Continuity and change in the irrigated spaces (huertas) of medieval Valencia (8th-15th centuries). *Agua y*

Territorio. Water and Landscape, 24, e9017. https://doi.org/10.17561/at.24.9017

Guinot Rodríguez, E.; Ardit Lucas, M., 2017. *Cartes de poblament valencianes modernes (segles XVI-XVIII). III.* València: Universitat de València.

Guinot Rodríguez, E.; Ardit Lucas, M., 2017. *Cartes de poblament valencianes modernes (segles XVI-XVIII). II.* València: Universitat de València.

Guinot Rodríguez, E.; Mira Jódar, A. J. (2008). Fiscalidad Urbana y distribución y consumo de la producción agrícola en Valencia (siglos XIV-XV). En Rafael Vallejo Pousada (ed,). *Los tributos de la tierra. Fiscalidad y agricultura en España (siglos XII-XX).* València: Publicacions de la Universitat de València, pp. 127-152.

Hinojosa Montalvo, J. (1973). Las relaciones comerciales entre Valencia e Italia durante el reinado de Alfonso el Magnánimo (coses vedades). *Estudios de Edad Media en la Corona de Aragón, X.* Zaragoza: Escuela de Estudios Medievales.

Hinojosa Montalvo, J. (1976). Sobre mercaderes extrapeninsulares en la Valencia del siglo XV. *Saitabi,* XXVI, 59-92.

Hinojosa Montalvo, J. (1982). De Valencia a Portugal y Flandes: relaciones durante la Edad Media. *Anales de la Universidad de Alicante. Historia Medieval,* 1, 149-168.

Hinojosa Montalvo, J. (1987). Mercaderes alemanes en la Valencia del siglo XV: la "Gran Compañía" de Ravensburg. *Anuario de Estudios Medievales;* 17, 455-468.

Hinojosa Montalvo, J. (1995). Comercio, pesca y sal en el Cap de Cervera (Orihuela) en la Baja Edad Media. *Investigaciones Geográficas,* 14, 191-201. https://www.cervantesvirtual.com/obra/comercio-pesca-y-sal-en-el-cap-de-cervera-orihuela-en-la-baja-edad-media-0/

Hinojosa Montalvo, J. (2000). La intervención comunal en torno al agua: fuentes, pozos y abrevaderos en el reino de Valencia en la baja Edad Media. *En la España Medieval,* 23, 367-385.

Igual Luis, D. (2013). L'economia comercial i marítima de València durant el regnat de Jaume I. En Maria Teresa Ferrer i Mallol (coord.). *Jaume I. Commemoració del VIII centenari del naixement de Jaume I,* 2, 719-746.

Jaubert de Passa, François (1844). *Canales de riego de Cataluña y Reino de Valencia, leyes y costumbres que los rigen: reglamentos y ordenanzas de sus principales acequias.* València: Imprenta de D. Benito Monfort. Volum I i II.

Llop Català, M. (1973). Importación de trigo por "ayuda" en Valencia, 1450-1472. *Estudis. Revista de historia moderna, 2,* 61-77.

Llop, Josep (1675). *De la Institució, govern polítich y iuridich, costums y observances de la Fabrica Vella, dita de Murs e Valls...* València: por Geronimo Vilagrasa.

Mateu i Sanz, L. (1655). *Tractatus de regimine vrbis et Regni Valentiae.* València: apud haeredes Chrysostomi Garriz, Tom I.

Matheu y Sanz, L. (1677). *Tratado de la celebración de cortes generales del Reino de Valencia.* Madrid: por Julián de Paredes.

Mora d'Almenar, Guillem Ramon (1625). *Volum, e recopilacio de tots los furs, y actes de Cort, que tracten dels negocis, y affers respectants a la Casa de la Deputacio y Generalitat de la Ciutat, y Regne de Valencia: en execucio del Fur 83 de les Corts del Any M.DC.III.* València: estampat a despeses de la Deputacio.

Muñoz Pomer, Rosa (1987). *Orígenes de la Generalidad Valenciana.* València: Generalitat Valenciana.

Peris Albentosa, T. (1991). La problemática génesis del segundo tramo de la acequia real del Xúquer: (orígenes de la «acequia del proyecto» del Duque de Híjar, 1728-1778). *Investigaciones geográficas,* 9, 167-190.

Peris Albentosa, T. (2008). El regadiu. Evolució, organització i trascendència socioeconòmica. En *Història Agrària dels Països Catalans.* Universitat de Barcelona, 125-144.

Peris Albentosa, T. (2015). Los conflictos por el agua en territorio valenciano durante los siglos XIII-XIX: Perspectiva general y factores agravantes. *Irrigation, Society and Landscape. Tribute to Tom F. Glick,* 559-577.

Piles Ros, L. (1978). *La población de Valencia a través de los "Llibres de avehinament", 1400-1449.* València: Ayuntamiento de Valencia.

Ramón Fernández, F. (2018). *Los contratos de frutos y otras relaciones jurídicas agrarias valencianas.* València: Tirant lo Blanch.

Real crida y edicte, sobre les coses concernets al bé comú de la present Ciutat y Regene de València ...(1595). València: en casa dels hereus de Iuan Navarro.

Regne de Sicília (1622). *Regni Siciliae pracmaticarum sanctionum...* Palermo: apud Franciscum Ciottum, 1622.

Regne de València (1607). *Furs, capitols, provisions e actes de cort ... en lo any XDCIIII.* València: en casa de Pere Patricio Mey.

Regne de València (1635). *Furs, capitols, provisions e actes de cort ... MDCXXVI.* València: en casa de Iuan Batiste Marçal, 1635.

Reiffenstuel, Anacleto (1706). *Ius canonicum universum, clara methodo juxta titulos quinque librorum Decretalium*... Munich: Typis Joannis Chistiani Caroli Immel.

Royo Pérez, V., 2020. Los espacios comunales en las montañas septentrionales del reino de Valencia (s. XIII-XVI).: Communal Areas in the Northern Mountains of the Kingdom of Valencia (13th-16th Centuries). *Aragón en la Edad Media,* (31), 255–294. https://doi.org/10.26754/ojs_aem/aem.2020314535

Rubio Vela, Agustín (2002). Valencia y los aragoneses en la baja edad media: la ruta del trigo. *Caplletra. Revista Internacional de Filologia,* Núm. 32, p. 95-110, https://raco.cat/index.php/Caplletra/article/view/284264

Ruiz Torres, P. (1984). Los señoríos valencianos en la crisis del Antiguo Régimen: una revisión historiogràfica. *Estudis d'Història Contemporània del País Valencià,* 5, p. 30.

Sala Bañuls, Juan (1856). *Digesto Romano-Español compuesto para uso de los cursantes juristas* (edición traducida del latín al castellano por Pedro López Claros y Francisco Fabregas del Pilar). Madrid: Imprenta de la viuda de Domínguez, Tomo II.

Salón, Miguel B. (1608). *Controversiae de iustitia, et iure atque de contractibus, et commerciis humanis licitis ac illicitis* ...Venècia: apud Baretium Bibliopolam ad signum Beatae Mariae Virginis, tom II.

Seguí Cantos, J. (1992). Abastos y defensa de la ciudad de Valencia ante la delicada situación en el ámbito Mediterráneo (1552-1585). *Estudis: Revista de historia moderna,* 18, 47-58.

Soler Milla, J. L. (2006). Comercio musulmán versus comercio cristiano: la actividad de los mercaderes mudéjares y la producción de las aljamas sarracenas. Valencia, primera mitad del siglo XIV. *Anales de la Universidad de Alicante. Historia Medieval,* 14, 229–247. https://doi.org/10.14198/medieval.2003-2006.14.09.

Torró, J. (2007). Vall de Laguar. Asentamientos, terrazas de cultivo e irrigación en las montañas del Šarq al-Andalus: un estudio local. *Recerques del Museu d'Alcoi,* 151-182.

Trobat, Juan Bautista (1690). *Tractatus de effectibus immemorialis praescriptionis, et consuetudinis* ... València: per Franciscum Mestret.

Urbina, Pedro (1657). *Constituciones sinodales del Arçobispado de Valencia.* València: en casa de los herederos de Chrysostomo Garriz, por Bernardo Nogués.

Ventura i Conejero, Agustí (2000). *Privilegi Jaume I, Fira de Xàtiva.* Xàtiva: Ajuntament de Xàtiva.

Villarroya, Joseph (1804). *Apuntamientos para escribir la historia del derecho valenciano.* València: en la oficina de Joseph de Orga.

Vizcaíno, R. N. (2013). Cultura política y comunidad urbana: Valencia, siglos XIV-XV. *Edad Media: revista de historia,* 14, 171-211.

Segunda parte.

La normativa agrícola valenciana durante la época contemporánea[1]

FRANCISCA RAMÓN FERNÁNDEZ
Catedrática de Derecho civil
Universitat Politècnica de València

1. EL DERECHO AGRÍCOLA CONTEMPORÁNEO

La importancia de la agricultura valenciana queda plasmada de forma evidente en el texto estatutario, en su artículo 18

---

1 Trabajo realizado en el marco del Grupo de Investigación de Excelencia Generalitat Valenciana "Algorithmical Law" (Proyecto Prometeu 2021/009, 2021-2024), Proyecto "Promoting capacity building and knowledge for the extension of urban gardens in European cities" (PCI2022-132963) (02/06/22 - 01/06/25). Investigación competitiva proyectos. Ministerio de Ciencia e Innovación, y Proyecto de I+D+i "Derechos y garantías públicas frente a las decisiones automatizadas y el sesgo y discriminación algorítmicas" 2023-2025 (PID2022-136439OB-I00) financiado por MCIN/AEI/10.13039/501100011033/ FEDER, UE.
En el marco de la Resolución de 4 de julio de 2024, de la Presidencia de la Generalitat, por la que se convocó la concesión de subvenciones destinadas a las universidades de la Comunitat Valenciana para la realización de actuaciones en materia de fomento del autogobierno, despliegue del Estatuto de Autonomía, Derecho Foral Civil Valenciano y señas de identidad del Pueblo Valenciano durante el ejercicio 2024, esta publicación ha contado con una subvención otorgada por Resolución de 10 de octubre de 2024, de la Conselleria de Justicia e Interior, por la que se concedieron las citadas subvenciones. En el momento de publicarse este libro, la competencia en las materias antes reseñadas está atribuida a la Conselleria de Justicia y Administración Pública.

tras la reforma por la Ley Orgánica 1/2006, de 10 de abril[2], de Reforma de la Ley Orgánica 5/1982, de 1 de julio[3], de Estatuto de Autonomía de la Comunidad Valenciana, y que se expresa en los siguientes términos: «Desde el reconocimiento social y cultural del sector agrario valenciano y de su importante labor en la actividad productiva, en el mantenimiento del paisaje, del territorio, del medio ambiente, de la cultura, de las tradiciones y costumbres más definitorias de la identidad valenciana, la Generalitat adoptará las medidas políticas, fiscales, jurídicas y legislativas que garanticen los derechos de este sector, su desarrollo y protección, así como de los agricultores y ganaderos».

La normativa agrícola valenciana se ha plasmado en diversas normas, especialmente lo que se ha considerado como la positivación de la costumbre agraria[4] que refleja el derecho propio civil foral valenciano[5]. Las costumbres agrarias es lo único que ha quedado tras los pronunciamientos del Tribunal Constitucional sobre las competencias autonómicas en materia de Derecho civil, y es precisamente la agricultura y su normati-

---

2 BOE núm. 86, de 11 de abril de 2006.

3 BOE núm. 164, de 10 de julio de 1982.

4 RAMÓN FERNÁNDEZ, F.: «Especialidades de la contratación agraria valenciana. Referencia a la compraventa y sus modalidades», *Estudios sobre Derecho civil foral valenciano*, Thomson-Aranzadi, Pamplona, 2008, págs. 113 y sigs.; «Contratación agraria y su valoración en el Derecho valenciano», *La adecuación del Derecho civil foral valenciano a la sociedad actual*, RAMÓN FERNÁNDEZ, F. (Coord.), Tirant lo Blanch, Valencia, 2009, págs. 59 y sigs.

5 RAMÓN FERNÁNDEZ, F.: «La pervivencia de una modalidad consuetudinaria de compraventa de cítricos en la Comunidad Valenciana», *Derecho Agrario ante el Tercer Milenio, Actas del VI Congreso Mundial de Derecho Agrario*, HERRERA CAMPOS, R. (Dir.), Madrid, 2002, págs. 1039 y sigs.; AA.VV.: *El derecho civil valenciano desde la perspectiva patrimonial y agraria*, DOMÍNGUEZ CALATAYUD, V. y LONGAS PASTOR, B. (Coord.), Tirant lo Blanch, Valencia, 2018.

va la que pervive como resquicio del Derecho civil foral valenciano que no se termina de recuperar[6].

Precisamente el texto estatutario resalta la importancia del ámbito consuetudinario y del desarrollo del Derecho civil foral valenciano aplicable, del conocimiento y uso de la lengua valenciana, de la cultura propia y singular del pueblo valenciano, de sus costumbres y tradiciones. Y preceptúa el desarrollo legislativo de las competencias de la Generalitat Valenciana, en plena armonía con la Constitución Española, procurando la recuperación de los contenidos de los «Los Fueros del Reino de Valencia», que quedaron abolidos por la promulgación del Decreto de Nueva Planta, de 29 de junio de 1707.[7]

Precisamente cabe mencionar la postura del Tribunal Constitucional en la ya conocida jurisprudencia que declaró que no había lugar a las competencias en materia de Derecho civil en Sentencia 82/2016, de 28 de abril de 2016, Pleno, Recurso de inconstitucionalidad 9888-2007, interpuesto por el Presidente del Gobierno respecto de la Ley de las Cortes Valencianas 10/2007, de 20 de marzo, de régimen económico matrimonial valenciano. Competencias en materia de Derecho civil: Ley autonómica dictada en materia no integrada en el acervo normativo o consuetudinario del Derecho civil histórico valenciano. Voto particular[8]; Sentencia 110/2016, de 9 de junio de 2016,

---

6 AA.VV.: *Un Derecho civil valenciano posible: propuestas legislativas y proyección de futuro*, PALAO GIL, J. (Dir.), Tirant lo Blanch, Valencia, 2021.

7 Sobre la evolución histórica del Derecho civil foral valenciano: RAMÓN FERNÁNDEZ, F.: «El Derecho civil foral valenciano y la Constitución de 1812», *Las Cortes de Cádiz, la Constitución de 1812 y las Independencias Nacionales en América*, Colección Amadis, Ugarit, Universidad Politécnica de Valencia, 2011, págs. 295 y sigs.

8 BOE núm. 131, de 31 de mayo de 2016. Cfr. BARCELÓ DOMÉNECH, J.: «La inconstitucionalidad de la Llei de règim econòmic matrimonial valencià», *Bigneres*, núm. 11, 2016, págs. 44 y sig. Dis-

Pleno, Recurso de inconstitucionalidad 4522-2013, interpuesto por el Presidente del Gobierno respecto de la Ley 5/2012, de 15 de octubre, de uniones de hecho formalizadas de la Comunitat Valenciana. Competencias en materia de Derecho civil: nulidad de los preceptos legales autonómicos que establecen el objeto y ámbito de aplicación de la Ley, proclaman el principio de libertad de regulación de la convivencia y regulan el régimen económico y los efectos de la extinción de la unión de hecho formalizada (STC 82/2016). Voto particular[9], y Sentencia 192/2016, de 16 de noviembre de 2016, Pleno, Recurso de inconstitucionalidad 3859-2011, interpuesto por el Presidente del Gobierno respecto de la Ley de las Cortes Valencianas 5/2011, de 1 de abril, de relaciones familiares de los hijos e hijas cuyos progenitores no conviven. Competencia sobre Derecho civil: nulidad de la Ley autonómica dictada en materia no integrada en el acervo normativo o consuetudinario del Derecho civil histórico valenciano (STC 82/2016). Voto particular.[10]

Todas estas sentencias determinaron que toda la legislación que se aprobó tras la reforma del Estatuto de Autonomía, con la única excepción de la legislación contractual agraria que después veremos, ya no se pueda aplicar por ser declarada contraria a las competencias constitucionales.

Anteriormente, el Tribunal Constitucional se había pronunciado la STC 121/1992, de 28 de septiembre de 1992, Pleno, Recurso de inconstitucionalidad 361/1987, promovido por el Gobierno de la Nación contra diversos preceptos de la Ley 6/1986, de 15 de diciembre, de la Generalitat Valenciana,

ponible en: https://rua.ua.es/dspace/bitstream/10045/64708/3/Bigneres_2016_11_09.pdf (Consultado el 5 de octubre de 2024).

9 BOE núm. 170, de 15 de julio de 2016.

10 BOE núm. 311, de 26 de diciembre de 2016.

sobre arrendamientos históricos valencianos. Votos particulares.[11] Esta sentencia consideró lo siguiente:

---

11 BOE núm. 260, de 29 de octubre de 1992. Esta sentencia contenía varios votos particulares. En este sentido, «Voto particular discrepante que formula el Magistrado don Carlos de la Vega Benayas en el recurso de inconstitucionalidad núm. 361/1987, relativo a la Ley 6/1986 de la Generalidad Valenciana.

No queda suficientemente claro, decidido con nitidez, el problema de la referencia a <los Derechos civiles, forales o especiales, allí donde existan>; es decir, cuál es el contenido, lo existente de ese Derecho civil, aquella materia sobre la cual la Comunidad Autónoma puede actuar legislativamente, conservando, modificando o desarrollando la misma.

El problema es menor en los supuestos de Comunidades Autónomas dotadas de compilaciones de Derecho civil, Derecho propio, especial, foral y, en cuanto propio, común, con fuerza expansiva, con potencialidad de desarrollo (y, por supuesto, de conservación, art. 149.1.8 C.E.).

Es mayor y más grave la duda en el caso que nos ocupa. Se trata de que la Comunidad Autónoma Valenciana no posee Derecho civil propio, según se reconoce y admite por todos. Salvo en materia de riegos (huerta de Valencia) y su jurisdicción especial (Tribunal de Aguas), la Comunidad Autónoma Valenciana no tiene legislación civil, desde los Decretos de nueva planta de 1707.

No es legislación civil valenciana, eso es obvio, la legislación civil que hoy se aplica en el territorio de la Comunidad. Es también cierto que no se conserva Derecho propio escrito, ni legislativo antiguo y preconstitucional, ni siquiera consuetudinario recopilado.

¿Cuáles son, pues, las normas civiles de ámbito regional o local y de formación consuetudinaria preexistente, a las que se alude en la Sentencia (fundamento jurídico 1.)?

Parece que la Sentencia se refiere únicamente al Derecho consuetudinario que, tras la abolición de los Fueros, subsistiera en el territorio hasta nuestros días, y así lo dice en el mismo fundamento. No puede ser de otra manera y en esto la Sentencia es lógica y correcta. Mi discrepancia de ella, sin embargo, tiene otro sentido.

Lo que ocurre, en mi opinión, es que esta corrección y claridad es sólo aparente. Quizá, y esta es mi duda, esta apariencia y ligereza

---

argumentativa sea la justa. No lo sé. Pero tengo el temor de que, con ello, se ha abierto o entornado peligrosamente la tapa de la caja de Pandora.

Veamos: Se da como probada la existencia de esa costumbre local referida a la subsistencia forzosa del vínculo contractual entre propietario y arrendatario (¿o colono, enfiteuta, poseedor útil?), y se considera existente una relación arrendaticia con prórroga indefinida y forzosa. No hay modo de saber con certeza si ello constituía, en el uso histórico, un contrato de arrendamiento y otra figura con más parecido a los censos o foros.

La Ley valenciana impugnada sí establece un vínculo contractual indefinido, lo que contraviene el sentido, fundamento y finalidad del típico contrato de arrendamiento, de cuyo temporal o bien prorrogable por el legislador en situaciones sociales determinadas, como es el caso de la legislación de arrendamientos rústicos común (en particular desde 1935) y general en toda España.

La pregunta es: ¿esta determinación de la Ley valenciana es <conservación> o creación, regulación ex novo?

Sin negar a la Comunidad Valenciana la posibilidad y la postestad legislativa, sí, en cambio, me pregunto si esa potencialidad alcanza o puede llegar a recrear o resucitar una figura contractual, dándola previamente por probada, o bien -como se hace en la Ley- dejando su prueba a la autoridad gubernativa. ¿No supondría ello la posibilidad de establecer por vía indirecta (circumventio) un Derecho civil inexistente e incluso la de legalizar costumbres contra legem?

Cierto que no va este Tribunal Constitucional a someter a prueba la existencia de esa costumbre, que ahora la Comunidad Valenciana legaliza. Pero sí le cabe o compete examinar la constitucionalidad de ese resultado legislativo.

Este examen, aparte de lo ya expuesto sobre el ámbito o subsistencia del Derecho civil existente (¿qué se puede desarrollar?), abarca también otro aspecto, tal el relativo a la otra competencia que el art. 149.1.8.reserva en exclusiva al Estado, es decir, las <bases de las obligaciones contractuales>. ¿No constituye una de las bases del sistema contractual español la autonomía o libertad contractual -libre consentimiento- en general y la de la temporalidad en los contratos arrendaticios en particular? Naturalmente que ello no impide que el legislador competente pueda, por exigencias de una sociedad justa y democrática, establecer de otro modo el régimen de explotación del recurso agrícola, pero sí, como concluyo de todo lo expuesto, que dicho legislador autonómico pueda recrear, confiriéndola categoría contractual -de contrato normado, forzoso- a una situación de hecho dudosa y de vigencia limitadísima, según se afirma por las partes. No parece que sea el método más adecuado el seguido por esta Ley, que roza, en mi opinión, la corrección constitucional, dañándola.

Estas dudas, cuyo desarrollo sería largo y que en ningún caso van contra un sistema de protección correcto y eficaz a favor del arrendatario antiguo, son las que justificaron en la deliberación mi voto distinto al de la mayoría, en el sentido de ampliar las declaraciones de inconstitucionalidad a los otros preceptos impugnados e incluso a la Ley misma y con base en los argumentos expuestos, es decir, en la invasión de la competencia legislativa del Estado por infracción del art. 149.1.8.de la Constitución, que no permite la regulación que se hace en la Ley impugnada. Todo ello, por supuesto, con mi respeto a la opinión mayoritaria.

Voto particular que formula el Magistrado don José Gabaldón López a la Sentencia dictada en el recurso de inconstitucionalidad núm. 361/1987.

Lamento disentir del parecer de la mayoría, no ciertamente en cuanto a la declaración de inconstitucionalidad del párrafo segundo del art. 2 y del inciso final del párrafo 2 del art. 3 de la Ley objeto del recurso, cuya decisión comparto, sino porque entiendo que ese mismo pronunciamiento de inconstitucionalidad debiera haberse extendido a los demás preceptos impugnados así como a los conexos; cuando menos, a aquellos de los que son necesaria consecuencia los declarados nulos.

Mi discrepancia se funda en las siguientes razones:

La competencia autonómica para <conservación, modificación y desarrollo> del Derecho civil foral o especial (art. 149.1.8. de la Constitución), no tiene, en la Comunidad Valenciana, otro objeto que los arrendamientos históricos a que la Ley impugnada se refiere; es decir, un derecho precisamente civil y consuetudinario respecto del cual la citada Ley ha operado una mutación en el sistema de fuentes. A partir de su reconocimiento por la Administración autonómica, los arrendamientos que han persistido exclusivamente como costumbre,

---

seguramente de varios alcance, formas y contenido diferentes, van a estar regidos por unos preceptos legales que, además, reducirán toda aquella posible variedad a una normativa rígida y uniforme pero ahora con rango y fuerza de Ley, regulando aspectos sustanciales, desde su duración (que se declara indefinida) hasta el derecho sucesorio; convirtiendo así una institución de origen consuetudinario contractual en una normativa legal, seguramente reductora, que extravasa el alcance del precepto constitucional citado al introducir un derecho formulado por la Ley en una Comunidad donde existe solamente un derecho consuetudinario, lo cual dista de la conservación, modificación o desarrollo del Derecho existente.
Mas, para esta operación transformadora, la Ley utiliza un medio radicalmente contrario a la Constitución.
Pese a que la Ley, según dice expresamente su art. 1, tiene por objeto <regular, como institución propia del Derecho civil valenciano los arrendamientos históricos constituidos desde tiempo inmemorial y regidos por la costumbre>, no establece lo que sería adecuado a ese doble carácter (Derecho civil, regulado por la costumbre), es decir, la exigencia de su prueba y reconocimiento ante los Tribunales civiles. Lejos de ello exige que sean <objeto de reconocimiento> mediante declaración ante la Administración Agraria autonómica (art. 2.1), el cual se logra mediante un dictamen pericial (art. 3) sin ninguna referencia a la prueba del contenido de los contratos, usos o costumbres de donde traen causa, y cuyo reconocimiento determina la aplicación de un régimen legal que abarca como antes se dice desde la norma de duración indefinida (art. 4) hasta el régimen sucesorio (art. 9) y sin la menor atención al origen o cláusulas pactadas o perpetuadas por la costumbre que constituyen el verdadero Derecho civil consuetudinario a conservar.
Parece evidente que el reconocimiento por la Administración de la existencia de un contrato civil entre partes, determinante de todas unas consecuencias que afectan no sólo a quien solicitó aquel acto sino a los demás titulares de la relación jurídica, quienes además pueden ver modificado el contenido de los derechos que la costumbre o el pacto les confería, no es una actividad propia de la Administración sino una potestad de intervención que esa Ley le otorga más allá de sus propias facultades, invadiendo las que son propias de la Jurisdicción (art. 117.3 de la Constitución), puesto que función

«La Ley autonómica impugnada declara su propósito de formalizar y fijar unas determinadas reglas consuetudinarias que, hasta hoy, se habrían venido aplicando sólo a unos ciertos contratos (los llamados <arrendamientos históricos>) que, al

---

jurisdiccional es la que resuelve conflictos de intereses privados en la esfera del Derecho civil; y ese es el efecto propio del reconocimiento administrativo de los contratos de arrendamiento históricos. La impugnación, primero en vía administrativa y luego ante la Jurisdicción Contencioso-Administrativa que ha invalidado la Sentencia, no es sino una consecuencia de la atribución de aquella facultad de reconocimiento de los arrendamientos a la Administración mediante actos propios que, sin embargo no pueden estar sometidos al Derecho administrativo porque resuelven sobre derechos civiles de los particulares.
Se pone así de manifiesto la infracción de los arts. 117.1, inciso primero, y 117.3 de la Constitución, así como el 24.1 y 2, en cuanto otorgan a los particulares el derecho a obtener la tutela efectiva de los Jueces ordinarios, o sea, los del orden jurisdiccional a quienes la Ley general atribuye el conocimiento de los conflictos y cuestiones según su naturaleza objetiva.
A esta afirmación no se opone lo razonado en la STC 21/1986 (fundamento jurídico 2.), puesto que lo allí legitimado como no contrario al art. 24 es el establecimiento de <una vía previa administrativa... para el acceso a la jurisdicción ordinaria... que no impide el acceso a ésta ni supone que la Administración de la Seguridad Social sustituya a los órganos jurisdiccionales...>, supuesto evidentemente distinto del aquí contemplado, en el cual la Administración va a definir, al reconocer la existencia de cada arrendamiento, toda la constelación de derechos y obligaciones que lo integran.
La limitación del petitum formulado en el suplico de la demanda a los arts. 2.2, 3.2, 9 y Disposición transitoria (que venía condicionada por el Acuerdo del Consejo de Ministros de entablar el recurso) no sería obstáculo para dictar un fallo que, además de anular todos los mencionados, extendiese la declaración de inconstitucionalidad a algunos otros preceptos, sobre todo a aquellos cuya conexión con los directamente impugnados es evidente por constituir su causa inmediata, caso en el cual se hallan, por lo menos, los arts. 2 y 3 (ambos en su integridad), 4 y 10. Así lo permite el art. 39.1 de la Ley reguladora de este Tribunal».

menos en parte, se habrían regido por una costumbre que sería especial no sólo por su peculiaridad sustantiva respecto al Derecho común sino también por su alcance limitado y definido en el tiempo. Esta costumbre especial es, como inequívocamente expresa el art. 1 de la Ley impugnada, a la que se ha querido dar forma de Ley, configurando dentro del Derecho arrendaticio rústico un ius singulare, en el doble sentido de ser, en primer lugar, un régimen diferenciado del civil común y, en segundo lugar, en el territorio autonómico, una ordenación específica para ciertos contratos de arrendamiento, singularizados por haber venido siendo sometidas previamente a una costumbre cuyas reglas recoge la Ley.

(...)

a) No es, en primer lugar, dudoso que el arrendamiento histórico, como figura consuetudinaria, ha existido y existe en el territorio valenciano, cualquiera que sea su importancia relativa en el conjunto de contratos de arriendo. Ello resulta de la amplia documentación aportada por la Comunidad Autónoma, sin que el Estado haya aportado, para desvirtuarla, otros documentos o materiales de diferente signo. Teniendo esto en cuenta, no cabe discutir la competencia de la Comunidad Autónoma para conservar ese Derecho consuetudinario propio, labor de conservación que es la expresamente afirmada por la Ley impugnada y la citada -junto a la de <modificación> y <desarrollo>- en el art. 31.2 del EACV.

b) La Ley, de otra parte, se aplicará a determinados contratos <históricos>, en función no sólo del momento en que se pactaron, sino de las reglas a las que se vieron sometidos. Así, el presupuesto y la condición de aplicabilidad de estas normas legales residen en la costumbre que recogen, régimen consuetudinario que no sólo delimita el objeto, sino el mismo contenido dispositivo del régimen legal. Se quiere decir con ello que los límites constitucionales y estatutarios que condicionan la validez de la Ley son los mismos que ésta establece para su aplicabilidad puesto que la misma se incardina y se restringe al objeto mismo ordenado consuetudinariamente. Ello permite rechazar las reticencias formuladas por el Abogado del Estado sobre si la Ley autonómica es una real plasmación de normas consuetudinarias efectivamente aplicadas hasta su adopción, toda vez que el presupuesto de validez constitucional de la Ley, en cuanto al ejercicio de competencias autonómicas, coincide exactamente con sus condiciones de aplicabilidad en cada caso; esta es una cuestión que ha de ser resuelta en última instancia por los órganos jurisdiccionales competentes para ello, en los correspondientes procesos que puedan suscitarse.

(...)

La competencia de la Generalidad Valenciana para regular los arrendamientos históricos valencianos, siguiendo la costumbre prefijada por los usos jurídicos desarrollados a través de los tiempos, le permite regular la sucesión en relación con esos arrendamientos de forma diferente a la legislación del Estado y de acuerdo a aquella costumbre, que según la Generalidad Valenciana, el precepto se limita a fijar, coincida o no, por tanto, con la legislación común en la materia».

En la actualidad, estamos ante un derecho agrario valenciano contemporáneo vinculado con una institución milenaria como es el Tribunal de las aguas de la Vega de Valencia, protegido como bien de interés cultural inmaterial y declarado patrimonio de la Humanidad por la UNESCO, pero también conectado con formas de venta milenarias como es la *Tira de contar*, además de desarrollarse en un espacio privilegiado y protegido como es la Huerta de València.

En este bloque del derecho agrario contemporáneo en la Comunitat Valenciana nos vamos a ocupar de todos estos aspectos y de su regulación actual. Muchos de ellos herederos de la agricultura de la época foral que se ha ido adaptando a las necesidades de los tiempos.

Para ello, vamos a analizar la legislación aplicable, así como la doctrina y jurisprudencia que se ha pronunciado sobre los aspectos objeto de estudio, para obtener unas conclusiones que pueden resultar de interés para la comunidad científica y además posicionar la importancia de la agricultura valenciana en el ámbito social como un cuerpo normativo de gran interés donde se observan distintas peculiaridades propias del espacio territorial en el que se desarrolla.

1.1. La regulación de los contratos agrícolas: la influencia de la costumbre

1.1.1. La venta a ojo y a peso

La regulación de los contratos agrícolas se establece en la Ley 3/2013, de 26 de julio, de los Contratos y otras Relaciones Jurídicas Agrarias, que fue modificada posteriormente por la Ley 2/2019, de 6 de febrero, de reforma de la Ley 3/2013, de 26 de julio, para exigencia de la forma escrita y para la creación del Registro de Operadores, Contratos y Relaciones Jurídicas Agrarias[12].

---

12 Véase: BARCELÓ DOMÉNECH, J.: «La compravenda agraria en el Dret Civil Foral Valencià», *Bigneres*, núm. 9, 2014, págs. 61 y sigs. Disponible en: https://rua.ua.es/dspace/bitstream/10045/47798/3/Bigneres_2014_9_15.pdf (Consultado el 5 de octubre de 2024); «La regulación de la venta a ojo y al peso en el Derecho civil foral valenciano: Estudio de las modalidades especiales del contrato de compraventa en la Ley 3/2013, de 26 de julio, de los contratos y otras relaciones jurídicas agrarias», *InDret: Revista para el análisis del Derecho*, núm. 4, 2014, págs. 1 y sigs. Disponible en: https://www.raco.cat/index.php/InDret/article/view/291739/380238 (Consultado el 6 de octubre de 2024); RAMÓN FERNÁNDEZ, F.: *Los contratos de frutos y otras relaciones jurídicas agrarias valencianas*, Tirant lo Blanch, Valencia, 2018; ARNAU MOYA, F.: *La compraventa de cítricos en la Comunitat Valenciana*, Tirant lo Blanch, Valencia, 2020; AA.VV.: *Contratos agrarios valencianos: comentarios a la Ley valenciana de contratos y otras relaciones jurídicas agrarias*, ESTRUCH ESTRUCH, J y VERDERA SERVER, R. (Dir.), Tirant lo Blanch, Valencia, 2021; Esta norma plantea diversas cuestiones en torno a la interregiona-

Se resaltan tres motivos fundamentales de esta regulación: positivizar la costumbre, adaptarse la norma a las nuevas realidades socioeconómicas y la protección frente a prácticas abusivas.

La positivización de la costumbre supone un reconocimiento al elemento consuetudinario que se da en el ámbito de la agricultura, además de actualizarse y constituir un elemento probatorio teniendo en cuenta que ha sido decisiva la costumbre para la pervivencia del Derecho civil foral valenciano[13].

---

lidad: ORTEGA GIMÉNEZ, A.: «Contratos y otras relaciones jurídicas agrarias en la Comunitat Valenciana: cuestiones de derecho interregional», *Revista jurídica valenciana*, núm. 41, 2023, págs. 33 y sigs. Disponible en: https://www.revistajuridicavalenciana.org/wp-content/uploads/R0041_0012.pdf (Consultado el 3 de octubre de 2024).

13 RAMÓN FERNÁNDEZ, F.: «La costumbre como fuente del Derecho civil valenciano: especialidades en materia agraria», *El Derecho Agrario entre la Agenda 2000 y la Ronda del Milenio (Actas del VIII Congreso Nacional de Derecho Agrario), Toledo, 16 y 17 de noviembre de 2000,* CARRASCO PERERA, A. y CARRETERO GARCÍA, A. (Coord.), Ediciones de la Universidad de Castilla-La Mancha, Cuenca, 2001, págs. 669 y sigs.; *La pervivencia de instituciones consuetudinarias del derecho civil valenciano,* Universitat Jaume I de Castelló, Castellón, 2002; Prospectiva del Derecho civil foral valenciano, Universitat Politècnica de València, Valencia, 2012. Disponible en: https://riunet.upv.es/bitstream/handle/10251/12145/2538_3e.pdf?sequence=1&isAllowed=y (Consultado el 3 de octubre de 2024); *El costum en les relacions agràries valencianes: el cas de la Safor,* Dossiers Digitals, núm. 2, Centro de Estudios e Investigaciones Comarcales Alfonso el Viejo, Gandía, 2008. Disponible en: https://riunet.upv.es/bitstream/handle/10251/36871/costums.pdf?sequence=1&isAllowed=y (Consultado el 6 de octubre de 2024); «El Derecho civil valenciano ante la Constitución, el Estatuto de Autonomía y la costumbre», *Corts. Anuario de Derecho Parlamentario,* núm. 19, 2007, págs. 221 y sigs. Disponible en: https://dialnet.unirioja.es/descarga/articulo/2522248.pdf (Consultado el

El artículo 1287 del Código civil establece que el uso o la costumbre del país se tendrán en cuenta para interpretar las ambigüedades de los contratos, supliendo en éstos la omisión de cláusulas que de ordinario suelen establecerse.

La Ley 3/2013 distingue dos modalidades de compraventa agraria: a ojo, a "ull" "estimada"o "per alfarrassar" y a peso o "per arrovat".

En la regulación de ambas modalidades especiales de compraventa agraria se ha buscado integrar, con formulaciones suficientemente amplias, las distintas prácticas vinculadas a cada zona y producto, intentando no confundir lo que es un determinado uso agrario con la costumbre propiamente dicha.

La ley pretende respetar al máximo la costumbre, con las necesarias modificaciones requeridas, de una parte, por la evolución de las propias prácticas y del contexto social y económico en el que se producen, y de otra, por la necesidad de proteger a la parte contractualmente más débil (el agricultor o la agricultora persona física) frente a determinados abusos reiteradamente denunciados por las asociaciones agrarias.

---

4 de octubre de 2024); «La recuperación del Derecho civil foral valenciano tras la reforma del Estatuto de Autonomía y su repercusión en la agricultura valenciana», *Derecho agrario y alimentario español y de la Unión Europea*, Tirant lo Blanch, Valencia, 2007, págs. 61 y sigs. «Costumbres agrarias y desarrollo normativo», *Contratos agrarios valencianos*, Tirant lo Blanch, Valencia, 2021, págs. 67 y sigs.; «Comunidad de Bienes y Explotación Agraria», *Comunidad de Bienes*. 2ª. edición, Tirant lo Blanch, Valencia, 2021, págs. 1181 y sigs.; «Disposición transitoria primera. Contratos de compraventa», *Contratos agrarios valencianos*, Tirant lo Blanch, Valencia, 2021, págs. 820 y sigs. Véase también: BARCELÓ DOMÉNECH, J.: «El primer pas en la recuperación del Dret civil foral valencià: la Llei de règim econòmic matrimonial», *Bigneres*, núm. 4, 2009, págs. 18 y sigs. Disponible en: https://rua.ua.es/dspace/bitstream/10045/122377/1/Bigneres_2009_4_05.pdf (Consultado el 6 de octubre de 2024).

La modificación por la Ley 2/2019 de la Ley 3/2013 tuvo uno de sus principales motivos la adopción de medidas legislativas para evitar la venta a pérdidas y la venta a resultas.[14]

Vamos a ver con más detalle cada una de estas dos formas contractuales.

La venta a ojo o estimada se regula en los artículos 1 a 12 de la Ley 3/2013[15], y tiene por objeto la totalidad estimada de la cosecha pendiente y no recogida, o simplemente en flor, existente en uno o varios campos al tiempo de ser convenida. Se realiza por un precio alzado. Se paga al contado, o en el

---

14 RAMÓN FERNÁNDEZ, F.: «Medidas legislativas para evitar la venta a pérdidas en la contratación agraria», *Revista Iberoamericana de Derecho Agrario*, núm. 17, 2023, págs. 1 y sigs. Disponible en: https://latam.ijeditores.com/pop.php?option=articulo&Hash=8b6d478348de0661674db5936862bc35 (Consultado el 3 de octubre de 2024). Cfr. ARNAU MOYA, F.: «La compraventa "a resultas" como base de la reforma de la ley valenciana de contratos agrarios», *Revista jurídica valenciana*, núm. 34, 2019, págs. 15 y sigs. Disponible en: https://www.revistajuridicavalenciana.org/wp-content/uploads/0034_0005_02-La-compraventa-a-resultas-y-la-reforma-LCRJA.pdf (Consultado el 4 de octubre de 2024).

15 Sobre ello, véase: ARNAU MOYA, F.: «La compraventa a ojo en la Ley 3/2013, de la Generalitat valenciana, de los contratos y otras relaciones jurídicas agrarias», *Revista de Derecho civil valenciano*, núm. 15, 2014. Disponible en: http://www.derechocivilvalenciano.com/revista/numeros/15-primer-semestre-2013/item/209-la-compraventa-a-ojo-en-la-ley-3-2013-de-la-generalitat-valenciana-de-los-contratos-y-otras-relaciones-jur%C3%ADdicas-agrarias (Consultado el 4 de octubre de 2024); «La compraventa a ojo en la Ley 3/2013, de la Generalitat Valenciana, de los contratos y otras relaciones jurídicas agrarias», *El llibre sisè del Codi civil de Catalunya: anàlisi del projecte de llei: materials de les Divuitenes Jornades de Dret Català a Tossa*, Institut de Dret Privat Europeu i Comparat de la Universitat de Girona, Girona, 2015, págs. 419 y sigs. Disponible en: https://dugi-doc.udg.edu/bitstream/handle/10256/10993/9788499842912_16.pdf?sequence=3&isAllowed=y (Consultado el 4 de octubre de 2024).

plazo estipulado. Antes de la reforma por la Ley 2/2019 de la Ley 3/2013 era si el contrato se formalizaba por escrito. Ahora impera la forma escrita para evitar los fraudes a la persona agricultora.

La totalidad de la cosecha objeto de contrato puede venir referida a los frutos de una misma variedad concreto, en caso de existir varias.

Puede también convenirse la compra de la cosecha futura sobre semillas, ya las entregue quien compra o quien vende.

Se contemplan las siguientes exclusiones:

a) No podrá celebrarse esta modalidad contractual sobre una parte de la cosecha, o por una o hasta una cantidad (fijada por número o por peso) de fruto o producto, ni por cantidad mínima o de determinada calidad.

b) Queda excluida esta compraventa especial en todos los casos en los que sea preciso proceder a operaciones ulteriores de pesaje, cuenta o verificación para la determinación de alguno de los elementos del contrato.

La determinación de la cosecha se recoge en el artículo 3 de la Ley 3/2013. En su redacción inicial se indicaba que la cosecha es cuantificada de modo estimado, y que se realiza por corredor/a experimentada[16], o por la parte compradora, y aceptada por quien vende. Se expresaba en las medidas propias del tipo de cultivo y costumbre del lugar, y la propuesta del corredor/a, o de la parte compradora, es vinculante para

---

16 BARCELÓ DOMÉNECH, J.: «La intervención del corredor o alfarrassador en los contratos agrarios valencianos», *Revista Boliviana de Derecho*, núm. 19, 2015, págs. 292 y sigs. Disponible en: https://dialnet.unirioja.es/descarga/articulo/4905077.pdf (Consultado el 5 de octubre de 2024).

ésta desde que se ofrece, y para la parte vendedora desde que la acepte.

Tras la reforma por la Ley 2/2019, la cosecha es cuantificada de modo estimado por corredor experto o corredora experta, o por la parte compradora, y aceptada por quien vende. Se expresa en las medidas propias del tipo de cultivo y costumbre del lugar.

La propuesta del corredor o de la corredora, o de la parte compradora, sobre la cuantificación de la cosecha es vinculante para la misma desde que se ofrece a la parte vendedora, y para esta última desde que la acepta. Asimismo, de acuerdo con lo dispuesto en el artículo 6.2 de la ley, no quedará perfeccionado el contrato hasta que haya acuerdo por escrito, además, sobre el precio y la forma de pago.

En cuanto a la entrega de la cosa y la calificación jurídica de los frutos. La cosecha pendiente o futura tiene la consideración de bien mueble. Los frutos se entienden separados desde la perfección del contrato y la cosecha puesta a disposición de quien compra en ese mismo momento.

El precio se regula en el artículo 5 de la Ley 3/2013. En la redacción inicial se establecía que era una cantidad cierta y alzada de dinero. Se determinaba sobre la estimación de la cosecha hecha por corredor/a. El precio se pagaría al contado. Para su aplazamiento, el contrato deberá formalizarse por escrito. Con lo que el contrato se podría realizar de forma verbal, ya que si el contrato se realizaba de esa forma, el pago del precio determina su perfección y los tratos previos tienen la condición de preliminares.

El lugar del pago, salvo pacto en contrario, será el domicilio de la parte vendedora.

Tras la Ley 2/2019, el precio será pagado al contado y cualquier otra modalidad de abono de las cantidades pactadas deberá figurar de manera expresa en el contrato de la operación.

El contrato será siempre escrito y se entenderá perfeccionado cuando las partes prestando su consentimiento lo firmen.

Salvo pacto en contrario, el lugar del pago será el domicilio de la parte vendedora.

Los impuestos se pagarán conforme a su legislación específica.

Se contempla el pago mediante efectos cambiarios, Si la parte vendedora hubiera aceptado efectos cambiarios en pago del precio, salvo pacto expreso en contra la fecha de su vencimiento o realización debe ser anterior a la recolección.

Por lo que se refiere a los elementos formales, en la redacción inicial por la Ley 3/2013, se indicaba que el contrato puede ser verbal o escrito.

Para la validez del pacto sobre aplazamiento del pago del precio, deberá formalizarse por escrito.

El contrato no estaba sujeto a formalidad.

El vale de compra hará prueba plena de la existencia y términos del contrato y del efectivo pago.

El vale de recolección la hará de su cumplimiento.

Tras la Ley 2/2019, en el contrato figurarán, en los términos que reglamentariamente se determinen, como mínimo el tipo de compraventa, las personas vendedoras y compradoras, así como si actúan en representación de tal manera que queden reflejados en el contrato el responsable último de la operación, la fecha del documento, la fecha del pago, la determinación del huerto o partida, con su referencia catastral y referencia SIGPAC, el tipo, variedad o clase del producto de que se trate, la cantidad calculada o pactada, el precio, la fecha límite de recolección o cosecha del producto, si la recolección va a realizarse por el comprador y si la cosecha está o no asegurada.[17]

Para la validez del pacto de aplazamiento del pago del precio acordado, necesariamente tendrá que aparecer dicha circunstancia en el contrato así como la fecha de pago, que no podrá ser posterior a treinta días después de firmarlo.

Los contratos de compraventa se emitirán como mínimo por triplicado. Un ejemplar será para quien vende, otro para quien compra y el tercero para el Registro de Operadores, Contratos y otras Relaciones Jurídicas Agrarias. La formalización del contrato deberá realizarse antes del inicio de las prestaciones que tengan en él su origen.

Si en el contrato se pacta un aplazamiento del pago del precio, la parte vendedora o persona que le represente o en quien delegue deberá emitir tras la recepción del mismo, uno o varios vales de pago que harán plena prueba de su efectiva entrega por la parte contratante. De igual modo, en todo caso, la parte compradora, o su representación o delegación, deberán emitir uno o varios vales de recolección que harán plena prueba del cumplimiento del contrato. Estos últimos deberán emitirse, al menos, tras cada jornada de recolección, señalándose en particular si se ha finalizado o no la total recogida de la cosecha. Los vales deben incluir la referencia al contrato.

El vale de pago contendrá, en los términos que reglamentariamente se determinen, la fecha de emisión, la referencia al

---

17 ARNAU MOYA, F.: «La fecha de recolección en la ley valenciana de contratos agrarios: Incumplimiento y consecuencias», *Revista jurídica valenciana*, núm. 35, 2020, págs. 14 y sigs. Disponible en: https://www.revistajuridicavalenciana.org/wp-content/uploads/0035_0006_02_INCUMPLIMIENTO-FECHA-RECOLECCION-EN-CONTRATOS-AGRARIOS.pdf (Consultado el 6 de octubre de 2024).

contrato de compra al que está vinculado, las menciones necesarias que acrediten el pago efectivo del precio y, si lo hubiese, la identidad del corredor o corredora, debiendo firmarse en todo caso por la parte vendedora, persona que la represente o en quien delegue, o por su corredor o corredora.

El vale de recolección estará formalizado por triplicado para distribuir entre la parte compradora, vendedora y la persona que ejerza la función de corredora; y contendrá, en los términos que reglamentariamente se determinen, la fecha de emisión, la referencia al contrato de compra al que está vinculado, las menciones necesarias para acreditar su cumplimiento y, si lo hubiese, la identidad del corredor o la corredora, debiendo firmarse en todo caso por la parte compradora, persona que la represente o en quien delegue, o por su corredor o corredora.

La figura del del corredor o corredora, o alfarrassador o alfarrassadora se contempla en los artículos 26 a 29 de la Ley 3/2013. Se considera esta figura como la intervención de un tercero que es persona física, experta o práctica en el tráfico agrario, y se denomina corredor o corredora, o alfarrassador o alfarrassadora. Al indicar persona física consideramos que las personas jurídicas no pueden actuar bajo esta figura.

Se indica la actuación como mandatario o mandataria. Quien ejerce las funciones de corredor o corredora actúa siempre, a los efectos de los contratos regulados en esta ley, como mandatario o mandataria de la parte compradora, sin perjuicio de la relación jurídica que le una con ella.

Quien ejerce las funciones de corredor o corredora no necesita acreditar poder escrito, ni sus actos están sometidos para su validez a confirmación de su principal. Ello no obstante, en caso de duda, el o la principal podrá exigir al corredor o corredora que pruebe la existencia del mandato.

Quien ejerce las funciones de corredor o corredora queda personalmente obligado u obligada frente a la parte vendedora en los casos de no manifestación de la identidad de su comitente al tiempo de la perfección de la venta y en los casos de dolo o fraude. Si posteriormente se desvelare la identidad de quien le otorgó el mandato, las dos personas responderán solidariamente. Fuera de estos supuestos, quien ejerce las funciones de corredor o corredora no queda personalmente obligado u obligada frente a la parte vendedora por los contratos que celebre en nombre de quien le otorgó el mandato.

La función de corredor o corredora tiene derecho a una retribución por su trabajo.

La persona obligada a su pago es siempre la parte compradora, siendo nulo el pacto en contrario. Se tendrá por no puesta cualquier rebaja en el precio de la venta en concepto de comisión o retribución a quien ejerce las funciones de corredor o corredora, y la parte vendedora tendrá derecho a reclamarla si se hubiere practicado.

La forma de remuneración dependerá del régimen jurídico que una a quien ejerce las funciones de corredor o corredora con su principal.

La responsabilidad por el cálculo alzado o alfarràs.

En las ventas a las que se refiere el capítulo I de este título, la parte vendedora no tiene acción contra quien ejerce las funciones de corredor o corredora por errores en el cálculo. La parte compradora sólo la tiene en los casos de dolo, fraude o ignorancia inexcusable.

La venta a peso o per arrovat se contempla en los artículos 13 a 25 de la Ley 3/2013[18]. La venta al peso o per arrovat tiene

---

18 Se puede consultar: ARNAU MOYA, F.: «La compraventa al peso en la Ley 3/2013, de la Generalitat Valenciana, de los contratos y otras relaciones jurídicas agrarias», *Revista de Derecho civil valenciano*, núm. 16, 2014. Disponible en: http://www.derechocivilvalenciano.com/

por objeto la totalidad o parte de los frutos que finalmente haya al tiempo de la recolección de uno o varios campos, convenida mientras la cosecha se encuentra pendiente, a un precio fijado por unidad de peso o de cantidad.

Se establecen distintas modalidades:

a) Venta contada (tot comptat), que obliga a recoger, contar o pesar la totalidad del fruto.

b) Venta medida, o de medida, que solo obliga a recoger los frutos que tengan un diámetros mínimo o hasta uno máximo determinado.

c) Venta limpia (neta), que permite no recoger, o no contar, medir o pesar, los frutos que carezcan de la calidad comercial exigible según la normativa aplicable (de desecho).

A falta de prueba en contrario, se entiende que el contrato es a venta contada

La perfección del contrato se indicaba inicialmente en la Ley 3/2013 que el contrato se perfecciona por el mero consentimiento, pero deberá concertarse necesariamente antes de la recogida del fruto.

Tras la Ley 2/2019, El contrato se perfecciona por el mero consentimiento de las partes expresado por escrito, pero deberá concertarse necesariamente antes de la recogida del fruto.

En los aspectos formales, tras la Ley 2/2019 se indica en el artículo 16 de la Ley 3/2013 que es de aplicación lo dispuesto en el artículo 8.

---

revista/numeros/16-segundo-semestre-2014/item/210-la-compraventa-al-peso-en-la-ley-3-2013-de-la-generalitat-valenciana-de-los-contratos-y-otras-relaciones-jur%C3%ADdicas-agrarias (Consultado el 4 de octubre de 2024).

En los vales de pago debe quedar consignada la referencia al contrato, la modalidad de compraventa a peso o per arrovat, el precio por unidad de peso o cantidad; el lugar de pesaje, cómputo o entrega, y, en su caso, el posible aforo o cantidad de fruto estimada.

Los vales de recolección serán emitidos por quien ostente la jefatura de cuadrilla o actúe por delegación de la parte compradora, e indicarán también la cantidad o el peso del fruto ya recogido y la aceptación o no por la parte vendedora. Es decir, el vendedor o la persona que le represente o en quien delegue expresará su conformidad o las razones de discrepancia con el pesaje o cómputo del fruto.

La simple signatura se entiende expresión de conformidad, excepto mención expresa.

La entrega de la cosa, se establece que La cosecha se entiende entregada por la parte vendedora en el propio campo, en el momento de cortar o separar el fruto, si la obligación de cosechar es de quien compra y a su costa.

Si la obligación de cosechar es de quien vende y a su costa, la cosecha se entiende entregada donde se realice el pesaje o cómputo, salvo que otra cosa se pacte o resulte de la costumbre del lugar.

Las condiciones del precio se indican en el artículo 21 de la Ley 3/2013 indicando que el precio se fijará por unidad de peso o cantidad.

El precio total de la venta se determinará por aplicación del unitario pactado en la compra a la cantidad expresada en el vale de recolección. Si el precio se conviene con una baja, ya sea porcentual o sobre la cantidad de fruto, la venta será necesariamente tot comptat. La baja no podrá exceder del 5%.

Nunca podrá liquidarse el contrato a precio más bajo del pactado, ni siquiera alegando mala calidad de la fruta o producto.

Si no se hiciere mención separada, el precio se entenderá sin inclusión de los impuestos indirectos repercutibles que lo graven y de los que sea sujeto pasivo la parte vendedora.

Hay que tener en cuenta la Orden APM/727/2017, de 20 de julio, por la que se homologa el contrato-tipo de compraventa de cosecha de naranjas y grupo mandarinas, a peso, para su comercialización en fresco, campaña 2017/2018[19].

1.1.2. Novedades en la contratación tras la modificación de la Ley 3/2013

La aplicación de la Ley 3/2013 nos indicó que distintos problemas que estaban en el ámbito contractual se seguían produciendo. Los abusos contra la parte contractual más débil, el agricultor, la presión del comprador con los precios, por debajo del coste de producción, los costes de distribución y comercialización a cargo del productor, y que se seguía realizándose la venta a resultas[20].

La posibilidad que concedía la Ley 3/2013 de realizar los contratos verbales favorecían la venta a resultas, por lo que era preciso una modificación de dicha norma para que todos los contratos se realizaran por escrito. También que se establecería un registro de contratos para incrementar la transparencia de los precios y las condiciones contractuales, así como la crea-

---

19 BOE núm. 182, de 1 de agosto de 2017.

20 ARNAU MOYA, F.: «La necesaria ley estatal de compraventa de cosechas», *Revista jurídica valenciana*, núm. 36, 2020, págs. 45 y sigs. Disponible en: https://www.revistajuridicavalenciana.org/wp-content/uploads/0036_0007_03.pdf (Consultado el 6 de octubre de 2024).

ción de una base de precios real y diaria de las transacciones, y la indicación en el contrato de la fecha /s de recolección o recogida y de efectuar el pago.

Se propuso la modificación de los artículos 6, 7 y 8 de la Ley 3/2013; la inclusión de los Títulos V y VI, con la finalidad de evitar los abusos, la debilidad de la parte productora (agricultor), la presión del comprador sobre los precios (por debajo del coste de producción), la asunción del agricultor de costes de distribución y comercialización.

Se obliga necesariamente a la forma escrita del contrato para favorecer a la parte más débil (parte productora), se realiza una formulación detallada de vales de pago y recolección, se introducen mecanismos de garantía para el cobro del precio.

En la venta a peso por persona física se limita el aplazamiento del pago a un mes desde que termine la recolección o desde la fecha límite pactada.

La prohibición de la venta a resultas se indicaba en la disposición adicional segunda: nulidad de los pactos con cláusulas de indeterminación del precio, al indicar que se reputarán nulos, por contrarios a esta Ley, los pactos por los que el agricultor o la agricultora persona física ceda las facultades de disposición sobre la cosecha a cambio de una retribución inicialmente indeterminada, ya se exprese con la cláusula "a comercializar" o cualquier otra; y en general, todas las formas y cláusulas contractuales que hagan soportar al agricultor o a la agricultora, persona física, los riesgos de la comercialización de la cosecha en la que no interviene.

La Ley 12/2013, de 2 de agosto, de medidas para mejorar el funcionamiento de la cadena alimentaria[21] establece que los

---

21 BOE núm. 185, de 03 de agosto de 2013. Modificada por la Ley 16/2021, de 14 de diciembre, por la que se modifica la Ley 12/2013,

contratos alimentarios se deben formalizar por escrito. Las modificaciones de las condiciones contractuales estarán prohibidas excepto acuerdo de las dos partes.

Exigiendo el contrato por escrito se evitan los contratos a resultas, más fáciles en el caso de contratos verbales.

Respecto de la importancia de la fecha del pago en la venta a resultas para evitar el perjuicio se invoca Ley 3/2004, de 29 de diciembre, por la que se establecen medidas de lucha con-

---

de 2 de agosto, de medidas para mejorar el funcionamiento de la cadena alimentaria (BOE núm. 299, de 15 de diciembre de 2021). También hay que tener en cuenta el Real Decreto 64/2015, de 6 de febrero, por el que se desarrolla parcialmente la Ley 12/2013, de 2 de agosto, de medidas para mejorar el funcionamiento de la cadena alimentaria, y se modifica el Reglamento de la Ley 38/1994, de 30 de diciembre, reguladora de las organizaciones interprofesionales agroalimentarias, aprobado por Real Decreto 705/1997, de 16 de mayo (BOE núm. 33, de 7 de febrero de 2015); Real Decreto 66/2015, de 6 de febrero, por el que se regula el régimen de controles a aplicar por la Agencia de Información y Control Alimentarios, previstos en la Ley 12/2013, de 2 de agosto, de medidas para mejorar el funcionamiento de la cadena alimentaria (BOE núm. 33, de 7 de febrero de 2015); Real Decreto 267/2017, de 17 de marzo, por el que se desarrolla la Ley 6/2015, de 12 de mayo, de Denominaciones de Origen e Indicaciones Geográficas Protegidas de ámbito territorial supraautonómico, y por el que se desarrolla la Ley 12/2013, de 2 de agosto, de medidas para mejorar el funcionamiento de la cadena alimentaria (BOE núm. 66, de 18 de marzo de 2017, y Real Decreto 368/2023, de 16 de mayo, por el que se modifica el Estatuto de la Agencia de Información y Control Alimentarios, O.A., aprobado mediante el Real Decreto 227/2014, de 4 de abril; y el Real Decreto 66/2015, de 6 de febrero, por el que se regula el régimen de controles a aplicar por la Agencia de Información y Control Alimentarios, previsto en la Ley 12/2013, de 2 de agosto, de medidas para mejorar el funcionamiento de la cadena alimentaria (BOE núm. 117, de 17 de mayo de 2023).

tra la morosidad en las operaciones comerciales[22], así como la Ley 7/1996, de 15 de enero, de ordenación del comercio minorista[23], en la que se indica que los aplazamientos de pago de productos de alimentación frescos y de los perecederos no excederán en ningún caso de treinta días.

Con esta medida se evita que la cosecha se quede excesivo tiempo en la planta, se asegura el buen trabajo del producto hasta su recolección, y se evitan mayores costes al agricultor.

---

22 BOE núm. 314, de 30 de diciembre de 2004. Véase también la Ley 15/2010, de 5 de julio, de modificación de la Ley 3/2004, de 29 de diciembre, por la que se establecen medidas de lucha contra la morosidad en las operaciones comerciales (BOE núm. 163, de 6 de julio de 2010). Véase también Ley 47/2002, de 19 de diciembre de reforma de la Ley 7/1996, de 15 de enero, de ordenación del comercio minorista, para la transposición al ordenamiento jurídico español de la Directiva 97/7/CE, en materia de contratos a distancia, y para la adaptación de la Ley a diversas Directivas comunitarias (BOE núm. 304, de 20 de diciembre de 2002); Real Decreto 367/2005, de 8 de abril, por el que se desarrolla el artículo 17.3 de la Ley 7/1996, de 15 de enero, de ordenación del comercio minorista, y se definen los productos de alimentación frescos y perecederos y los productos de gran consumo (BOE núm. 100, de 27 de abril de 2005), y Ley 1/2010, de 1 de marzo, de reforma de la Ley 7/1996, de 15 de enero, de ordenación del comercio minorista (BOE núm. 53, de 2 de marzo de 2010). Cfr. RAMÓN FERNÁNDEZ, F.: «Las marcas de calidad y las denominaciones de origen de los productos agrarios y agroalimentarios», *El Derecho agrario valenciano y su aplicación a la empresa familiar agroalimentaria y los usos del suelo: aspectos jurídicos y económicos*, Tirant lo Blanch, Valencia, 2013, págs. 157 y sigs.; «Comunidad de bienes y explotación agraria», *Comunidad de bienes*, REYES LÓPEZ, M. J. (Coord.), Tirant lo Blanch, Valencia, 2014, págs. 1077 y sigs.; «Los contratos tipo agroalimentarios», *A lei agrária nova*, vol. IV, Juruá Editora, Curitiba, Brasil, 2014, págs. 269 y sigs.

23 BOE núm. 15, de 17 de enero de 1996.

El registro de operadores, contratos y otras relaciones jurídicas agrarias evita así simulaciones contractuales posteriores al pago sin acuerdo previo de la cuantía, al quedar constancia de los contratos firmados por ambas partes. Con ello se evitarán abusos, constituye una prueba para demostrar incumplimientos contractuales, y se está a la espera de su desarrollo reglamentario.

En cuanto a los operadores se consideran como tales las personas físicas y jurídicas que se encuentren comprendidas en el ámbito objetivo de la Ley deberán depositar la fianza correspondiente.

El registro será público y obligatorio en el caso de los operadores.

La gestión se podrá acordar con terceras entidades de derecho público, sin costes para las partes contratantes.

Al registro accederán todos los contratos regulados por la Ley /2013, la copia de los vales y la copia de cada contrato. Las funciones del registro son la custodia, transparencia, información de precios, la entrega copia contrato firmado a las partes a tribunales u organismos de arbitraje, además de establecer mecanismos para llegar a acuerdo entre las partes. Este registro también tendrá como objeto, con la información que aporten los contratos agrarios registrados, aportar al sector una mayor transparencia e información de precios y hacer pública una base de precios real y diaria de las transacciones de productos agrícolas.

Tras la reforma por la Ley 2/2019 se indica que deben incluirse una serie de fechas en el contrato, como es la fecha de recolección, la fecha de recogida y la fecha en que se efectuará el pago.

También se regula el deber de conservación de la documentación por las partes. Se podrá realizar la conservación en papel o en formato electrónico, y por un periodo de cinco años.

Se contempla la inclusión en los contratos de cláusulas alternativas de resolución de conflictos (arbitraje o mediación), y la creación de la Junta de Arbitraje y Mediación.

En caso de pacto expreso en el contrato o posterior, podrán acudir a la Junta de Arbitraje. En el caso de pactar Mediación, podrán acceder a la Junta de Mediación. Se aplicará lo indicado en la Ley 5/2012, de 6 de julio, de mediación en asuntos civiles y mercantiles[24] y el Real Decreto 980/2013, de 13 de diciembre, por el que se desarrollan determinados aspectos de la Ley 5/2012.[25]

Vamos a ver con más detalles los cambios introducidos por la Ley 2/2019, aunque hemos hecho mención a alguno de ellos anteriormente[26]:

1. Venta a ojo o estimada. Tiene por objeto la totalidad estimada de la cosecha. Estará ésta pendiente y no recogida o en flor. En uno o varios campos. Se establece un precio alzado . Se puede pagar al contado o en un plazo que se estipule. La totalidad de la cosecha se podrá referir a frutos de una misma variedad, en el caso de que existan varias. Se puede convenir la compra de la cosecha futura sobre semillas.

---

[24] BOE núm. 162, de 07 de julio de 2012.

[25] BOE núm. 310, de 27 de diciembre de 2013.

[26] BARCELÓ DOMÉNECH, J.: «El Derecho civil foral valenciano: situación actual», *Bigneres*, núm. 14, 2019, págs. 60 y sig. Disponible en: https://rua.ua.es/dspace/bitstream/10045/122715/1/Bigneres_2019_14_09.pdf (Consultado el 4 de octubre de 2024); «La reforma de los contratos agrarios valencianos», *Revista jurídica valenciana*, núm. 34, 2019, págs. 1 y sigs. Disponible en: https://www.revistajuridicavalenciana.org/wp-content/uploads/0034_0005_01-LA-REFORMA-DE-LA-LEY-VALENCIANA-DE-CONTRATOS-AGRARIOS.pdf (Consultado el 5 de octubre de 2024).

2. Determinación de la cosecha y perfección del contrato. La propuesta de corredor/a, o de la parte compradora sobre la cuantificación de la cosecha es vinculante para la misma desde que se ofrece a la parte vendedora. Para la parte vendedora será vinculante desde que la acepte. No queda perfeccionado el contrato hasta que haya acuerdo por escrito sobre precio y forma de pago.
3. Pago del precio. El precio será pagado al contado y cualquier otra modalidad de abono de cantidades pactadas deberá figurar de forma expresa en el contrato. El contrato será siempre escrito. Se entiende perfeccionado cuando las partes prestando su consentimiento lo firmen.
4. Pago mediante efectos cambiarios. Si la parte vendedora hubiera aceptado efectos cambiarios en pago del precio, salvo pacto expreso en contra la fecha de su vencimiento o realización debe ser anterior a la recolección.
5. Cesión de los derechos de compra. Los derechos de la parte compradora se podrán transmitir. Para que sea válida la cesión deberá constar en el contrato. Se debe comunicar por escrito a la parte vendedora.
6. Derecho de acceso. La parte compradora tiene derecho de acceso a los predios cuya cosecha ha comprado. Es independiente de si ha asumido la obligación de cultivarlos o no. Este mismo derecho lo tendrá la parte compradora en el caso de la otra modalidad, a peso o per arrovat.
7. Modificación elementos formales. En el contrato deberá indicarse (como mínimo): Vendedor y comprador; fecha del documento; fecha del pago; determinación del huerto o partida(referencia catastral y SIGPAC); tipo, variedad o clase de producto; cantidad calculada o

pactada; precio; fecha límite recolección o cosecha, y si la cosecha está o no asegurada.

Para la validez del pacto de aplazamiento del pago del precio acordado, necesariamente tendrá que aparecer en el contrato.

Los contratos de compraventa se emitirán por triplicado. Un ejemplar será para quien vende, otro para quien compra y el tercero para el Registro de Operadores, Contratos y otras Relaciones Jurídicas Agrarias.

8. Caso de aplazamiento del pago precio en el contrato. La parte vendedora tras el pago emitirá vale/s de pago que serán prueba de la entrega por el comprador/a, y la parte compradora le corresponderá la emisión de vale/s de recolección que harán prueba del cumplimiento del contrato. Los vales deberán incluir la referencia del contrato.
9. Contenido vale de pago. Fecha de emisión. Referencia contrato compra. Menciones acreditativas del pago del precio. Identidad del corredor/a. Firmas (vendedor/a, representante o delegado o corredor/a).
10. Contenido vale de recolección. Lo mismo que el vale de pago. Formalizado por triplicado.
11. Venta al peso o per arrovat: perfección del contrato. El contrato se perfecciona por el mero consentimiento expresado por escrito, pero deberá concertarse necesariamente antes de la recogida del fruto,
12. Elementos formales. Los vales de pago contendrán la referencia al contrato; modalidad de compraventa a peso o per arrovat; precio por unidad de peso o cantidad; lugar de pesaje, cómputo o entrega, y posible aforo o cantidad de fruto.

13. Los vales de recolección se emitirán por quien sea jefatura de la cuadrilla o delegación, indicarán la cantidad o el peso del fruto ya recogido, especificarán si la parte vendedora ha aceptado o no, y el vendedor o representante o delegado expresará su conformidad o discrepancia con el pesaje o cómputo del fruto. La simple signatura significará la conformidad.

14. Aforos o cantidad de fruto. La expresión del aforo o cantidad de fruto estimada en los vales de compra tiene valor meramente indicativo y no limitará la obligación de quien compra de recoger y pagar el exceso producido, ni determinará incumplimiento de la parte vendedora por no haberse producido los estimados.

    No obstante lo anterior, el aforo estimado en el contrato se presume iuris tantum, ya que admite prueba en contrario, como real en caso de incumplimiento total o parcial del contrato, para fijar las indemnizaciones.

    Si el contrato lo fuere sobre una concreta y determinada cantidad de fruto, se estimará sujeto al Código Civil, sin que le sea de aplicación lo previsto en esta ley.

15. Pago del precio. Se puede pagar al contado o en uno o varios plazos. En el contrato deberá hacerse constar la fecha de pago de cada plazo.

16. Exigencia de señal. Quien vende puede exigir señal cuando concierte la venta. Se dará recibo y figurará en el contrato. Tiene carácter de confirmatoria, salvo que se pacte lo contrario.

17. Integración contractual. Las menciones contractuales distintas de las fijadas reglamentariamente que aparezcan en el contrato, se entienden puestas unilateralmente por la parte compradora. Están sujetas al régimen de condiciones generales, salvo aceptación expresa e individualizada o prueba de su carácter negociado.

1.1.3. Las medidas para mejorar el funcionamiento de la cadena alimentaria

La necesidad de evitar prácticas comerciales desleales en el ámbito de la contratación de productos agrarios y alimentarios ha sido objeto de regulación en la Ley 16/2021, que modifica la conocida como «Ley de la Cadena».[27]

---

[27] Véase sobre ello: ARNAU MOYA, F.: «El uso combinado de la Ley de la cadena alimentaria y el Código civil para combatir la compraventa de cosechas "a resultas"», *Revista Boliviana de Derecho,* núm. 30, 2020, págs. 328 y sigs. Disponible en: https://dialnet.unirioja.es/descarga/articulo/7521509.pdf (Consultado el 6 de octubre de 2024); «La insuficiente reforma de la Ley de la cadena alimentaria», *Revista jurídica valenciana,* núm. 36, 2020, págs. 110 y sigs. Disponible en: https://www.revistajuridicavalenciana.org/wp-content/uploads/0036_0007_05.pdf (Consultado el 6 de octubre de 2024); ARNAU MOYA, F.: «La interconexión entre la ley de la cadena alimentaria y la ley de contratos agrarios valenciana», *El autogobierno valenciano. Una mirada desde el sur de la Comunidad Valenciana: actas de las Jornadas sobre autogobierno valenciano organizadas en la Facultad de Sociales y Jurídica de Elche y Orihuela de la Universidad Miguel Hernández,* 5 y 15 de octubre de 2020, RODRÍGUEZ BLANCO, V. (Dir.), Tirant lo Blanch, Valencia, 2021, págs. 65 y sigs.; BLASCO HEDO, E.: «Ley 12/2013, de 2 de agosto, de medidas para mejorar el funcionamiento de la cadena alimentaria», *Actualidad Jurídica Ambiental,* núm. 27, 2013, págs. 61 y sigs. Disponible en: https://www.actualidadjuridicaambiental.com/legislacion-al-dia-estado-cadena-alimentaria/ (Consultado el 12 de octubre de 2024); FERNANDO PABLO, M. M.: «Ley 12/2013, de 2 de agosto, de medidas para mejorar el funcionamiento de la cadena alimentaria», *Ars Iuris Salmanticensis: AIS: revista europea e iberoamericana de pensamiento y análisis de derecho, ciencia política y criminología,* vol. 2, núm. 1, 2014, págs. 168 y sig. Disponible en: https://revistas.usal.es/index.php/ais/article/view/11975/12337 (Consultado el 12 de octubre de 2024); SANTAOLALLA MONTOYA, C. «La Ley 12/2013 de la cadena alimentaria, ¿réplica o complemento de la Ley de defensa de la competencia?», *Revista electrónica del Departamento de Derecho de la Universidad de La Rioja, REDUR,* núm. 14, 2016, págs. 137 y sigs. Disponible en: https://publicaciones.uni-

Nos proponemos analizar las medidas que se contemplan en esta modificación legislativa para evitar que la parte contractual más débil se vea perjudicada en las relaciones contractuales de los productos agrarios.

Se trata de una modificación de gran relevancia para el buen funcionamiento de la cadena alimentaria, con cambios muy significativos como la formalización por escrito de los contratos, y el establecimiento de un registro digital de los mismos y, en última instancia, en la protección del consumidor, último eslabón de dicha cadena.

La Ley 12/2013 conocida como la «Ley de la Cadena» tuvo como finalidad establecer un equilibrio en el ámbito de la contratación agraria, de tal forma que no se alterase el estado de las partes implicadas en todo el proceso de producción desde la recogida del producto hasta la puesta a disposición del consumidor.

Esta norma se modificó por la Ley 16/2021.Esta normativa encaja dentro del marco normativo de la alimentación, las relaciones con el consumidor y también el impulso y crecimiento del espacio rural.

La importancia del sector agroalimentario español que constituye un pilar fundamental en la economía española, siendo un impulso relevante en los mercados de frutos y que se relaciona no solo con el ámbito de la cultura de los productos de calidad[28] y la dieta mediterránea, sino también con los aspectos de la cultura gastronómica el paisaje identificatorio de

---

rioja.es/ojs/index.php/redur/article/view/4152/3402 (Consultado el 12 de octubre de 2024).

28 RAMÓN FERNÁNDEZ, F.: «La adaptación de los contratos de compraventa vitivinícola a la nueva Ley de la cadena alimentaria», *Contratos, empresa e intervención notarial*, Tirant lo Blanch, Valencia, 2024, págs. 593 y sigs.

un territorio (no olvidemos la Huerta Valenciana o la Huerta Murciana), así como las tradiciones asociadas a los productos (marcas de calidad, denominaciones de origen, indicaciones geográficas protegidas), además de constituir un elemento enriquecedor en el ámbito de la economía nacional, y los recursos humanos asociados a la explotación de los bienes y recursos.

La idea que subyace tras la reforma de la Ley 12/2013 por la reciente Ley 16/2021 es que se logren unas relaciones comerciales que sean más justas (abogando por un reparto justo de las ganancias generadas en las transacciones comerciales), equilibradas (mejora del equilibrio de la cadena de alimentación) y transparentes (garantía del futuro de las relaciones agroalimentarias entre las partes), y favorecer la negociación (canalizar los acuerdos entre los agricultores y los ganaderos).

Especialmente interesante resulta destacar lo que indica la Exposición de Motivos de la Ley 16/2021, ya que en el sector agroalimentario nos encontramos con dificultades para el mantenimiento de las explotaciones y el reparto equitativo de distintos costes: sociales, ambientales, competitividad y sostenibilidad. Ello también se relaciona con los Objetivos de Desarrollo Sostenible (ODS), en el marco de la Agenda 2030 como es el hambre cero y vida de ecosistemas terrestres.

No obstante, el sector agroalimentario no es un sector estable, sino que está afectado por diversos factores que lo hacen vulnerable a los cambios y las fluctuaciones del mercado

Factores como la diversidad de los agentes productores, la transformación y la distribución de los productos, hacen que se atomice los elementos de la cadena, la demanda no se flexibilice y que el mercado dependa de la estacionalidad de los productos, encareciendo los mismos en el caso de oferta fuera de temporada, ante una demanda del consumidor provocada por el consumo de productos durante toda la época del año, que hacen que el mercado fluctúe ofertando productos muy caros, al tener que recurrir a la importación.

La Ley 16/2021 incluye a las empresas hosteleras y de restauración que facturen un volumen superior a diez millones de euros, así como las empresas de servicios de alojamiento con un volumen superior a los 50 millones de facturación.

Como señala la Exposición de Motivos de la Ley 16/2021, «en consecuencia, a partir de la entrada en vigor de esta modificación pasan a sujetarse a la ley y su acción tuitiva todas las relaciones contractuales de la cadena, aunque se trate de dos PYMES o no exista especial dependencia jerárquica, como hasta ahora venía exigiéndose».

También la reforma extiende el ámbito de aplicación de productos no alimentarios como son los productos de lino en bruto, corcho natural, cáñamo, tabaco en rama, plantas vivas y productos de floricultura.

La norma también define una serie de conceptos como es cadena alimentaria, productor primario, productos agrícolas y alimentarios (en el que se incluye las bebidas, la goma de mascar y cualquier sustancia, con inclusión del agua, que se incorpore voluntariamente al alimento durante su fabricación, preparación o tratamiento), contrato alimentario, proveedor, productos agrícolas y alimentarios perecederos, comprador, autoridad pública, entidades asociativas, coste efectivo de producción, y la remisión a la legislación relativa a los secretos empresariales, contemplada en la Ley 1/2019, de 20 de febrero.[29]

La norma también afecta a otras leyes relativas al ámbito agroalimentario, como es el caso de la modificación que se realiza en la Ley 11/2001, de 5 de julio, por la que se crea la Agencia Española de Seguridad Alimentaria[30], para adaptarla

---

[29] BOE núm. 45, de 21 de febrero de 2019.

[30] BOE núm. 161, de 06/07/2001. La Agencia Española de Seguridad Alimentaria cambia su denominación por la de Agencia Española de Seguridad Alimentaria y Nutrición, según establece la disposi-

a lo indicado en la Ley 40/2015, de 1 de octubre, de Régimen Jurídico del Sector Público[31], así como también se modifica el Real Decreto 66/2015, de 6 de febrero, por el que se regula el régimen de controles a aplicar por la Agencia de Información y Control Alimentarios, previstos en la Ley 12/2013[32].

Ya la necesidad de que la contratación en el ámbito agrario constara por escrito se estableció en la Ley 2/2019 de reforma de la Ley 3/2013 para exigencia de la forma escrita y para la creación del Registro de Operadores, Contratos y Relaciones Jurídicas Agrarias aplicable a la Comunitat Valenciana.

Uno de los motivos era precisamente evitar la denominada «venta a resultas», y la protección de la parte más débil contractualmente hablando, el agricultor.

Ley 3/1991, de 10 de enero, de Competencia Desleal[33] regula en su artículo 17 la venta a pérdida:

> «1. Salvo disposición contraria de las leyes o de los reglamentos, la fijación de precios es libre.
>
> 2. No obstante, la venta realizada bajo coste, o bajo precio de adquisición, se reputará desleal en los siguientes casos:

---

ción final 8.1 de la Ley 44/2006, de 29 de diciembre, de mejora de la protección de los consumidores y usuarios (BOE núm. 312, de 30 de diciembre de 2006).

31 BOE núm. 236, de 02 de octubre de 2015.

32 BOE núm. 33, de 07 de febrero de 2015. Hay que tener en cuenta también el Real Decreto 368/2023, de 16 de mayo, por el que se modifica el Estatuto de la Agencia de Información y Control Alimentarios, O.A., aprobado mediante el Real Decreto 227/2014, de 4 de abril; y el Real Decreto 66/2015, de 6 de febrero, por el que se regula el régimen de controles a aplicar por la Agencia de Información y Control Alimentarios, previstos en la Ley 12/2013, de 2 de agosto, de medidas para mejorar el funcionamiento de la cadena alimentaria (BOE núm. 117, de 17 de mayo de 2023).

33 BOE núm. 10, de 11 de enero de 1991.

a) Cuando sea susceptible de inducir a error a los consumidores acerca del nivel de precios de otros productos o servicios del mismo establecimiento.

b) Cuando tenga por efecto desacreditar la imagen de un producto o de un establecimiento ajenos.

c) Cuando forme parte de una estrategia encaminada a eliminar a un competidor o grupo de competidores del mercado».

El Real Decreto-ley 20/2018, de 7 de diciembre, de medidas urgentes para el impulso de la competitividad económica en el sector de la industria y el comercio en España.[34] modifica el artículo 14 de la Ley 7/1996, relativo a la venta con pérdida e indica lo siguiente:

«1. No obstante lo dispuesto en el artículo anterior, no se podrán realizar ventas al público con pérdida si éstas se reputan desleales. Las ventas con pérdida se reputarán desleales en los siguientes casos:

a) Cuando sea susceptible de inducir a error a los consumidores acerca del nivel de precios de otros productos del mismo establecimiento.

b) Cuando tenga por efecto desacreditar la imagen de un producto o de un establecimiento ajeno.

c) Cuando forme parte de una estrategia encaminada a eliminar a un competidor o grupo de competidores del mercado.

d) Cuando forme parte de una práctica comercial que contenga información falsa sobre el precio o su modo de fijación, o sobre la existencia de una ventaja específica con respecto al mismo, que induzca o pueda inducir a error al consumidor medio y le haya hecho tomar la decisión de realizar una compra que, de otro modo, no hubiera realizado.

---

[34] BOE núm. 296, de 8 de diciembre de 2018.

> 2. A los efectos señalados en el apartado anterior, se considerará que existe venta con pérdida cuando el precio aplicado a un producto sea inferior al de adquisición según factura, deducida la parte proporcional de los descuentos que figuren en la misma, o al de reposición si éste fuese inferior a aquél o al coste efectivo de producción si el artículo hubiese sido fabricado por el propio comerciante, incrementados en las cuotas de los impuestos indirectos que graven la operación.
>
> Las facturas se entenderán aceptadas en todos sus términos y reconocidas por sus destinatarios, cuando no hayan sido objeto de reparo en el plazo de los 25 días siguientes a su remisión. En el caso de que no sean conformes se dispone sobre la anterior un plazo adicional de 10 días para su subsanación y nueva remisión de la correspondiente factura rectificada».

La Ley 16/2021 con las modificaciones introducidas pretende reforzar al productor ante su posición de negociación, y lograr una remuneración adecuada por el trabajo realizado. En este caso, se menciona al productor, como parte más débil y necesitada de protección.

Uno de los principales motivos de la modificación de la Ley 12/2013 mediante la Ley 16/2021 ha sido la incorporación a nuestro ordenamiento jurídico español de la Directiva (UE) 2019/633 del Parlamento Europeo y del Consejo, de 17 de abril de 2019, relativa a las prácticas comerciales desleales en las relaciones entre empresas en la cadena de suministro agrícola y alimentario[35], con la finalidad de integrar mejoras para el funcionamiento de las relaciones comerciales dentro de la cadena agroalimentaria.

Las principales mejoras son:

a) La prohibición de la destrucción de valor. Con la finalidad de proteger la capacidad de comercialización de los pro-

---

35 DOUE núm. 111, de 25 de abril de 2019.

ductores primarios, los operadores que realicen la venta final de los productos a los consumidores no podrán aplicar ni ofertar un precio de venta al público que sea inferior al precio real de adquisición.

b) Obligación de formalización por escrito del contrato en operaciones comerciales. Se deberá expresar el precio del contrato alimentario siguiendo las indicaciones de los artículos 1261 y siguientes del Código civil.

A ese precio se debe indicar todos los pagos con inclusión de los descuentos que se les aplique.

No se puede manipular el mismo, ni hacer referencia a precios participados.

c) Resolución alternativas de conflictos. Inclusión dentro del contrato de las categorías y referencias que se hayan contratado, así como el precio del contrato, y la indicación de resolución alternativa de conflictos como el arbitraje y la mediación.

d) Nulidad de las cláusulas contractuales que incumplan lo indicado por la norma respecto a la determinación del precio. No se pactarán actividades promocionales que induzcan a error sobre el precio e imagen de los productos, ni causen un perjuicio sobre la calidad o valor de los productos agroalimentarios.

Se atenderán a los principios de acuerdo y libertad de los pactos, el interés mutuo y la flexibilidad para adaptarse a las circunstancias particulares de los distintos operadores.

No se pactarán actividades promocionales que induzcan a error sobre el precio e imagen de los productos, ni causen un perjuicio sobre la calidad o valor de los productos agroalimentarios.

Se atenderán a los principios de acuerdo y libertad de los pactos, el interés mutuo y la flexibilidad para adaptarse a las circunstancias particulares de los distintos operadores.

Se regulan las denominadas prácticas comerciales desleales. La Ley 16/2021 para proteger a la parte contractual más débil incrementa el catálogo de prácticas comerciales que se consideran como desleales. Una de las principales prácticas es la denominada «venta a pérdidas» que es una práctica muy denostada en el ámbito agrario, ya que mediante la misma se ofrece al público productos agroalimentarios por un precio que es inferior al que se compra. Es decir, es una venta que no va a generar ningún tipo de beneficio para el vendedor, ya que en realidad pierde poder adquisitivo del producto.

Esto junto con la que ya hemos denominado «venta a resultas», es decir a la no fijación de un precio de venta inicial, sino a lo que resulte de la venta se le va a pagar al agricultor, supone para las partes contractuales unas prácticas abusivas y que van en contra de la seguridad jurídica. De ahí la necesidad de que el contrato se formalice por escrito y que, además, se indique de forma expresa el precio de la venta.

Se alude a las denominadas «prácticas negras y grises» consideradas como una conductas que, alguna de ellas, ya se han contemplado en la legislación actual, pero que se consideran como abusivas o potencialmente abusivas en los casos en que no se pacten de forma expresa por las partes y estén redactadas de forma no ambigua.

Algunas de las prácticas desleales que se incluyen[36]: La exigencia de una de las partes contractuales de pagos no relacionados con la venta de los productos.

---

[36] Sigo la exposición de RAMÓN FERNÁNDEZ, F.: «Prácticas comerciales desleales en el ámbito de los contratos de productos agrarios», *Anales Facultad Ciencias Jurídicas y Sociales. Universidad Nacional de La Plata*, núm. 52, 2022, págs. 42 y sigs. Disponible en: https://revistas.unlp.edu.ar/RevistaAnalesJursoc/article/view/13241/13715 (Consultado el 4 de octubre de 2024).

Los aplazamientos de pago de los productos que excedan del tiempo indicado en la normativa aplicable: Ley 15/2010, de 5 de julio, de modificación de la Ley 3/2004, de 29 de diciembre, por la que se establecen medidas de lucha contra la morosidad en las operaciones comerciales[37], y la Ley 3/2004, de 29 de diciembre, por la que se establecen medidas de lucha contra la morosidad en las operaciones comerciales[38].

La cancelación por parte de una de las partes de pedidos de productos agroalimentarios perecederos dentro de los 30 días previos al señalado.

La modificación unilateral de una de las partes en un contrato que es bilateral o sinalagmático de los términos del contrato respecto a la frecuencia, método, lugar, calendario, volumen de suministro o entrega de los productos, así como de las normas de calidad, y de las condiciones de pago o precios.

La exigencia a una de las partes del pago por la publicidad de productos.

El cobro por parte del comprador al proveedor por el personal de acondicionamiento de los locales.

La negativa de una de las partes a confirmar por escrito los términos de un contrato de compraventa o suministro que fueron acordados por ambas partes y cuya confirmación por escrito le haya solicitado la otra parte.

La infracción de la Ley 1/2019 mediante su divulgación, adquisición o utilización de los mismos. Estos secretos empresariales que se obtengan en el proceso de negociación o ejecución del contrato se destinarán para los fines indicados y se deberá respetar la Ley Orgánica 3/2018, de 5 de diciembre,

---

[37] BOE núm. 163, de 06 de julio de 2010.

[38] BOE núm. 314, de 30 de diciembre de 2004.

de Protección de Datos Personales y garantía de los derechos digitales[39].

Amenazas con llevar a cabo actos de represalia comercial contra la otra parte cuando la misma ejerza derechos de negociación, contractuales o legales.

La transferencia por parte del comprador al proveedor de los gastos derivados de estudiar las reclamaciones de los clientes referentes a la venta de los productos del proveedor, en casos diferentes de la negligencia o culpa del proveedor.

Otras prácticas comerciales que se prohíben, salvo que haya acuerdo de ambas partes de forma clara y sin ambigüedad son las siguientes: la exigencia de un pago como condición para el almacenamiento, exposición o inclusión en una lista con las referencias de los productos agrícolas y alimentarios; la exigencia a una de las partes que asuma de forma total o parcial el coste de los descuentos de los productos; la devolución por parte del comprador de los productos no vendidos al proveedor sin pagar nada por los mismos.

1.1.4. La influencia de la costumbre en el ámbito contractual agrario

La determinación de la aplicación de la costumbre en el articulado de la Ley 3/2013 se encuentra en diferentes ocasiones que vamos a mencionar[40]:

---

39 BOE núm. 294, de 06 de diciembre de 2018.

40 Véase: RAMÓN FERNÁNDEZ, F.: «La influencia de la costumbre en la contratación agraria», *Revista de Derecho civil valenciano*, núm. 4, segundo semestre 2008, págs. 1 y sigs. Disponible en: http://www.derechocivilvalenciano.com/revista/numeros/4-segundo-semestre-2008/item/11-la-influencia-de-la-costumbre-en-el-ambito-de-

1. Determinación de la cosecha y perfección del contrato. Artículo 3. (Venta a ojo) indica que la cosecha es cuantificada de modo estimado por corredor experto o corredora experta, o por la parte compradora, y aceptada por quien vende. Se expresa en las medidas propias del tipo de cultivo y costumbre del lugar.
2. El corredor o corredora/alfarrassador o alfarrassadora. El Preámbulo indica que Conforme a la costumbre, no se ha exigido poder de representación escrito, puesto que no siempre el corredor o la corredora cumple la misma función: en unos casos (zonas y productos) aparece como verdadero mandatario o mandataria, conocido o conocida y reconocido o reconocida como tal por ambas partes, aunque su mandato no sea representativo; pero en otros casos (otras zonas y productos) su actuación inicial es más próxima a un revendedor o revendedora, pese a que al final del proceso acabe presentando a un comerciante comprador o a una comerciante compradora.
3. Entrega de la cosa. Artículo 19. (Venta a peso o per arrovat). Si la obligación de cosechar es de quien vende y a su costa, la cosecha se entiende entregada donde se realice el pesaje o cómputo, salvo que otra cosa se pacte o resulte de la costumbre del lugar.
4. Selección, pesaje y cómputo del precio. Artículo 20. (Venta a peso o per arrovat). El pesaje o cómputo del fruto, y la selección en el caso de no haberse pactado la venta al contado, se realizará en el tiempo y lugar pactado. A falta de pacto, se estará a la costumbre del lugar o a los usos propios del producto, y en su defecto se

---

la-contratacion-agraria-valenciana (Consultado el 4 de octubre de 2024).

llevará a término en el propio campo y en el mismo día de ser cortado o separado.

También se hace mención a la costumbre a la otra figura regulada por la Ley 3/2013 que son los arrendamientos rústicos históricos, figura contractual que inicialmente se reguló por la Ley 6/1986, de 15 de diciembre, de Arrendamientos Históricos Valencianos[41], norma actualmente derogada.

1. Prelación de fuentes. Disposición adicional tercera. En defecto de lo previsto en esta ley, regirá la costumbre valenciana (es el único precepto donde menciona la costumbre valenciana), los principios generales del derecho valenciano en materia de contratación agraria y arrendamientos históricos y la doctrina jurisprudencial civil del Tribunal Superior de Justicia de la Comunitat Valenciana.

En su defecto, y en las remisiones expresas que la presente ley contiene, regirá la legislación del Estado sobre arrendamientos rústicos y el Código civil, en todo lo que resulte compatible con naturaleza propia de los contratos regulados en ésta.

2. Duración del contrato. Artículo 34. (arrendamientos rústicos históricos). El contrato se entiende celebrado por tiempo indefinido, sin perjuicio de su resolución o extinción por las causas previstas en esta ley o determinadas por la costumbre.

3. Obligaciones económicas de la persona arrendataria. Artículo 38. Otras obligaciones económicas. Salvo pacto o costumbre del lugar en contrario, corresponde a la persona arrendataria el pago del cequiaje, desagüe, guarderías, conservación de caminos o vías rústicas y otros análogos que se correspondan con la finca arrendada.

---

41 BOE núm. 14, de 16 de enero de 1987.

4. Reconocimiento de arrendamientos existentes. Artículo 50. Declaración judicial o administrativa. Los arrendamientos constituidos desde tiempo inmemorial o, en todo caso, antes de la entrada en vigor de la Ley de 15 de marzo de 1935, sobre tierras radicadas en el ámbito de la Comunitat Valenciana, que perduran por tiempo indefinido y se han venido rigiendo por la costumbre y la Ley 6/1986, de 15 de diciembre, de la Generalitat, de Arrendamientos Históricos Valencianos, podrán ser declarados históricos valencianos por la consellería competente en materia de agricultura.

1.1.5. La costumbre del *Tornallom*

Por último se refiere la Ley 3/2013 a la denominada "costumbre del Tornallom"[42]. El título IV contiene, también en un artículo único, la regulación de la costumbre del Tornallom, una modalidad consuetudinaria de colaboración agraria que, más allá del voluntarismo solidario, se configura como una auténtica obligación jurídica.

La regulación de la costumbre del Tornallom pretende, de un lado, subrayar su condición de verdadera y propia obliga-

---

42 RAMÓN FERNÁNDEZ, F.: «El derecho al Tornallom», *Estudios jurídicos en Homenaje al Profesor Manuel García Amigo*, CUADRADO IGLESIAS, M. y NÚÑEZ BOLUDA, M. D. (Dir.); BERROCAL LANZAROT, A. I., JIMÉNEZ PARÍS, T. A. y CALLEJO RODRÍGUEZ, C. (Coord.), tomo I, Editorial La Ley, grupo Wolters Kluwer, Madrid, 2015, págs. 1061 y sigs.; «Trabajos de buena vecindad. Artículo 54. Derecho al Tornallom», *Contratos agrarios valencianos*, Tirant lo Blanch, Valencia, 2021, págs. 705 y sigs. Véase también: REGISTRADORES DE LA COMUNIDAD VALENCIANA: *Guía fácil sobre los contratos agrarios de la Comunidad Valenciana*, Colegio de Registradores, Valencia, 2021. Disponible en: https://registradorescomunidadvalenciana.org/wp-content/uploads/2021/12/Guia_facil_sobre_contratos_del_campo_cas.pdf (Consultado el 6 de octubre de 2024).

ción jurídica, como en general es propio de las normas consuetudinarias propiamente dichas; y que, por tanto, genera verdaderos derechos y obligaciones, con sus inherentes consecuencias en materia de exigibilidad e incumplimiento. De otra parte, se persigue preservar esta costumbre frente a determinados riesgos en materia laboral.

El artículo 54 regula este peculiar derecho valenciano estableciendo que podrán los agricultores y las agricultoras titulares de explotaciones colindantes o próximas, según costumbre, ayudarse en las labores agrarias respectivas, estando equiparadas las horas trabajadas en cada explotación al margen de su extensión y características, y sin que medie retribución alguna.

Hay que tener en cuenta también la Ley 2/2019, respecto a su plasmación por escrito. Se relaciona este derecho con el espacio de la Huerta, que después analizaremos con más detalle, y su regulación.

La expresión Tornallom viene de "tornar el llom", "devolver el lomo". Un agricultor realiza una faena en el huerto, "da el lomo", "se agacha" en ayudar en los trabajos del campo, y el otro le devuelve la faena, devolviendo el lomo, "volviéndose a agachar".

En el valle del Ebro se dice "a tornármela" en alusión a devolver la faena por otra.

Las notas características del Tornallom son que es una costumbre no exigible, sino voluntaria. Se utiliza el verbo "Podrán", y no "Deberán". La necesidad de la colindancia. La titularidad de la explotación. Actualmente se aplica la Ley 5/2019, de 28 de febrero, de estructuras agrarias de la Comunitat Valenciana[43], en su artículo 4, que derogó a la Ley 8/2002, de 5 de diciembre, de Ordenación y Modernización de las Estructu-

---

43 BOE núm. 69, de 21 de marzo de 2019.

ras Agrarias de la Comunidad Valenciana[44] respecto a quién se considera persona titular de la explotación: «la persona física, ya sea en régimen de titularidad única, ya sea en régimen de titularidad compartida, la persona jurídica o la comunidad de bienes que ejerce la actividad agraria, organizando los bienes y derechos integrantes de la explotación con criterios empresariales y asumiendo los riesgos y responsabilidades civiles, sociales y fiscales que puedan derivarse de su gestión».

Hay que tener en cuenta también la Ley 35/2011, de 4 de octubre, sobre titularidad compartida de las explotaciones agrarias[45] y el Decreto 73/2022, de 27 de mayo, del Consell, por el que se crea el Registro de Explotaciones Agrícolas de la Comunitat Valenciana.[46]

Respecto de la explotación y sus elementos, el artículo 4 de la Ley 5/2019 indica que la explotación agraria es el conjunto de bienes y derechos organizados empresarialmente por la persona titular de los mismos en el ejercicio de la actividad agraria, primordialmente con fines de mercado, y que constituye en sí misma una unidad técnico-económica, y los elementos de la explotación lo constituyen los bienes inmuebles de naturaleza rústica y cualesquiera otros que son objeto de aprovechamiento agrario permanente, la vivienda con dependencias agrarias, las construcciones e instalaciones agrarias, incluso de naturaleza industrial, y los ganados, máquinas y aperos, integrados en la explotación y afectos a la misma, cuyo aprovechamiento y utilización corresponden a

---

44 BOE núm. 9, de 10 de enero de 2003.

45 BOE núm. 240, de 05 de octubre de 2011. Véase: RAMÓN FERNÁNDEZ, F.: «La titularidad compartida en las explotaciones agrarias: el caso de estudio de la Comunidad Valenciana», *La adecuación del Derecho civil foral valenciano a la sociedad actual*, RAMÓN FERNÁNDEZ, F. (Coord.), Tirant lo Blanch, Valencia, 2009, págs. 143 y sigs.

46 DOGV núm. 9356 de 07 de junio de 2022.

su titular en régimen de propiedad, arrendamiento, derechos de uso y disfrute e incluso por mera tolerancia de su dueño. Asimismo, constituyen elementos de la explotación todos los derechos y obligaciones que puedan corresponder a la persona titular y se hallen afectos a la explotación.

Se considera actividad agraria, según el artículo 4 de la Ley 5/2019, el conjunto de trabajos que se requieren para la obtención de productos agrícolas, ganaderos, forestales y las materias primas secundarias de estos, considerándose también actividad agraria la que implica la gestión y el mantenimiento o la dirección y la gerencia de la explotación agraria. Asimismo, también se considerará actividad agraria la venta directa por parte de la persona agricultora de la producción propia sin transformación, o con una primera transformación, cuyo producto final esté incluido en el anexo I del artículo 38 del Tratado de funcionamiento de la Unión Europea. Esta venta directa se realizará dentro de los elementos que integren la explotación, en mercados municipales o en lugares que no sean establecimientos comerciales permanentes.

Otras normas a tener en cuenta en relación con la explotación agraria son el Real Decreto 613/2001, de 8 de junio, para la mejora y modernización de las estructuras de producción de las explotaciones agrarias[47], modificado por Real Decreto 499/2003, de 2 de mayo[48] y por Real Decreto 1650/2004, de 9 de julio.[49]

La actividad no tiene consideración laboral, y no se establece relación contractual laboral alguna[50].

[47] BOE núm. 138, de 09 de junio de 2001.

[48] BOE núm. 116, de 15 de mayo de 2003.

[49] BOE núm. 175, de 21 de julio de 2004.

[50] RODRÍGUEZ CARDO, I. A.: «Los trabajos amistosos, benévolos y de buena vecindad como prestación de servicios no laboral: un repaso

Los trabajos de buena vecindad, por la falta de onerosidad, se excluyen del ámbito de aplicación del Real Decreto Legislativo 2/2015, de 23 de octubre, por el que se aprueba el texto refundido de la Ley del Estatuto de los Trabajadores[51] (artículo 1.3, d): «Los trabajos realizados a título de amistad, benevolencia o buena vecindad».

El precepto referente al derecho al Tornallom no se aplicará a todos los trabajos que se consideran de buena voluntad entre los agricultores. Por ejemplo, el caso de la vendimia, en este caso es habitual la colaboración entre agricultores, pero el precepto sería aplicable solo en el caso de que la explotación fuera de la titularidad del agricultor, y que el agricultor "ayudante" sea titular de la explotación contigua o próxima.

No sería de aplicación en los casos en que otros agricultores de diversas localidades o explotaciones colaborasen en la recogida de la cosecha de una de una explotación de otra explotación con la finalidad de "hacerle un favor". Estaríamos ante una actividad de buena vecindad, pero no del Derecho al Tornallom.

---

a la doctrina judicial reciente», *Actualidad civil,* núm. 22, 2007, págs. 2672 y sigs.

51 BOE núm.255, de 24 de octubre de 2015. También se interés resulta indicar las modificaciones posteriores de la norma: Ley 1/2010, de 15 de julio, por la que se deroga el despido objetivo por faltas de asistencia al trabajo establecido en el artículo 52.d) del texto refundido de la Ley del Estatuto de los Trabajadores, aprobado por el Real Decreto Legislativo 2/2015, de 23 de octubre (BOE núm. 194, de 16 de julio de 2020), y Ley 12/2021, de 28 de septiembre, por la que se modifica el texto refundido de la Ley del Estatuto de los Trabajadores, aprobado por el Real Decreto Legislativo 2/2015, de 23 de octubre, para garantizar los derechos laborales de las personas dedicadas al reparto en el ámbito de plataformas digitales (BOE núm. 233, de 29 de septiembre de 2021).

Tampoco es aplicable a las ayudas recibidas por los familiares del profesional agrario autónomo, salvo que esos familiares sean precisamente titulares de las explotaciones colindantes o próximas.

Al ser una actividad gratuita no se relaciona con la denominada "economía sumergida", ni tampoco de una actividad mercantil.

Respecto a su origen, podemos indicar que este derecho Tornallom significa "devolver el lomo". Se refiere a las tareas del trabajo de la tierra. Un día me ayudas tú, otro día te ayudo yo.

Se puede deber a un denominado propósito oikonómico: no media dinero en un intercambio de esfuerzo. Se devuelve el esfuerzo, y constituye una actividad propia de la Huerta valenciana. Está destinada la actividad a un mejor aprovechamiento de los recursos (agua, abono, tierra, cosecha).

La costumbre de la ayuda mutua es un indicador de insuficiencia, en oposición a la suficiencia respecto de acceso de medios y habilidades para la producción de subsistencia.

Se considera que tiene su origen en el contrato innominado romano *facio ut facias.*

VLP, 28 ed. D. 19.5, 17,3:

> «Si, cum unum bouem haberem et uicinus unum, placuerit inter nos, ut per denos diez ego ei et ille mihi bouem commodaremus, ut opus faceret, et apud alterum bos periit, commodati non competit actio, quia non fuit gratuitum commodatum, uerum praescriptis uerbis agendum est».

En otros lugares se denomina de otra manera, pero tiene el mismo espíritu de colaboración, de un trabajo en equipo orientado al procomún: Auzolan (País Vasco); A vecinal (Aragón); Facendera (Castilla y León); Setasferia y andecha (Asturias); Roga y tornajeira (Galicia); A cumuña (Cantabria); Treball a jova y a vediau (Cataluña).

E incluso a nivel internacional se conoce como estas denominaciones: Minga, Perú; Tequio, México; Ayni, Bolivia; Coor, Irlanda; Mutirão, Brasil; Talkoot, Finlandia.

Este derecho se diferencia de otras figuras afines como es el trabajo amistoso o benévolo, que repercuten en beneficio de una comunidad y se realizan de forma gratuita, desinteresada o altruista, además de no cotizar a la Seguridad Social

Se diferencia del llamado Ius usus inocui (derecho de aprovechamiento inocuo de una cosa ajena para obtener una utilidad, sin que el dueño sufra un perjuicio, al ser considerado como un uso inofensivo). Un caso es el espigueo del arroz, patata…

Ya aparecía en *Els Furs de València, Llibre I, Rúbrica II: "De les pastures e del vedat", XIV "Que los pastors no amuntonen ne repleguen les garbes dels forments ni puxen entrar en ningun restoll hon hi haja garbes de alguns sementer*s"

También del herbatge (derecho que la Corona percibía por la facultad de los particulares del aprovechamiento y uso de los pastos de su tierra).

Y de las relaciones de vecindad (en las que impera la tolerancia). Véase, por ejemplo: Decreto Ley 1/2011, de 22 de marzo, del Gobierno de Aragón, por el que se aprueba, con el título de "Código de Derecho Foral de Aragón", el Texto Refundido de las leyes civiles aragonesas[52], en los artículos 537-

---

52 BOA núm. 67, de 29 de marzo de 2011. Véase también las modificaciones posteriores por Ley 6/2019, de 21 de marzo, de modificación del Decreto Legislativo 1/2011, de 22 de marzo, del Gobierno de Aragón, por el que se aprueba, con el título de "Código del Derecho Foral de Aragón", el texto refundido de las leyes civiles aragonesas

550, y en la Ley 5/2006, de 10 de mayo, del Libro Quinto del Código civil de Cataluña[53], relativo a los derechos reales, en los artículos 546-1 a 546-14.

Se diferencia también del voluntariado, que excluye las actuaciones de buena vecindad: artículo 3 de la Ley 45/2015, de 14 de octubre, de Voluntariado[54], y artículo 2 de la Ley 4/2001, de 19 de junio, del Voluntariado de la Comunitat Valenciana.[55]

Especialmente interesante resulta destacar la relación con los Objetivos de Desarrollo Sostenible (ODS), en el marco de la Agenda 2030 (Naciones Unidas, 2022), como es el hambre cero y vida de ecosistemas terrestres.

Respecto a los requisitos, cabría realizar algunas consideraciones: Se refiere el precepto a que se trate de agricultores/as que sean titulares de explotaciones colindantes o próximas.

No indica qué distancia exacta máxima o mínima se entiende por proximidad.

Es una costumbre voluntaria, no es obligatorio prestarla.

---

en materia de custodia (BOE núm. 125, de 25 de mayo de 2019), Ley 2/2021, de 25 de marzo, por la que se modifica el "Código del Derecho Foral de Aragón", Texto Refundido de las Leyes civiles aragonesas, aprobado por Decreto Legislativo 1/2011, de 22 de marzo, del Gobierno de Aragón (BOE núm. 102, de 29 de abril de 2021), y Ley 6/2021, de 29 de junio, por la que se modifican el Código del Derecho Foral de Aragón, aprobado por Decreto Legislativo 1/2011, de 22 de marzo, del Gobierno de Aragón, y el Texto Refundido de la Ley del Patrimonio de Aragón, aprobado por Decreto Legislativo 4/2013, de 17 de diciembre, del Gobierno de Aragón, en lo que afecta a la regulación de los inmuebles vacantes y depósitos abandonados (BOE núm. 180, de 29 de julio de 2021).

53 BOE núm. 148, de 22 de junio de 2006.

54 BOE núm. 247, de 15 de octubre de 2015.

55 BOE núm. 167, de 13 de julio de 2001.

En el caso de prestarse la ayuda, sí que es exigible la reciprocidad.

No puede mediar retribución. La ayuda mutua es gratuita.

Debe haber un equilibrio entre las horas dedicadas. Es al margen de la extensión.

Se puede prestar ayuda en una explotación que tenga un tamaño mayor o menor que la propia.

Casos en los que puede darse el derecho al Tornallom, por ejemplo en épocas de alta carga de trabajo en recogida de cosechas, siembra, riego, limpieza, etc.

Se puede extender a otro tipo de actividades no circunscritas a labranza, horticultura, sino a la alimentación de los animales. Así, el artículo 2.3 de la Ley 19/1995, de 4 de julio, de Modernización de las Explotaciones Agrarias[56], que establece que los elementos de la explotación, son los bienes inmuebles de naturaleza rústica y cualesquiera otros que son objeto de aprovechamiento agrario permanente; la vivienda con dependencias agrarias; las construcciones e instalaciones agrarias, incluso de naturaleza industrial, y los ganados, máquinas y aperos, integrados en la explotación y afectos a la misma, cuyo aprovechamiento y utilización corresponden a su titular en régimen de propiedad, arrendamiento, derechos de uso y disfrute e incluso por mera tolerancia de su dueño. Asimismo, constituyen elementos de la explotación todos los derechos y obligaciones que puedan corresponder a su titular y se hallen afectos a la explotación y artículo 4.4. de la Ley 5/2019, de 28 de febrero, de estructuras agrarias de la Comunitat Valenciana[57] que señala como elementos de la explotación, los bienes inmuebles de naturaleza rústica y cualesquiera otros que son

56 BOE núm. 159, de 05 de julio de 1995.

57 BOE» núm. 69, de 21 de marzo de 2019.

objeto de aprovechamiento agrario permanente, la vivienda con dependencias agrarias, las construcciones e instalaciones agrarias, incluso de naturaleza industrial, y los ganados, máquinas y aperos, integrados en la explotación y afectos a la misma, cuyo aprovechamiento y utilización corresponden a su titular en régimen de propiedad, arrendamiento, derechos de uso y disfrute e incluso por mera tolerancia de su dueño. Asimismo, constituyen elementos de la explotación todos los derechos y obligaciones que puedan corresponder a la persona titular y se hallen afectos a la explotación.

En el caso de titularidad compartida, se atenderá a lo indicado en la Ley 35/2011, de 4 de octubre, sobre titularidad compartida de las explotaciones agrarias.[58]

En cuanto a la responsabilidad y el derecho a la indemnización, La costumbre del Tornallom queda positivizada en la Ley 3/2013, y al configurarse como una obligación jurídica genera derechos y obligaciones, de tal forma que se puede exigir su cumplimiento.

Se tiene derecho a una indemnización en el caso de que no se cumpla por parte del otro.

La indemnización por daños no precisa el precepto cómo se cuantificará.

Se tendrá en cuenta el periodo de colaboración (horas) y las tareas, así como el posible perjuicio (pérdida o deterioro).

La jurisprudencia no se ha pronunciado de forma expresa sobre el derecho al Tornallom.

Sí podemos analizar jurisprudencia sobre trabajos de buena vecindad en el ámbito agrario

---

58 BOE núm. 240, de 05 de octubre de 2011.

Las notas que caracterizan una relación jurídica laboral son la voluntariedad, retribución, ajeneidad y dependencia.

La voluntariedad excluye del régimen del Estatuto de los Trabajadores a las prestaciones personales, y la retribución permite distinguir el contrato de trabajo de otras figuras de prestación de servicios basados en la costumbre, como los trabajos de buena voluntad.

Algunas sentencias de interés son la STSJ Navarra de 31 de diciembre de 1999 (TOL 257386); STSJ Galicia de 21 de noviembre de 2003 (TOL 433102); STSJ Castilla-La Mancha de 18 de diciembre de 2018 (TOL 7020990). En este caso se trataba de una ayuda en inicio de las labores para la vendimia y se consideró que se trataba de un caso de buena vecindad, no habiéndose acreditado la laboralidad ni la retribución del mismo, la STSJ Navarra de 29 de diciembre de 2004 (TOL 584205). Indicó que la ajeneidad consiste en la atribución desde el principio de los frutos del trabajo al empresario. El producto del trabajo no es del operario, sino que se incorpora al patrimonio del empleador

STS 16 de mayo de 2003 (TOL 4928560) se determina la falta de responsabilidad por la acción voluntaria en mor a una buena relación de vecindad, en este caso, la poda de un árbol, del que luego derivó una caída por parte del que realizaba la acción.

Respecto a los contratos anteriores a la Ley 3/2013, la disposición transitoria primera que alude a los contratos de compraventa indica que se regularán por la presente ley los contratos de compraventa concertados con posterioridad a su entrada en vigor.

Los contratos celebrados con anterioridad a su vigencia se regirán por lo pactado y la costumbre, si bien la parte que alegue un régimen consuetudinario coincidente con lo previsto en la presente ley estará dispensada de su prueba.

1.1.6. La ausencia de las denominadas buenas prácticas agrícolas

No se definen en la Ley 3/2013, pero sí que se hace referencia a ellas (artículos 10, 11, 23, indicando que respecto al modo de recolectar o cosechar, que la parte responsable de la recolección deberá cosechar conforme a las buenas prácticas agrarias), y también respecto a los arrendamientos rústicos históricos (artículo 39, cultivo y explotación de la tierra según naturaleza y características, y de acuerdo a las buenas prácticas agrarias).

Se atenderá a la Orden 10/2018, de 27 de febrero, de la Conselleria de Agricultura, Medio Ambiente, Cambio Climático y Desarrollo Rural sobre utilización de materias fertilizantes nitrogenadas en las explotaciones agrarias de la Comunitat Valenciana[59], que derogó la Orden 7/2010, de 10 de febrero, de la Conselleria de Agricultura, Pesca y Alimentación, por la que se aprueba el Código Valenciano de Buenas Prácticas Agrarias.[60]

1.1.7. La postura de la jurisprudencia en relación con la costumbre en el ámbito agrícola

En cuanto a la jurisprudencia, podemos citar las siguientes sentencias que se refieren a la costumbre en el ámbito de los contratos valencianos:

1. Sentencia Audiencia Provincial de Valencia de 05 de junio de 2014 (TOL4.542.987) (refiriéndose a la Ley 6/1986, de 15 de diciembre, de Arrendamientos Históricos Valenciano) "llibreta", donde cierto es que se la ha calificado como un documento típico, peculiar y característico de los arrendamientos

---

59 DOGV núm. 8249 de 07 de marzo de 2018.

60 DOGV núm. 6212, de 23 de febrero de 2010.

consuetudinarios valencianos en la que se hace constar los pagos de renta según la costumbre de efectuarlos coincidiendo con determinadas festividades, como puedan ser San Juan, San Miguel, Todos los Santos o Navidad, dependiendo de la clase de cultivo, así como la forma sucesoria de los arrendatarios, generalmente familiar, en garantía de la continuidad de la explotación agraria y la duración indefinida del arrendamiento y no limitada en el tiempo.

2. Sentencia Tribunal Superior de Justicia de la Comunidad Valencia de 03 de junio de 2015 (TOL5.556.997). Menciona la costumbre de repercutir el impuesto bienes inmuebles en un caso de arrendamiento, lo que ha sido aceptado por las partes, dado que en los recibos de la renta consta de forma expresamente recogido que se repercute el pago de dicho tributo, así como los cequiajes y ajuste.

3. Sentencia Audiencia Provincial de Valencia de 10 de marzo de 2016 (TOL6.060.948). Son de aplicación las causas de resolución recogidas en la Ley de la Generalidad Valenciana 6/1986, de 15 de diciembre y las que, según ella, lo sean de la primera Ley estatal. Dicha Ley 6/1986, únicamente contempla las legales en tres supuestos: la expropiación total o parcial de la finca (art. 5.1), la variación en la calificación del suelo (art. 5.2), y el hecho de recabar para sí el propietario el cultivo de la finca (art. 6), constituyendo también motivos de esa resolución del contrato según el régimen de prelación del conjunto normativo aplicable a la institución, los forjados por la costumbre y, con carácter supletorio, los previstos en la Ley estatal de Arrendamientos Rústicos, 83/1980, de 31 de diciembre, a la que se remite la Disposición Final de la Ley autonómica citada, siempre que estas causas de la legislación común no afecten a las características esenciales del arrendamiento consuetudinario.

4. Sentencia Audiencia Provincial de Valencia de 06 de junio de 2016 (TOL1437586). La comisión del corredor va a cargo del vendedor. Es costumbre en la compraventa de cítricos,

el pago por el vendedor de un 3% de comisión al corredor que interviene en la compraventa

5. Sentencia Audiencia Provincial de Valencia de 21 de junio de 2019. El haber decidido no seguir recogiendo, no puede sin más -entendemos- atribuir el riesgo de pérdida de la cosecha al vendedor, que se ha comprometido "hasta la recogida total de la cosecha, a cuidar de los huertos según los usos y costumbres de buen agricultor, y cuestión importante asumiendo el vendedor el riesgo y ventura de la fruta antes de iniciar su recolección (folio 13), por lo que, como indicó la sentencia, habiéndose iniciado la recolección, y haberse interrumpido por voluntad del comprador, no puede éste último sin más escudarse en la previsión contractual que invoca de riesgo del vendedor.

6. Sentencia Audiencia Provincial de Valencia de 12 de mayo de 2020 (TOL7.991.970). Si bien es cierto que el artículo 18.2 de la ley 3/13 prevé un modo de cálculo para las consecuencias del incumplimiento contractual, también es cierto que lo que la actora reclama son daños y perjuicios derivados del mismo, con base al artículo 1101 CC, pero no podemos desconocer que según jurisprudencia reiterada del TS, entre otras la 368/2016, la correcta aplicación del art. 1101CC requiere la existencia probada del daño cuya indemnización se reclama, y en este caso, la actora no prueba haber padecido el perjuicio, sino que basa su reclamación en el cálculo estimativo que realiza su perito en su informe, tomando en cuenta la Base de Datos del Instituto Valenciano de la Edificación, equiparando la retirada de los cítricos a la gestión de residuos no peligrosos. Como decimos, no habiéndose probado la causación de un perjuicio no puede prosperar la petición de condena por dicha cantidad, por lo que la impugnación debe ser desestimada.

7. Sentencia Audiencia Provincial de Valencia de 10 de junio de 2020 (TOL8.124.082). Recogida de 2000 arrobas de mandarina modalidad clemenpons, periodo de recolección del 1 de

octubre al 15 de noviembre de 2018, conforme a la costumbre y dependiendo del estado de maduración en ese periodo.

La demandante requiere al día siguiente, 16/11/2018 a la demandada para que recolecte la mandarina que se encuentra en el árbol, indicando que ha intentado contactar con su agente en reiteradas ocasiones sin éxito, que fue entregado el 19/11/2018 sin que la requerida contestara ni recogiera la mandarina (es un hecho probado que la demandada no contestó al requerimiento, y el tribunal considera que si debió hacerlo y exponer las razones por las que no recogía la mandarina.

8. Sentencia Audiencia Provincial de Castellón de 30 de julio de 2020 (TOL8.160.978). Se interrumpe la labor de recogida sin causa justificada en dos ocasiones y se reclama la cantidad de x euros equivalentes al coste de x kilos de mandarina que quedaron pendientes de recolectar y que cumplían con los estándares de calidad pactados, denunciando la infracción de la ley 3/2013, artículos 1089, 1091, 1101 y 1108 del código civil y ley 12/2013 de 2 de agosto sobre funcionamiento de la cadena alimentaria inexistencia de una causa que justifica se la suspensión de las labores de recolección, y por tanto hay que descartar la infracción del apartado 4 del art 23 en los términos denunciados por la parte recurrente, con la consiguiente confirmación de la sentencia de instancia en cuanto declara que la empresa incumplió el contrato al no recolectar la fruta en la fecha pactada.

9. Sentencia Audiencia Provincial de Valencia de 31 de julio de 2020 (TOL8.156.502). El artículo 24-1 de la Ley hace recaer los riesgos sobre el vendedor hasta que la cosa vendida sea contada, pesada o medida, ello es así salvo mora de la parte vendedora en su obligación de recolectar, estableciendo el mismo precepto que el comprador incurre en mora y asume los riesgos de la cosa vendida a partir de la fecha indicada para la recolección.

10. Sentencia Audiencia Provincial de Valencia de 31 de julio de 2020 (TOL8.156.503). No se pacta en el contrato la compraventa de una concreta y determinada cantidad de fruto como exige el artículo 18-3 de la Ley para excluir la aplicación de la misma, sino todo el del campo sin perjuicio de lo que se concretase tras su recolección. Además, se acepta por la demandada la inclusión de la compraventa pactada en la modalidad de "a peso", que es una de las que recoge el artículo 14-1 de la misma Ley, por tanto, siendo esta reguladora de las relaciones entre las partes. Y, por último, dado que en ningún caso cabía aceptar el precio fijado de forma totalmente unilateral por el demandado al quedar a su solo arbitrio y precisando por ello la fijación judicial del precio, bien por remisión como criterio legal obligatorio conforme a la D. A. 2ª, bien teniendo en cuenta de manera solo orientativa, resultaba oportuna la aplicación de estos precios por servir como objetivos al ser obtenidos de un organismo oficial, cuál era el indicado Observatorio en el periodo que se indica, como tiene en cuenta el perito de la actora como publicados por aquel, y a falta de otro alternativo igualmente oportuno, sin serlo el ofertado por la demandada, de carácter meramente unilateral y carente de respaldo probatorio adecuado de ser el de mercado.

11. Sentencia Juzgado Primera Instancia e Instrucción de Masamagrell de 22 de septiembre de 2020 (TOL8.764.512). Incumplimiento contractual de contrato de compraventa de cítricos de fecha 27/09/2017 en modalidad de a peso o arrovat, conforme a la ley de contratos agrarios.

La parte compradora incurre en mora y asume los riesgos de la cosa vendida a partir de la fecha indicada para la recolección, en los términos que resultan del artículo 23. 2 de este ley.

La regla general es que, mientras la fruta pende del árbol, el riesgo corre por cuenta del vendedor, salvo que el comprador haya incurrido en mora, con lo que se plantea el problema de terminar cuando el comprador incurre en mora, que en el presente caso lo será cuando proceda a la recolección de la fruta después de la fecha convenida contractualmente o después de la fecha propicia para la recogida de un determinada variedad de fruta, con lo que si pasadas esas fechas y hallándose estropeada la naranja, el problema a dilucidar estribaría en si a la fecha límite de recogida la fruta ya estaba deteriorada, en cuyo caso el riesgo ser de cargo de la vendedora, ya que al comprador no se le puede exigir un fruta que no estar en condiciones para su comercialización, o si se estropeó después, en cuyo supuesto el riesgo ser del comprador al haber incurrido en mora, de tal manera que correspondiendo al comprador la obligación contractual de recoger la fruta, es al mismo a quien le corresponde la carga de probar, como hecho obstativo a dicha obligación, que la naranja no se hallaba en condiciones de ser comercializada al tiempo propicio para su recolección.

12. Sentencia Audiencia Provincial de Castellón de 23 de octubre de 2020 (TOL8.298.630). Las partes acordaron la aplicación de un producto químico para retardar la maduración del fruto que fue suministrado por última vez el 18/11/2016 y como quiera que en la zona llovió durante el mes de noviembre, concretamente el día 27 cayó un tormenta de pedrisco que arruinó la cosecha, las labores de recolección no se concluyeron hasta el mes de diciembre de 2016 recogiendo solamente la fruta que estaba en el árbol no afectada por el pedrisco conforme al uso y costumbre del lugar, por lo que no adeuda toda la cantidad reclamada sino únicamente la que fue recolectada por estar en condiciones para ser comercializada, y respecto de la fruta recogida afirma que acordaron el pago de 2 x1 (sólo tenía que pagar la mitad de la fruta cosechada que consta en los albaranes).

13. Sentencia Audiencia Provincial de Valencia de 28 de diciembre de 2020 (TOL8.355.379). El artículo 23 - 2 de la ley establece la obligación, para la modalidad de compraventa elegida, que la parte compradora debe cosechar en las fechas pactadas o antes del límite convenido, y a falta de determina-

ción expresa, dentro de las habituales según el tipo y variedad de producto, punto de coloración y maduración pactados, y la zona concreta de ubicación del campo, o dentro de los siete días siguientes a recibir comunicación escrita de la parte vendedora, si el fruto estuviere apto para ello según lo convenido.

14. Sentencia Juzgado Primera Instancia e Instrucción de Masamagrell de 26 de enero de 2021 (TOL8.770.905). Existe una presunción de veracidad del vale de recolección prevista en el art.20.2 apartado tercero de la Ley 3/2013, de forma que se presume que el vale de recolección refleja la cantidad y calidad correcta, y salvo prueba en contrario, no podrá alegar la parte compradora que existe ningún porcentaje adicional de separación de fruto en mal estado. No consta en las actuaciones que durante la recolección o en fechas próximas a la misma concurriera alguna circunstancia respecto de la parte vendedora sobre la no aptitud de la fruta para su comercialización o bien que existiera un porcentaje tan elevado de fruta presuntamente dañada.

15. Sentencia Audiencia Provincial de Castellón 24 de febrero de 2021 (TOL8.457.392). Es decir, incumbe a la compradora -en el presente caso, a la entidad demandada- acreditar que no recogió la fruta con anterioridad a que tuvieran lugar las precipitaciones de lluvias que produjeron el pixat -y, por ende, la pérdida de la cosecha- debido a que la misma no se encontraba en condiciones adecuadas para su recolección.

Debe concluirse que la entidad demandada/compradora incurrió en mora, al no recolectar y recoger la fruta cuando pudo hacerlo, desde la firma del contrato, de forma que debe soportar los riesgos de la pérdida de la cosecha por las lluvias que acontecieron que, de no haberse retrasado, habría soportado la parte actora/vendedora (artículo 24.1 de la Ley 3/2013).

16. Sentencia Audiencia Provincial de Valencia de 2 de junio de 2021 (TOL9.260.576). La parte actora (vendedora de

la cosecha de mandarinas objeto de autos) postula con carácter previo la aplicación de la Ley 3/2013, de 26 de julio, de la Generalitat Valenciana, sobre Contratos y otras Relaciones Jurídicas Agrarias, en particular invoca su disposición adicional segunda sobre la nulidad de los pactos con cláusulas de indeterminación del precio. En lo relativo a esta primera cuestión no cabe sino rechazar dicha alegación por una razón evidente, y es que la finca recolectada está ubicada fuera de la Comunitat Valenciana, concretamente en la Región de Murcia, por lo que la aludida ley no resulta aplicable.

17. Sentencia Audiencia Provincial de Valencia de 7 de junio de 2021 (TOL8.602.665). Debe considerarse acreditado que el actor mostró su voluntad de asumir el contenido total del documento, anverso y reverso, sin que pueda desvincularse jurídicamente del contenido de lo firmado con el documento en su conjunto, dado que no se ha practicado prueba alguna por la actora de que el documento suscrito está alterado por incorporación de contenidos distintos a los originales que conforma el global del documento integrado por el anverso y reverso.

En base a lo expuesto, debe considerarse que el precio de la arroba del naranja fijado en el contrato suscrito entre las partes, era únicamente para la apta para su comercialización o exportación si bien se indica en el contrato suscrito que las arrobas "alfarrasadas" eran unas 3.000 arrobas (unos 38.000 Kg), lo cierto es que debe entenderse que dicha cantidad no era la definitiva, y ello por cuanto en primer lugar la parte actora, ya admite en su escrito de demanda, que la recolección de kilos era inferior a dicha cantidad, y en segundo lugar, que las características y cláusulas contenidas en el contrato suscrito determinan que se trata de un tipo de contrato al peso, debiendo entenderse que la cantidad existente en el contrato es meramente orientativa, pero no vinculante.

18. Sentencia Audiencia Provincial de Valencia de 07 de junio de 2021(TOL8.602.665). A falta de prueba en contrario, se entiende que el contrato es a venta contada. En las demás modalidades, el fruto restante después de la recolección queda a disposición de quien vende." Y en el artículo 20 la Selección, pesaje o cómputo del fruto: "1. El pesaje o cómputo del fruto, y la selección en el caso de no haberse pactado la venta al contado, se realizará en el tiempo y lugar pactado. A falta de pacto, se estará a la costumbre del lugar o a los usos propios del producto, y en su defecto se llevará a término en el propio campo y en el mismo día de ser cortado o separado. Si se pactare en otro lugar o tiempo, serán de cuenta de la parte compradora los deterioros o pérdidas que se produzcan por la demora o transporte, salvo que la obligación sea de la parte vendedora conforme al apartado segundo del artículo anterior.

19. Sentencia Audiencia Provincial de Valencia de 15 de septiembre de 2021 (TOL8.756.380). Artículo 20 " Selección, pesaje o cómputo del fruto.1. El pesaje o cómputo del fruto, y la selección en el caso de no haberse pactado la venta al contado, se realizará en el tiempo y lugar pactado. A falta de pacto, se estará a la costumbre del lugar o a los usos propios del producto, y en su defecto se llevará a término en el propio campo y en el mismo día de ser cortado o separado. Si se pactare en otro lugar o tiempo, serán de cuenta de la parte compradora los deterioros o pérdidas que se produzcan por la demora o transporte, salvo que la obligación sea de la parte vendedora conforme al apartado segundo del artículo anterior. 2. Si la obligación de cosechar fuera de quien compra, la parte vendedora tiene derecho a estar presente, por sí o por persona delegada, en las labores de cosecha y en la selección, pesaje o cómputo del fruto, sea cual sea el lugar donde estas últimas tareas se realicen.

20. Sentencia Audiencia Provincial de Castellón de 27 de octubre de 2021 (TOL8.767.667). Modalidad de "Recogida Árbol Limpio". Esta modalidad consiste en que el comprador ha

de recoger la totalidad de los frutos del árbol (con independencia de que luego vaya a comercializar o no la totalidad del fruto recolectado), normalmente a cambio de un precio más bajo, en contraposición a la modalidad de "A pasadas", en la que la cosecha se va recogiendo seleccionando los frutos por sus características (olor, calibre, madurez...), a un precio mayor. Esto implica que el comprador quedaba obligado a retirar y comprar todas las naranjas de la finca del vendedor, con la única excepción de aquellos frutos que estuvieran deteriorados e inservibles.

Las partes no pactaron expresamente unas fechas o un límite temporal concretos para la recolección, lo que supone que el comprador debería haber realizado la recogida cuando la fruta estuviera en condiciones de ser retirada del árbol.

Permite confirmar la conclusión del juez de instancia sobre la existencia de un incumplimiento contractual por parte de la empresa compradora, por no llevar a cabo injustificadamente la recogida de la fruta cuando debió hacerlo estando ésta en condiciones aptas, no siendo acogible la alegación de pérdida de la cosa por fuerza mayor derivada de fenómenos climáticos.

21. Sentencia Audiencia Provincial de Valencia de 14 de diciembre de 2021 (TOL8.821.401). El comprador no actuó conforme las buenas prácticas agrarias si atendemos a que, según las notas de entrega, se produjo una duración de la recogida (documento 1 a 18 de la demanda y bloques documentales de la contestación), no justificada, en relación con el periodo normal de recogida de este fruto, pues a finales de diciembre no se había recogido más que la mitad de la cosecha según la previsión cuantitativa contractual.

Dilación que explica la decisión resolutoria de la actora al ver acercarse el final del mes de diciembre sin que ni la mitad de la cosecha estuviese recogida, pues es un hecho no discutido que el caqui se cosecha en otoño (…).

La excesiva dilación en la recogida también se califica de contraria a las buenas prácticas agrarias, por cuanto podía determinar que el fruto se malograse en el árbol, y que no fuera recogido con perdida para el vendedor, frustrando la finalidad del contrato.

22. Sentencia Audiencia Provincial de Valencia de 14 de septiembre de 2022 (TOL9.405.840). En las compras de naranja a peso se fija una fecha inicial y una fecha final para su recolección, puesto que la maduración puede variar atendiendo a la zona y por circunstancia climatológicas, por ello es lógico deducir, que salvo que se acredite lo contrario, si no se recoge la naranja dentro del periodo pactado la misma ya no reunirá las condiciones óptimas para su comercialización de modo que si no se recoge dentro de las fechas pactadas, el comprador incurre en mora y por ende, y salvo causa justificada, en incumplimiento contractual.

1.1.8. Los arrendamientos rústicos históricos

Este tipo de arrendamiento propio de la Comunitat Valenciana se reguló en su inicio por Ley 6/1986[61], mencionada anteriormente que queda derogada por la actual Ley 3/2013. También será aplicable la normativa que veremos referente a la Huerta de Valencia, ya que la mayoría de los arrendamientos en dicho espacio son rústicos históricos. Y como supletoria la

---

61 Véase: RAMÓN FERNÁNDEZ, F.: «Los arrendamientos históricos valencianos», *El Derecho civil valenciano tras la reforma del Estatuto de Autonomía*, RAMÓN FERNÁNDEZ, F. (Coord.), Tirant lo Blanch, Valencia, 2010, págs. 229 y sigs.; «La sucesión en la empresa familiar agraria valenciana», *El nuevo Derecho Agrario*, Publicación conjunta con la Academia Brasileña de Letras Agrarias, ABREU BARROSO, L., MANIGLIA, E. y GURSEN DE MIRANDA, A. (Coord.), Brasil, 2010, págs. 261 y sigs.

Ley 49/2003, de 26 de noviembre, de arrendamientos rústicos[62] (modificada por Ley 26/2005, de 30 de noviembre[63]), en todo lo que la institución no requiere de normativa específica[64].

Se dicta la presente norma al amparo de la competencia exclusiva de la Generalitat prevista en el art. 49.1.2 del Estatut d´Autonomia de la Comunitat Valenciana, de conformidad con el art. 149.1.8 de la Constitución Española. Se publicó en el Diari Oficial de la Comunitat Valenciana el 31 de julio de 2013, y entró en vigor a los veinte días de dicha publicación.

Se facultaba al Consell para dictar disposiciones para el desarrollo reglamentario de la ley, que hasta el momento no se ha realizado.

Como indica la disposición derogatoria única mantendrán su vigencia, en tanto no resulten contradichos por la presente ley el Decreto 186/1991, de 15 de octubre, del Consell, por el que se crea el Registro Especial de Arrendamientos Rústicos de la Comunitat Valenciana[65], el Decreto 41/1996, de 5 de marzo,

---

62 BOE núm. 284, de 27 de noviembre de 2003.

63 BOE núm. 287, de 1 de diciembre de 2005.

64 Sobre esta figura contractual, se puede consultar: CLEMENTE MEORO, M. E.: *Los arrendamientos rústicos históricos valencianos: en la Ley 3/2013, de 26 de julio, de la Generalitat, de contratos y otras relaciones jurídicas agrarias*, Tirant lo Blanch, Valencia, 2015; RAMÓN FERNÁNDEZ, F.: «Elementos, derechos y obligaciones en el contrato de arrendamiento rústico histórico tras su regulación en la Ley 3/2013, de 26 de julio, de los Contratos y otras Relaciones Jurídicas agrarias», *Revista Sepin Digital Inmobiliario*, núm. 24, enero 2018, págs. 1 y sigs. Disponible en: https://www.sepin.es/cronus-juridico/documento/verDoc.asp?dist=67&referencia=SP%2FDOCT%2F73151&cod=01%2D0810Ib0Gz07l0H30mk08U1S%4001b08f1F41ig08K1LG1yz05u0yc29K0Hl07q1iI0Fb0080%40J0FF2GE1jG0FG01f1DX0GB0050G%2D0H607o2AE0G%5F2MP0ml09Q07o2AA0JQ0G%401ze0HG0Fb1S%5F0HP1T01DR (Consultado el 4 de octubre de 2024).

65 DOGV núm. 1648, de 23 de octubre de 1991.

del Consell, por el que se desarrolla la Ley de Arrendamientos Históricos Valencianos[66] y la Orden de 13 de marzo de 1997, de la Conselleria de Agricultura, Pesca y Alimentación, para la constitución de la Junta Arbitral de Arrendamientos Rústicos de la Comunitat Valenciana.[67]

Los contratos de arrendamientos histórico valenciano reconocidos o declarados con anterioridad a la entrada en vigor de la presente ley se regirán por lo dispuesto en ésta respecto de todas las consecuencias no agotadas derivadas de los mismos.

Los litigios iniciados con anterioridad a su vigencia se resolverán conforme a la legislación anterior, si resultare incompatible con ésta-

1. Prelación de fuentes. La prelación de fuentes que se aplica es la siguiente: en primer lugar la Ley 3/2013, en defecto de lo previsto en esta ley, regirá la costumbre valenciana, los principios generales del derecho valenciano en materia de contratación agraria y arrendamientos históricos y la doctrina jurisprudencial civil del Tribunal Superior de Justicia de la Comunitat Valenciana.

En su defecto, y en las remisiones expresas que la presente ley contiene, regirá la legislación del Estado sobre arrendamientos rústicos y el Código civil, en todo lo que resulte compatible con naturaleza propia de los contratos regulados en ésta.

2. Definición. En cuanto a su concepto, por el arrendamiento histórico valenciano una de las partes cede a otra, necesariamente persona física, el uso indefinido de una o varias parcelas rústicas, o de parte de ellas, para que las explote, por sí o por medio de personal colaborador, conforme a su naturaleza agrí-

---

66 DOGV núm. 2710, de 15 de marzo de 1996.

67 DOGV núm. 2966, de 08 de abril de 1997.

cola, a cambio de una renta en dinero que se paga semestralmente o mediante una periodicidad pactada.

Se inspira en el principio de continuidad de la explotación agraria

3. Capacidad para ser arrendador. Para ser arrendador se necesita para dar tierras en arrendamiento histórico valenciano la misma capacidad que se necesita para enajenar bienes.

Los padres y las madres o los tutores/as no podrán ceder bajo esta forma arrendaticia los bienes rústicos de sus hijos/as menores o de los incapacitados/as que estén bajo su patria potestad o tutela. Hay que atender a lo indicado en la Ley, 8/2021, de 2 de junio, por la que se reforma la legislación civil y procesal para el apoyo a las personas con discapacidad en el ejercicio de su capacidad jurídica[68] pese a que la norma se sigue refiriendo a los incapacitados.

No podrán ceder bienes en arrendamiento histórico valenciano quienes sean titulares de derechos reales limitados que impliquen facultad de disfrute.

4. Capacidad para ser arrendatario. Para ser arrendatario: se necesita la capacidad general para contratar.

La persona arrendataria puede no ser profesional de la agricultura.

5. Objeto. Sólo pueden ser objeto de arrendamiento histórico las fincas rústicas que sean susceptibles de algún tipo de cultivo o producción agraria.

Tienen que estar radicadas las fincas en la Comunitat Valenciana, ya que estamos ante una norma territorial.

---

[68] BOE núm. 132, de 3 de junio de 2021.

6. Extensión. Respecto a la extensión, el arrendamiento se extiende al cequiaje, derechos de riego, derechos de paso, derecho a la percepción de ayudas o subvenciones, otros derechos de producción agrícola y, en general, a todo lo que sea necesario o esté directamente vinculado al cultivo y explotación de la finca.

Se extiende también, salvo pacto, a los aprovechamientos secundarios de la tierra, pero no a los cinegéticos u otros ajenos a la explotación agrícola.

7. Forma. En cuanto a la forma, Se deberán formalizar por escrito, con sujeción expresa a este tipo contractual, que no se presume.

Cualquiera de las partes podrá exigir la formalización del contrato en documento público, de forma originaria o sobrevenida, con los requisitos y menciones necesarias para su inscripción en los registros públicos que lo admitan.

Los gastos serán de cuenta de quien lo exija.

7. Duración. Se entiende celebrado por tiempo indefinido, sin perjuicio de su resolución o extinción por las causas previstas en la Ley 3/2013.

También se extiende por las causas determinadas por la costumbre.

Cualquier pacto sobre plazo o prórrogas supone la exclusión de esta modalidad contractual y, si fuere sobrevenido, su novación en arrendamiento ordinario.

8. Renta. La renta siempre será fijada en dinero. Se devengará por periodos vencidos, sean semestrales u otros pactados.

9. El pago de la renta y la emisión de recibo

A falta de pacto en contrario, la renta se paga en el domicilio de la persona arrendadora al final del periodo por el que se devenga.

El arrendador/a está obligado a emitir recibo de cada uno de los pagos.

En él se expresará la finca/s, el importe, concepto, periodo y fecha, y la identidad del arrendatario/a de quien se recibe.

Los recibos contendrán los datos fiscales para la declaración y desgravación

En el caso de que las partes utilicen la tradicional "llibreta", los datos de identificación de la finca y del arrendatario/a se consignaran al principio o cuando se produzca alguna variación.

En los casos en que proceda la consignación del precio como modo de pago, producirá sus efectos desde el ingreso de su importe en la cuenta de depósitos y consignaciones de renta que se abrirá en la Conselleria.

10. Actualización y revisión de la renta. Salvo que se pacte lo contrario, se actualizará la renta de forma anual según el índice general para la Comunitat Valenciana de precios al consumo.

Cada 10 años podrá ser revisada a instancia de cualquiera de las partes, para su adaptación a la de mercado de sus mismas características y clase de cultivo.

En el caso de que no haya acuerdo de las partes, será fijado por un técnico/a independiente nombrado por la Conselleria.

La renta se podrá modificar, a petición de cualquiera de las partes, cuando por efecto de alguna actuación expropiatoria o urbanística se hubiera reducido la superficie de la finca arrendada o gravado con una servidumbre que desmerezca, condicione o dificulte el cultivo.

11. Pagos del arrendatario. Salvo pacto o costumbre del lugar en contrario, corresponde al arrendatario/a el pago de: cequiaje, desagüe, guarderías, conservación de caminos o vías

rústicas, y otros análogos que correspondan con la finca arrendada.

Los tributos periódicos que gravan la propiedad o derecho real sobre la tierra corresponden al propietario o a quien tenga la titularidad del derecho.

Es lícito el pacto de repercutirlos a la persona arrendataria.

12. Elección del cultivo. El arrendatario/a tiene el derecho de elegir la clase de cultivo.

Tiene el derecho y el deber de cultivar la tierra y de explotarla conforme a su naturaleza y características, de conformidad con la normativa vigente y según las buenas prácticas agrarias.

Salvo acuerdo con la persona arrendadora, la persona arrendataria no podrá elegir aquellas clases y tipos de cultivo que impliquen transformación de la finca o mejoras extraordinarias no exigidas por la normativa vigente o impuestas por la administración competente.

13. Obras de reparación, mejoras e inversiones. Se aplicará la legislación estatal para los arrendamientos rústicos ordinarios en materia de obras de reparación, mejoras impuestas o voluntarias e inversiones.

No será aplicable la sustitución del pago de la renta por la realización de mejoras.

Las obras y gastos ordinarios de conservación son de cargo de la persona arrendataria.

Los extraordinarios son de cargo de la propiedad, pudiendo hacerlos el arrendatario/a.

En este último caso, se podrá optar por reclamar los importes invertidos o por el derecho a indemnización.

14. Derecho a indemnización. Terminado el arrendamiento, la persona arrendataria tiene derecho a ser indemnizada

por el valor actual de las obras, mejoras e inversiones que haya hecho a sus expensas.

Se incluye el derecho a la tierra flor (facultad del arrendatario/a de llevar consigo, al término del arriendo, la capa más superficial de la tierra de cultivo, determinante de su productividad).

15. Transmisión de la finca. El arrendamiento no limita la facultad de la persona propietaria para transmitir su derecho por cualquier título, sin perjuicio del derecho de adquisición preferente.

La transmisión no extingue el arrendamiento ni lo limita temporalmente, quedando el nuevo/a titular, en su caso, subrogado/a en la condición de persona arrendadora.

16. División de la finca. El arrendamiento no limita ni impide la división material entre los distintos condueños/as de la finca/s arrendadas.

Potestativamente para la persona arrendataria y obligatoriamente para los arrendadores/as podrá escindirse el arrendamiento en tantos nuevos contratos como divisiones se hayan realizado, o podrá continuar como un único arrendamiento conjunto de varias fincas pertenecientes a distinto/a dueño/a.

Lo mismo tendrá lugar cuando la persona propietaria transmita una pate de la finca arrendada.

17. Derecho de adquisición preferente. Se regula en el artículo 42 el derecho de adquisición preferente

La persona arrendataria tendrá este derecho en los supuestos de transmisión de la finca arrendada o de parte de ella en los que medie contraprestación en dinero.

A estos efectos, el o la transmitente notificará de forma fehaciente a la persona arrendataria su propósito de enajenar y le indicará los elementos esenciales del contrato. La persona arrendataria tendrá un plazo de 60 días hábiles desde que hubiera recibido la notificación para ejercitar su derecho de adquirir la finca y lo notificará a quien enajena de modo fehaciente, indicando la opción que resulta del apartado siguiente. A falta de notificación del arrendador o de la arrendadora, la persona arrendataria tendrá derecho de retracto durante 60 días hábiles a partir de la fecha en que, por cualquier medio, haya tenido conocimiento de la transmisión.

Si el arrendamiento hubiere durado al menos setenta y cinco años, la persona arrendataria podrá ejercitar el derecho de una de estas dos maneras:

a) Pagando al contado el precio o contraprestación del contrato proyectado o celebrado, con una reducción del veinte por ciento de su importe; o

b) Pagando aplazadamente el importe íntegro de aquel contrato, con entrega al menos de una tercera parte del precio al tiempo de ejercitar el tanteo o retracto, y aplazando el resto durante un periodo máximo de dos años, con devengo del interés legal del dinero reducido en un punto.

Si las condiciones pactadas en el contrato proyectado o celebrado fueren más beneficiosas para quien adquiere, a su juicio, se efectuará la transmisión con sujeción a las mismas. Se estará también a los términos y condiciones pactados en el contrato si el arriendo tuviere una duración inferior a setenta y cinco años.

En los supuestos de adquisición preferente, la persona arrendataria está obligada a pagar los gastos del contrato y cualquier otro pago legítimo hecho para la venta que lo provoca, así como los gastos necesarios y útiles hechos en la cosa vendida.

En todo caso, la escritura de enajenación se notificará de forma fehaciente a la persona arrendataria, al efecto de que pueda ejercitar el derecho de retracto o, en su caso, el de adquisición, si las condiciones de la enajenación, el precio o la persona adquirente no correspondieran de un modo exacto a las contenidas en la notificación previa. El mismo derecho tendrá si no se hubiese cumplido en forma el requisito de la notificación previa. En este caso, el retracto o el derecho de adquisición preferente podrán ser ejercitados durante el plazo de 60 días hábiles a partir de la notificación.

Los derechos establecidos en este artículo serán preferentes con respecto a cualquier otro de adquisición, salvo el retracto de colindantes establecido por el artículo 1.523 del Código Civil, que prevalecerá sobre aquéllos cuando no excedan de una hectárea tanto la finca objeto de retracto como la colindante que lo fundamente.

Cuando se trate de fincas de aprovechamientos diversos concedidas a diferentes arrendatarios o arrendatarias sobre la totalidad de la finca, será preferido en el tanteo y retracto el que tenga la condición de histórico valenciano.

Cuando sean varios los arrendatarios o varias las arrendatarias de partes diferentes de una misma finca o explotación, habrá que cumplir las obligaciones de notificación con cada uno de ellos o cada una de ellas, y el derecho de tanteo y retracto podrá ejercitarlo cada uno o cada una por la porción que tenga arrendada. Si alguno de ellos o alguna de ellas no quisiera ejercitarlo, por su parte podrá hacerlo cualquiera de los demás o de las demás y tendrá preferencia quien tuviera arrendada porción colindante; en su defecto o siendo varios o varias, quien tenga la condición de agricultor o agricultora joven y, en su defecto, o en el caso de ser varios o varias, quien tuviera más antigüedad.

En los casos de fincas de las que solo una parte de su extensión haya sido cedida en arriendo, los derechos regulados en los apartados anteriores se entenderán limitados a la superficie arrendada. A tal efecto, el documento por el que sea formalizada la transmisión de la finca deberá especificar, en su caso, la cantidad que del total importe del precio corresponde a la porción dada en arriendo.

Fuera de los supuestos anteriores y del mutuo acuerdo entre las partes, la persona arrendataria carece de derecho de acceso a la propiedad.

18. Prohibición del subarriendo. La persona titular del arrendamiento histórico valenciano no tiene derecho de subarriendo, reputándose incumplimiento del contrato si se diera.

Es nulo el pacto que lo establezca o lo permita.

19. Transmisión inter vivos del derecho del arrendatario/a. Para el caso de jubilación de la persona arrendataria, o de incapacidad física, psíquica o sensorial que le impidan o le dificulten gravemente y de modo previsiblemente definitivo el ejercicio de los derechos y el cumplimiento de las obligaciones propias del contrato.

Se podrá ceder por parte de dicha persona a la persona física que designe de entre quienes cooperen de hecho en el cultivo o de quienes podrían sucederle ab intestato en caso de fallecimiento

La cesión debe comunicarse fehacientemente a la persona arrendadora, o constar en la libreta con su firma y la de la persona cedente, extendiéndose los siguientes recibos a nombre de quien ostente la cesión

La cesión puede ser onerosa o gratuita.

La cesión es irrevocable.

20. Transmisión mortis causa del derecho del arrendatario/a. El derecho de arrendamiento histórico valenciano no se integra en el caudal relicto de la persona arrendataria fallecida

La sucesión en el arrendamiento será de la siguiente forma[69]:

A) La persona física designada por aquélla en testamento o en acto de última voluntad. Será válida la designación hecha en la libreta firmada por ambas partes

B) A falta de designación expresa, la persona que, siendo heredera, legataria o legitimaria de quien sea el causante, fuera cooperador/a de hecho en el cultivo de la finca al tiempo del fallecimiento

C) Si no hay cooperador/a, sucederá quien sea cónyuge supérstite no separado legalmente o de hecho, que tenga hijos comunes con la persona causante.

D) En defecto de todos los anteriores, cualquiera de las personas herederas. Se establece una preferencia: parentesco de grado más próximo, edad, y la suerte.

A falta de todas las personas anteriores, quedará extinguido el arrendamiento.

Quien suceda ha de cultivar directamente, aunque no sea profesional de la agricultura.

---

69 RAMÓN FERNÁNDEZ, F.: «La empresa familiar agraria en el derecho civil valenciano: la sucesión en los arrendamientos rústicos históricos», *Revista Internauta de Práctica Jurídica*, 2022, págs. 1 y sigs. Disponible en: https://www.revistajuridicavalenciana.org/wp-content/uploads/0040_0011_01_La-empresa-familiara-agraria-en-el-DCV.pdf (Consultado el 4 de octubre de 2024); «La sucesión en la empresa agraria familiar: el caso valenciano de los arrendamientos rústicos históricos», *Derecho, economía, empresa e innovación docente*, Colex, A Coruña 2024, págs. 61-70. Disponible en: https://www.colexopenaccess.com/libros/derecho-economia-empresa-e-innovacion-docente-7808?fbclid=IwY2xjawGlvrtleHRuA2FlbQIxMAABHUwK4JRzF1w5n7860kXmsYAegIZU_-2Lg2tWZJ_dNyFDSo-35BXWAHr8YBg_aem_2MOCXuF3i36nm9XifvBHzA (Consultado el 16 de noviembre de 2024).

La persona que suceda deberá comunicar fehacientemente su condición al arrendador/a en el plazo de un año desde el fallecimiento, quedando extinguido el arrendamiento si no lo hace.

21. Ejercicio del derecho de recuperación. Si el arrendador/a fuere persona física, podrá poner término al arrendamiento recabando para sí el cultivo de la finca, con obligación de cultivarla de forma directa, aunque no sea personal, como titular de la explotación agraria durante un plazo mínimo de diez años.

Si fueran varias las personas coarrendadoras, podrán ejercitar el derecho todas conjuntamente, o varias o una, pero con el consentimiento de las demás.

Se comunicará fehacientemente al arrendatario/a antes de la terminación del año agrícola inmediatamente anterior a aquél en que deba tener efecto.

En todo caso se hará con un plazo mínimo de seis meses.

Se podrá hacer en la libreta.

El arrendatario/a tendrá derecho a una indemnización, que se determinará conforme indica el artículo 46 de la Ley 3/2013.

Si la antigua persona arrendataria incumpliere el deber de cultivar la tierra durante un plazo de diez años, la antigua persona arrendataria o sus causahabientes tendrán derecho a la rehabilitación del contrato y a una indemnización por los daños y perjuicios causados.

22. Transformación urbanística de la finca. Quedará extinguido el arrendamiento cuando quien cultive deba cesar en la actividad agraria como consecuencia de la ejecución del planeamiento urbanístico que haya clasificado o calificado los terrenos para usos distintos a los agrícolas.

La participación en el plusvalor derivado de la transformación será el 50% o 40% según los supuestos indicados en el artículo 46 de la Ley 3/2013.

23. Expropiación de la finca. En caso de expropiación total o parcial de la finca arrendada, se producirá la extinción del arrendamiento o su modificación, según proceda.

El arrendatario/a tendrá derecho a una indemnización por el concepto exclusivo de extinción o reducción del contrato.

24. Resolución del contrato. Serán causas de resolución del contrato las previstas en la legislación de arrendamientos rústicos del Estado, siempre que resulten conformes con la naturaleza y características del arrendamiento histórico valenciano.

Serán causas de resolución, a instancias de la persona arrendadora, la existencia de cualquier tipo de subarriendo de la finca y la cesión del contrato en supuestos distintos de los previstos en esta ley.

25. Declaración judicial o administrativa. Los arrendamientos constituidos desde tiempo inmemorial o, en todo caso, antes de la entrada en vigor de la Ley de 15 de marzo de 1935[70], sobre tierras radicadas en el ámbito de la Comunitat Valenciana, que perduran por tiempo indefinido y se han venido rigiendo por la costumbre y la Ley 6/1986 podrán ser declarados históricos valencianos por la conselleria competente en materia de agricultura.

Si existiere litigio entre las partes, la declaración administrativa, sea favorable o contraria a dicho reconocimiento, no condiciona ni impide el ejercicio de las acciones jurisdiccionales para la calificación del contrato, ni es requisito previo para el mismo.

---

[70] Gaceta de Madrid núm. 83, de 24 de marzo de 1935.

La declaración administrativa favorable al reconocimiento producirá efectos en el ámbito de las actuaciones de la Generalitat.

26. Acreditación pericial. La persona interesada que pretenda el reconocimiento deberá aportar y acreditar ante la conselleria competente en materia de agricultura, junto a su instancia, dictamen pericial de especialista en el que se recoja la oportuna investigación histórica-jurídica.

También procederá la declaración administrativa de reconocimiento del arrendamiento histórico en aquellos supuestos en los que no siendo posible la formulación del dictamen como consecuencia de la destrucción de archivos o registros, el arrendamiento de que se trate sea anterior a la entrada en vigor de la Ley de 15 de marzo de 1935.

Aceptada por ambas partes, con o sin declaración administrativa, o declarada judicialmente la condición de arrendamiento histórico valenciano, el contrato se regirá por lo previsto en la Ley 3/2013.

1.2. El comercio de proximidad de productos agrícolas

El comercio de proximidad y la forma de venta denominada la *Tira de contar*[71] que pervive actualmente es una forma de mantener la existencia de la Huerta valenciana[72].

La importancia de la Huerta de València se relaciona con los Objetivos de Desarrollo Sostenible, no sólo con el objetivo 2 “Hambre Cero”, sino también con objetivo 12 “Producción y consumo responsable”, a través de las buenas prácticas en la agricultura, y el comercio de proximidad.

En la actualidad, ese comercio de proximidad, y su gestión en el caso de los productos de la Huerta de València se realiza a

---

71 LÓPEZ GASCUEÑA, M. y RAMÓN FERNÁNDEZ, F.: «La *Tira de contar* y el etiquetado aphorta: una protección de los intereses del consumidor», *Revista do CEJUR/TJSC: Prestação Jurisdicional*, núm. 11, 2023, págs. 1 y sigs. Disponible en: https://cejur.emnuvens.com.br/cejur/article/view/419/235 (Consultado el 3 de octubre de 2024). Véase también: MARZAL LÓPEZ, J.: *TIRA DE COMPTAR: ¿Mercado histórico de productores de la ciudad de València con potencial agroecológico?*, Universidad Pablo de Olavide, Sevilla, 2017. Disponible en: https://ecomercadogranada.org/sites/default/files/biblioteca/TiraDeComptarMercadoConPotencialAgroecol%C3%B3gico.pdf (Consultado el 08 de octubre de 2024).

72 RAMÓN FERNÁNDEZ, F.: «Objetivos de Desarrollo Sostenible (ODS) y gestión del patrimonio cultural de la Huerta de València: la importancia del comercio de proximidad y la puesta en valor de sus bienes y recursos. La *Tira de contar* y la Agromuseu de Vera, Valencia», *Revista jurídica valenciana. Associació de Juristes Valencians (anteriormente Revista Internauta de Práctica Jurídica)*, núm. 36, 2020, págs. 1 y sigs. Disponible en: https://www.revistajuridicavalenciana.org/wp-content/uploads/0036_0007_01.pdf (Consultado el 3 de octubre de 2024); «Huerta y productos de proximidad. La *Tira de contar* como forma de venta en el ámbito de la competencia», *Retos en el sector agroalimentario: regulación, competencia y propiedad industrial*, Tirant lo Blanch, Valencia, 2022, 479 y sigs.

través de la venta directa del agricultor al consumidor, a través de los mercados de venta directa[73].

La Ley 3/2011, de 23 de marzo, de comercio de la Comunitat Valenciana[74] establece en su Preámbulo, la promoción por parte de la norma respecto del comercio de proximidad, para evitar desplazamientos y el uso de los modos de movilidad menos sostenibles.

Se establece la necesidad de actuar en determinadas zonas, indicando razones de carácter histórico, en que tiene que realizarse una intervención por parte de la administración, los agentes económicos y las empresas.

---

73 Más ampliamente: BARRIAL LUJÁN, A. I.: *Análisis de producción convencional y ecológica de hortalizas de la Huerta de Valencia*, Universitat Politècnica de València, Valencia, 2017. Disponible en: https://riunet.upv.es/bitstream/handle/10251/80274/BARRIAL%20-%20AN%c3%81LISIS%20DE%20PRODUCCI%c3%93N%20CONVENCIONAL%20Y%20ECOL%c3%93GICA%20DE%20HORTALIZAS%20DE%20LA%20HUERTA%20DE%20VALENCIA.pdf?sequence=1&isAllowed=y (Consultado el 08 de octubre de 2024); BONO, F.: «La *Tira de contar*: cuando el agricultor marca los precios. 1.300 labradores de la huerta valenciana venden sus productos sin intermediarios en un singular mercado de raíces medievales», *El País*, 15 de febrero de 2020. Disponible en: https://elpais.com/economia/2020/02/15/actualidad/1581756339_731951.html (Consultado el 08 de octubre de 2024); COB, J.: «La *Tira de contar*», *Valencia en blanco y negro*, 10 de mayo de 2016. Disponible en: https://valenciablancoynegro.blogspot.com/2016/05/la-tira-de-contar.html (Consultado el 08 de octubre de 2024); MERCAVALENCIA: «La *Tira de contar*». Disponible en: https://www.mercavalencia.es/es/sectores-actividad/la-tira-de-contar/ (Consultado el 08 de octubre de 2024).

74 BOE núm. 91, de 16 de abril de 2011. Modificada por Ley 3/2018, de 16 de febrero, por la que se modifican los artículos 17, 18 y 22 y la disposición transitoria cuarta de la Ley 3/2011 (BOE núm. 63, de 13 de marzo de 2018.

El artículo 29 referente a los objetivos de la ordenación comercial, los relaciona con los objetivos de ordenación del territorio y protección del paisaje y del desarrollo urbanístico de la Comunitat Valenciana, y menciona la creación de un marco de implantaciones comerciales en los que prime la sostenibilidad territorial.

Esta política comercial estará dirigida a mejorar la calidad de vida de los ciudadanos y tendrá como base asegurar el mantenimiento de las condiciones de proximidad, accesibilidad, diversidad y servicio del comercio valenciano.

El artículo 32 que regula las normas para el tratamiento de la actividad comercial en el planeamiento urbanístico indica el fomento del desarrollo de dotaciones comerciales que satisfagan de forma equilibrada las necesidades de la población, potenciando la proximidad y la mezcla de usos.

Uno de los puntos de venta de productos agrícolas más importante es el conocido como "*Tira de contar*", que está situado en MercaValencia, y que anteriormente se había realizado este sistema de venta en el Mercado Central, y posteriormente en el Mercado de Abastos, edificio para la venta de fruta y verdura por los comerciantes mayoritarios.

Históricamente se sitúa la institución de la "*Tira de contar*" en la dominación árabe. En el siglo XIII, el Rey Jaume I la oficializa y ha sido objeto de distintas normativas con la finalidad de garantizar el abastecimiento de productos frescos a la ciudad.

Como pone de relieve la doctrina, en Los Fueros se consolida la figura del Almotacén o Mostaçaf, y también se contempla en los libros de Ordenanzas, así como en el Llibre del

Mustaçaf. Este funcionario urbano se ocupaba de los pesos y medidas, los precios y el abastecimiento de los productos[75].

Las normas del Almotacén en relación con el abasto y distribución establecían una base de concurrencia que relacionaba los intereses de productores y necesidades de los consumidores, mediante un sistema preciso de precios y medidas[76].

En la actualidad la "*Tira de contar*" ocupa un espacio de 6.000 metros cuadrados, en el que un total de 1300 agricultores comercializan sus productos, con un total de entre 30.000 y 40.000 toneladas.

Se limita geográficamente los agricultores que pueden formar parte de la "*Tira de contar*", ya que se circunscribe a la Vega de València (Hortas Sud y Nord), pero también participan los de otras comarcas cercanas como la Ribera del Xúquer, el Camp del Túria y los Serrans.

Este tipo de comercio también evita que se produzca la comercialización de forma fraudulenta de los productos agrícolas, y además es sostenible con el medio ambiente[77], al reducirse la contaminación derivada del transporte.

---

75 CHALMETA GENDRÓN, P.: *El zoco medieval: contribución al estudio del mercado,* Fundación Ibn Tufayl de Estudios Árabes, Almería, 2010.

76 BEJARANO GALDINO, E.: «El almotacén como institución armonizadora de las relaciones sociales», *Bolletí de la Societat Arqueològica Lul·liana: Revista d´estudis històrics,* núm. 56, 2000, págs. 243 y sigs. Disponible en: https://dialnet.unirioja.es/servlet/articulo?codigo=2702897 (Consultado el 08 de octubre de 2024); CHALMETA GENDRÓN, P.: «El almotacén a través de los «Llibres del Mustaçat», *Aragón en la Edad Media,* núm. 20, 2008, págs. 203 y sigs. Disponible en: https://dialnet.unirioja.es/servlet/articulo?codigo=2875417 (Consultado el 08 de octubre de 2024).

77 RAMÓN FERNÁNDEZ, F.: «Legislación española y de la Comunidad Valenciana sobre medidas para el fomento de métodos de producción agraria compatibles con la protección del medio ambiente

Se incrementa también el consumo responsable y presenta numerosas ventajas para el consumidor: proximidad, garantía y seguridad, además de contribuir al mantenimiento de la tradición en el comercio de los productos, y evitar la desaparición de la actividad agraria.

Esta institución de la "*Tira de contar*" vende los productos de proximidad sin necesidad de intermediarios y cuyo precio es marcado por los agricultores en función de la oferta y la demanda.

Inicialmente en la Ordenanza municipal de mercados del año 2004[78] modificada posteriormente en 2007 y 2009, se refiere a la "*Tira de contar*" en diversos preceptos:

- Artículo 16: «Podrá autorizarse en los mercados de distrito un número de puestos determinado para la venta temporal o "*Tira de contar*", en puestos del mercado que se encuentren vacantes o en zonas habilitadas expresamente al efecto. Los puestos de los ocupantes de la "*Tira de contar*" se adjudicarán a los huertanos que acuden a vender directamente y sin intermediarios, los frutos de sus cosechas propias y se concederán diariamente por riguroso orden de entrada y descarga de mercancías. La condición de huertano se acreditará, además de cuanto establece el artículo 18, mediante el recibo del impuesto de bienes inmuebles de naturaleza rústica o documento estimado suficiente por el Excelentísimo Ayuntamiento y la certificación de su respectivo Consejo Local Agrario de que poseen tierras cultivables en alguno de los

---

y la naturaleza», *La dimensión ambiental del territorio frente a los derechos patrimoniales,* Editorial Tirant lo Blanch, Valencia, 2004, págs. 465 y sigs.

78 BOP de 19 de octubre de 2004. Disponible en: https://datos.portaldelcomerciante.com/userfiles/1061/1140/file/O_mercados.pdf (Consultado el 12 de octubre de 2024).

términos municipales que integran la llamada "Vega de Valencia".

- Artículo 17: Las autorizaciones para la venta en la "*Tira de contar*", habilitarán para la venta en lugar y día determinado, con el correspondiente pago de la tasa de conformidad con la ordenanza fiscal. -Artículo 18: Todos los huertanos de la "*Tira de contar*" estarán provistos de la correspondiente documentación que les acredite como tales, por la Sección de Abastecimientos, con el visto bueno de la alcaldesa o delegado de Mercados.
- Artículo 19: Tanto los huertanos como los agricultores, cooperativas, etc., no podrán vender en los puestos de la "*Tira de contar*" más productos que aquellos que sean de su propia cosecha. Los que infrinjan este precepto podrán ser sancionados hasta con la expulsión definitiva del mercado».

La Ordenanza municipal reguladora de los mercados de distrito del Ayuntamiento de Valencia, de 24 de septiembre de 2004[79] indicaba que « La vigente ordenanza municipal de mercados data del año 2004 y en ella se regulan principalmente los mercados que funcionan en régimen de gestión directa.

En consecuencia, se considera oportuno en este aspecto contemplar todas las posibilidades de gestión indirecta previstas en la normativa de contratación del sector público mediante una expresa remisión a la misma.

Dicha norma ha sido objeto de modificaciones parciales en orden a su adaptación a disposiciones legales derivadas de la Directiva 2006/123/CE del Parlamento Europeo y del Conse-

---

79 BOP de 17 de mayo de 2018. Disponible en: https://sede.valencia.es/sede/descarga/doc/document_1_ord0006_c (Consultado el 12 de octubre de 2024).

jo, de 12 de diciembre de 2006, sobre Servicios en el Mercado Interior.

Sin embargo, la vigente ordenanza no contempla la regulación de nuevas situaciones, actividades y demandas, tanto de consumo como de venta, que se plantean en la actualidad. También es necesario superar la regulación existente acerca de actividades tradicionales como la *Tira de contar*, al objeto de potenciar su desarrollo en términos acordes con su finalidad y de permitir un adecuado control de la misma».

Se regula en el artículo 8 con las indicaciones siguientes:

> «Atendiendo al derecho tradicional y consuetudinario de los agricultores y agricultoras de la Huerta de València, de acceso a espacios municipales de venta directa, en los mercados de distrito se podrá autorizar un número de puestos determinados para la venta temporal o *Tira de contar*, en paradas del mercado que se encuentren vacantes o en zonas próximas y habilitadas expresamente a este efecto.
>
> La concejalía con competencias en mercados establecerá el procedimiento de autorización, acceso y funcionamiento de estas Tiras de contar mediante resolución específica de la misma. La concejalía con competencias en agricultura llevará a cabo su supervisión y control.
>
> Los puestos de la *Tira de contar* se podrán adjudicar a los agricultores y agricultoras que acudan a vender, directamente y sin intermediación, los frutos de sus cosechas propias. La condición de agricultor/a será requisito imprescindible para el ejercicio de la venta y será justificada de la manera que el procedimiento de acceso determine.
>
> Del mismo modo, este procedimiento de acceso determinará, de manera específica, los criterios de priorización de las solicitudes recibidas, siempre atendiendo a los siguientes criterios generales que promuevan:
>
> 1. El producto de proximidad.

2. La calidad medioambiental.

3. El acceso de jóvenes o mujeres al sector agrícola.

4. Características de calidad del producto, como denominaciones de origen u otras figuras De protección y promoción de la calidad del producto alimentario agrícola o variedades locales y tradicionales.

5. La Economía Social.

6. La integración de sectores de la población en situación o riesgo de exclusión

social y/o económica.

Los criterios de funcionamiento, organización y supervisión de las Tiras de contar de los mercados de distrito tendrán que considerar y promover la participación y gestión directa por parte de las personas físicas o jurídicas autorizadas con la colaboración de los diferentes servicios municipales.

Las autorizaciones para la venta en la *Tira de contar*, habilitarán para la venta en puesto y día determinado, con el correspondiente pago de la tasa en conformidad con la ordenanza fiscal, por un periodo determinado.

Todas las personas autorizadas para alguna *Tira de contar* estarán provistas de la correspondiente documentación específica que así lo acredite, emitida por el servicio competente en materia de mercados.

Las personas autorizadas no podrán vender en los puestos de la *Tira de contar* más productos que aquellos que sean de su propia cosecha. A aquellas personas que infrinjan este precepto les será revocada la autorización concedida».

La Disposición adicional novena. Autorizaciones para la *Tira de contar*. Establece que las actuales autorizaciones para ejercicio de la venta en la *Tira de contar* de los mercados municipales continuarán vigentes en los mismos términos en que fueron otorgadas. En todo caso, la tasa que corresponda abonar será la que determine la correspondiente ordenanza fiscal.

Quedan sin efecto cuantos actos o disposiciones hubiesen sido aprobados en orden a regular el otorgamiento de autorizaciones para las "Tiras de contar" que, en lo sucesivo se concederán y regularán según se establece en la presente ordenanza.

El Reglamento del funcionamiento del mercado de agricultores de la *Tira de contar* Junio-2021[80] indica que es un espacio dedicado exclusivamente a la venta de productos agrarios de las propias cosechas de los agricultores que no vendan sus productos solo al por mayor en un establecimiento mercantil o en un mercado. En la actualidad de lunes a viernes de 3:45 a 8:00h.

El Decreto 5/2015, de 23 de enero, del Consell, por el que se regula la obligación de mantener la trazabilidad en los productos agrícolas de la Comunitat Valenciana desde su origen a su primera comercialización[81] cuyo artículo 3.2 dispone:

---

80 MERCAVALENCIA: «Reglamento del funcionamiento del Mercado de agricultores de la *Tira de contar* Junio-2021». Disponible en: https://www.mercavalencia.es/wp-content/uploads/2021/06/REGLAMENTO-TIRA-jun-21-.pdf (Consultado el 11 de octubre de 2024).

81 DOGV núm. 7451 de 27 de enero de 2015. Cfr. MESA GARCÍA, O. y RAMÓN FERNÁNDEZ, F.: «La trazabilidad como instrumento de garantía para la seguridad alimentaria», *Revista de Derecho civil*, vol. III, núm. 3, julio-septiembre 2016, págs. 109 y sigs. Disponible en: https://www.nreg.es/ojs/index.php/RDC/article/download/219/173 (Consultado el 4 de octubre de 2024); RAMÓN FERNÁNDEZ, F.: «La seguridad alimentaria en el marco europeo», *Calidad y seguridad alimentaria. Retos del presente, I^{a}. Jornada en calidad y seguridad alimentaria, Valencia, 1 de junio de 2012*, DOMÉNECH ANTICH, E. y ESCRICHE ROBERTO, I. (Ed.), Editorial Universitat

«Los titulares de explotación agrícola deberán constar en un registro oficial para acreditar su condición de productor y el ejercicio de su actividad a los efectos de la trazabilidad» y en su disposición transitoria segunda: «En tanto no se disponga de un registro específico de titulares de explotación agrícola, para la acreditación de dicha condición en la Comunitat Valenciana, será suficiente que consten en las bases de datos de la conselleria con competencias en agricultura. En los casos en los cuales no se disponga de esa información, el interesado hará una solicitud a la conselleria competente en agricultura para hacer constar que es titular de explotación agrícola».

Esta Orden, como indica su Preámbulo,

«atiende esta demanda legislativa incorporando en el texto la obligación de los agricultores y empresas agrícolas de constar en un registro oficial para acreditar su condición y el ejercicio de su actividad, a los efectos de garantizar la trazabilidad».

Hace más de treinta años se constituyó la Sociedad Agraria de Transformación (SAT) *Tira de contar*, que aglutina a diversos socios con diversas ventajas, pero que no es requisito imprescindible para poder vender en la "*Tira de contar*".

Este tipo de sociedades se regulan por el Real Decreto 1776/1981, de 3 de agosto[82], por el que se aprueba el Estatuto que regula las Sociedades Agrarias de Transformación. Se trata, como indica su artículo 1, de sociedades civiles de finalidad

---

Politècnica de València, Valencia, 2012, págs. 65 y sigs.; «Los contratos agrarios valencianos, la soberanía alimentaria y la pandemia», *Derecho y Realidad*, vol. 20, núm. 39, 2022, págs. 119 y sigs. Disponible en: https://revistas.uptc.edu.co/index.php/derecho_realidad/article/view/13282/12086 (Consultado el 4 de octubre de 2024).

82 BOE núm.194, de 14 de agosto de 1981. Véase también la Orden de 14 de septiembre de 1982, que desarrolla el Real Decreto 1776/1981, de 3 de agosto, por el que se aprueba el Estatuto que regula las Sociedades Agrarias de Transformación (BOE núm. 242, de 9 de octubre de 1982).

económico-social en orden a la producción, transformación y comercialización de productos agrícolas, ganaderos o forestales, la prestación de mejoras en el medio rural promoción y desarrollo agrarios y la prestación de servicios comunes que sirvan a aquella finalidad.

Gozan de personalidad jurídica y plena capacidad de obrar para el cumplimiento de su finalidad desde que se inscriban en el Registro General de SAT del Ministerio de Agricultura y Pesca.

Su patrimonio es independiente del de sus socios, y en cuanto al ámbito de responsabilidad, responderán de las deudas sociales el patrimonio social en primer lugar, y subsidiariamente los socios de forma mancomunada e ilimitada, salvo que en los estatutos se hubiera pactado su limitación de responsabilidad.

Este tipo societario forma parte de lo que se consideran como entidades de economía social, según indica el artículo 5 de la Ley 5/2011, de 29 de marzo, de Economía Social[83].

Se contemplan como productos a comercializar las operaciones de compraventa de productos para alimentación humana que sean hortofruecolas o transformados a partir de hortofruecolas siempre que la materia prima principal venga de producción propia.

La venta deberá ser necesariamente de productos producidos por los propios vendedores procedentes de explotaciones agrícolas declaradas oficialmente de conformidad con lo previsto en la Orden 13/2015, de 16 de marzo, de la Conselleria de Agricultura, Medio Ambiente, Cambio Climático y Desarrollo Rural, por la que se establece el procedimiento administrativo de inscripción en el Registro General de Producción Agríco-

---

[83] BOE núm. 76, de 30 de marzo de 2011.

la (REGEPA)[84] o registros equivalentes de otras Comunidades Autónomas.

Todo agricultor que presente y se le autorice un cultivo leñoso (árbol) no podrá comercializar antes de 3 meses esa producción, excepto que sea propietario o arrendatario presentando la documentación oficial acreditada por el registro, de la parcela en la que se cultiva dicho cultivo.

Como prohibiciones se indican: vender o intercambiar productos entre vendedores para su reventa; introducir mercancías en el interior de la nave durante el horario de venta; realizar operaciones de venta fuera del horario oficial; realizar operaciones de venta, almacenamiento y manipulación en espacios distintos, y utilizar tarimas por los vendedores que no estén agrupadas en la misma isla o islas colindantes.

Con la finalidad de fomentar los productos de proximidad de la Huerta, se creó en 2017, APHORTA, que es un etiquetado de dichos productos acreditativo de su responsabilidad medioambiental, así como de su procedencia: la Huerta de València. Se incorpora también una tarjeta de trazabilidad de los productos de la "*Tira de contar*" y con ello se dota de garantía al consumidor y al productor sobre las distintas fases del producto desde su recogida hasta la venta al público, conociéndose su origen y el punto de la venta del mismo. Constituye, pues, un instrumento muy válido para la seguridad alimentaria

Los beneficios del etiquetado Aphorta según el Consell Agrari Municipal de València[85]:

> «Aporta paisaje, entorno, medio ambiente;

---

[84] DOGV núm. 7503, de 13 de abril de 2015.

[85] CONSELL AGRARI DE VALÈNCIA: «Estrategia d'identificació de productes de proximitat», s.f. Disponible en: https://valencia.consellagrari.com/venda-directa/estrategia-daporta/ (Consultado el 12 de octubre de 2024).

Aporta reducción de emisiones contaminantes,
Aporta calidad, punto perfecto de maduración, frescor del producto;
Aporta consumo responsable y por lo tanto promueve la compra racional de frutas y verduras evitando el desaprovechamiento alimentario y contribuyendo a reducir residuos de envases;
Aporta valor. Al pequeño comercio de barrio, como fondo de sostenibilidad social, medioambiental y de la Huerta de València. Los mercados municipales y fruterías de barrio se convierten en los principales valedores para el producto de proximidad con grandes garantías. Y con ellas, Aphorta potencia/preserva el trato humano i próximo tan valioso del carácter mediterráneo».

1.3. La Huerta y su protección

La protección de la Huerta se contiene en la Ley 5/2018, de 6 de marzo, de la Huerta de València[86], en el Decreto 219/2018, de 30 de noviembre, del Consell, por el que se aprueba el Plan de acción territorial de ordenación y dinamización de la Huerta de València[87], y Decreto Ley 4/2025, de 4 de febrero, del Consell, de modificación de la Ley 5/2018, de 6 de marzo, de la Generalitat, de la Huerta de València, y del Decreto 219/2018, de 30 de noviembre, del Consell, por el que se aprueba el Plan de acción territorial de ordenación y dinamización de la Huerta de València[88].

La Huerta es un paisaje agrario relevante y singular del Mediterráneo, con un gran valor simbólico, y con una producción

---

86 BOE núm. 96, de 20 de abril de 2018. Véase: RAMÓN FERNÁNDEZ, F.: «La Huerta valenciana: propiedad, ordenación del territorio y protección», *Revista de Derecho Urbanístico y Medio Ambiente*, núm. 344, marzo 2021, págs. 109 y sigs.

87 DOGV núm. 8448, de 20 de diciembre de 2018.

88 DOGV núm. 10040, de 5 de febrero de 2025.

agrícola de proximidad, así como una gran importancia en el sector alimentario[89].

También una de las formas de protección con la idea de fomentar su conocimiento y mantenimiento de su entramado es el diseño de rutas turísticas.[90]

El ámbito de aplicación nos lo indica el Decreto 219/2018: suelo en situación básica rural dominado por el sistema de regadíos históricos de las Acequias del Tribunal de las Aguas de la Vega de València, la Real Acequia de Moncada, el Canal del Turia, Francos, Marjales y Extremales y las Huertas de elevado valor patrimonial ubicadas entre las poblaciones de Picanya, Paiporta, Torrent y Catarroja.

Esta norma se dicta en virtud de las competencias exclusivas de la Generalitat Valenciana en ordenación del territorio, urbanismo y vivienda, según establece el Estatuto de Autonomía.

La ya derogada Ley 5/2014, de 25 de julio, de ordenación del territorio, urbanismo y paisaje, de la Comunitat Valenciana[91] modificada por la Ley 1/2019, de 5 de febrero[92] mencionaba a la Huerta en su artículo 24, referente a la red primaria y estándar global de zonas verdes y parques públicos.

---

89 LULL NOGUERA, C., RAMÓN FERNÁNDEZ, F., GARCÍA-ESPAÑA SORIANO, L. y SORIANO SOTO, Mª. D.: «The role of agricultura in times of health crisis in Spain», *XVI European Society for Agronomy Congress. Smart agricultura for great human challenges*, Sevilla, 2020, págs. 140 y sig.

90 RAMÓN FERNÁNDEZ, F.: «La huerta valenciana y su revitalización como opción turística a través del diseño de rutas guiadas», *Espacios de ocio y deporte como dinamizadores turísticos. XVI Congreso Internacional de Turismo Universidad-Empresa*, Tirant lo Blanch, Valencia, 2013, págs. 345 y sigs.

91 BOE núm. 231, de 23 de septiembre de 2014.

92 BOE núm. 51, de 28 de febrero de 2019.

El actual vigente Decreto Legislativo 1/2021, de 18 de junio, del Consell de aprobación del texto refundido de la Ley de ordenación del territorio, urbanismo y paisaje[93] menciona

[93] DOGV núm. 9129, de 16 de julio de 2021. Modificado por Ley 7/2021, de 29 de diciembre, de medidas fiscales, de gestión administrativa y financiera y de organización de la Generalitat 2022 (BOE núm. 19, de 22 de enero de 2022); Decreto-ley 1/2022, de 22 de abril, del Consell, de medidas urgentes en respuesta a la emergencia energética y económica originada en la Comunitat Valenciana por la guerra en Ucrania (DOGV núm. 9323, de 22 de abril de 2022); Decreto-ley 4/2022, de 10 de junio, del Consell, por el que se modifica el texto refundido de la Ley de ordenación del territorio, urbanismo y paisaje, aprobado por el Decreto Legislativo 1/2021, de 18 de junio, del Consell (DOGV núm. 9360, de 13 de junio de 2022); Decreto-ley 8/2022, de 5 de agosto, del Consell, por el cual se modifica el texto refundido de la Ley de ordenación del territorio, urbanismo y paisaje, aprobado por el Decreto Legislativo 1/2021, de 18 de junio, del Consell (DOGV núm. 9405, de 16 de agosto de 2022); Decreto-ley 14/2022, de 24 de octubre, del Consell, por el que se modifica la Ley 13/1997, de 23 de diciembre, por la cual se regula el tramo autonómico del Impuesto sobre la Renta de las Personas Físicas y restantes tributos cedidos, para adecuar el gravamen del Impuesto sobre la Renta de las Personas Físicas y de otras figuras tributarias al impacto de la inflación (DOGV núm. 9458, de 27 de octubre de 2022); Ley 5/2022, de 29 de noviembre, de residuos y suelos contaminados para el fomento de la economía circular en la Comunitat Valenciana (DOGV núm. 9482, de 1 de diciembre de 2022); Ley 8/2022, de 29 de diciembre, de medidas fiscales, de gestión administrativa y financiera, y de organización de la Generalitat (BOE núm. 52, de 2 de marzo de 2023); Ley 3/2023, de 13 de abril, de viviendas colaborativas de la Comunitat Valenciana (BOE núm. 100, de 27 de abril de 2023); Decreto-ley 14/2023, de 19 de diciembre, del Consell, por el que se prorrogan las reducciones temporales de tarifas en los servicios públicos de transporte competencia de la Generalitat en 2024 por un periodo de seis meses, y se modifica el artículo 51.3. c), el apartado cuarto de la disposición adicional novena y la disposición transitoria vigesimocuarta del texto refundido de la Ley de ordenación del territorio, urbanismo y paisaje, aprobado

de forma específica en el mismo precepto 24 anteriormente referido a la Ley 5/2018.

La Huerta como espacio tiene un valor productivo, ambiental, cultural y se establece una planificación y dinamización para integrarla dentro de la participación social y evitar su desaparición.

Como supletorias se aplican las siguientes normas:

- Decreto 1/2011, de 13 de enero, del Consell, por el que se aprueba la Estrategia Territorial de la Comunitat Valenciana[94].
- Ley 45/2007, de 13 de diciembre, para el desarrollo sostenible del medio rural[95].
- Ley 35/2011, de 4 de octubre, sobre titularidad compartida de las explotaciones agrarias[96].

La Huerta como paisaje protegido tiene un gran significado por ser un paisaje agrario relevante y singular del Mediterráneo, sujeto a un régimen de protección y dinamización, en el que la recuperación del espacio es primordial para la pervivencia del

---

por el Decreto Legislativo 1/2021, de 18 de junio, del Consell, en relación con la tramitación de los proyectos territoriales estratégicos (PTE) y las DICS de regulación (DICR) (DOGV núm. 9751, de 22 de diciembre de 2023); Ley 7/2023, de 26 de diciembre, de medidas fiscales, de gestión administrativa y financiera, y de organización de la Generalitat (BOE núm. 38, de 13 de febrero de 2024); Decreto-ley 7/2024, de 9 de julio, del Consell, de simplificación administrativa de la Generalitat (DOGV núm. 9889, de 10 de julio de 2024) y Decreto-ley 8/2024, de 2 de agosto, del Consell, de modificación de la normativa reguladora de las viviendas de uso turístico (DOGV núm. 9910, de 7 de agosto de 2024).

94 DOCV núm. 6441 de 19 de enero de 2011.

95 BOE núm. 299, de 14 de diciembre de 2007.

96 BOE núm. 240, de 05 de octubre de 2011.

misma y el disfrute de generaciones futuras. Tiene un gran valor simbólico como representativo de una forma de vida y de especies autóctonas. Ha adquirido una dimensión internacional ya que la Huerta ha sido reconocida como patrimonio agrícola mundial por la Organización de las Naciones Unidas para la Alimentación y la Agricultura (FAO) que declaró el Regadío Histórico de l'Horta de València como Sistema Importante del Patrimonio Agrícola Mundial (SIPAM). Además, en la Huerta se desarrolla la producción agrícola de proximidad siendo el suelo de una alta capacidad agrológica y de un potencial edafológico reseñable. La importancia del sector alimentario vinculado a dicho espacio lo hacen único, y la existencia de la Huerta se vincula también a la existencia del Tribunal de las Aguas de la Vega de Valencia que si la Huerta desaparece, desaparecería el mismo. En los último años ha habido una disminución del espacio de la Huerta conllevando una reducción de la superficie de riego y de ahí la necesidad de proteger dicho espacio y también la protección del singular Tribunal.

Junto con el Tribunal de las Aguas de la Vega de Valencia recientemente se han reconocido otros tribunales de carácter consuetudinario por Ley Orgánica 10/2021, de 14 de diciembre, de modificación de la Ley Orgánica 6/1985, de 1 de julio, del Poder Judicial, para reconocer el carácter de tribunal consuetudinario y tradicional al Juzgado Privativo de Aguas de Orihuela (Alicante/Alacant) y Pueblos de su Marco y al Tribunal del Comuner del Rollet de Gràcia de l´Horta d´Aldaia.[97]

Los valores de la Huerta son los siguientes: un valor medioambiental y paisajístico; la diversidad de suelos dedicados a la agricultura (suelos fértiles originados por aportes recientes de sedimentos con una textura franca o franco arenosa; elevado contenido de materia orgánica y suelos agrícolas recar-

[97] BOE núm. 299, de 15 de diciembre de 2021.

bonatados por las aguas de escorrentía procedentes de los relieves calcáreos adyacentes y del material de origen calcáreo)[98].

La estructura de la Ley es la siguiente: 47 artículos; 8 capítulos; 3 disposiciones adicionales; 3 disposiciones transitorias y 2 disposiciones finales.

El capítulo 1 se ocupa de los objetivos de la Ley, la relevancia social y la actuación de los poderes públicos; el capítulo 2 regula los elementos que forman la Huerta de Valencia: suelo y personas, y la pervivencia de la Huerta para la protección del patrimonio inmaterial reconocido al Tribunal de las Aguas; capítulo 3 que establece la formulación y aprobación de un plan de acción territorial como el instrumento para que se adapten los planes urbanísticos de los municipios que integran la Huerta, así como el régimen del suelo; el capítulo 4 se dedica a la regulación del estado de abandono o infrautilización de parcelas agrarias que pueden ser cultivadas por un tercero; la regulación social de la propiedad; el mantenimiento de esas tierras en cultivo; el acceso de la propiedad; el sistema de arrendamiento forzoso de esos suelos a favor de un tercero que se dedique activamente a la agricultura o bien cesión al Consejo de la Huerta, con la expropiación del derecho de uso y aprovechamiento de las tierras, y el fomento de la mediación y acuerdo amistoso entre propietario y profesional cultivador;

---

98 RAMÓN, F., LULL, C., GARCÍA-ESPAÑA, L. y SORIANO, A.: «Legislación y caracterización de los suelos en los huertos urbanos en la ciudad de Valencia», *III Congreso Estatal de Huertos Ecológicos Urbanos y Periurbanos, "Ciudades que alimentan"*, Resúmenes, 18 y 19 de junio, Sociedad Española de Agricultura Ecológica/Sociedad Española de Agroecología (SEAE), Valencia, 2018, pág. 45; RAMÓN FERNÁNDEZ, F., LULL NOGUERA, C., SORIANO SOTO, Mª. D. y GARCÍA-ESPAÑA SORIANO, L.: «Role of soils in the context of the regulation of the Huerta de València», *XVI European Society for Agronomy Congress. Smart agricultura for great human challenges*, Sevilla, 2020, págs. 146 y sig.

el capítulo 5 establece la zonificación y clasificación del suelo; los nuevos instrumentos urbanísticos de recuperación de la Huerta, la rehabilitación de construcciones en mal estado, y el establecimiento de permitir una edificabilidad reducida; el capítulo 6 se contempla la creación del Consejo de la Huerta; la participación de las Administraciones Públicas y las funciones amplias desde gestión hasta apoyo y comercialización; el capítulo 7 se indica la definición de un plan de desarrollo agrario; la mejora de estructuras agrarias; la profesionalización de las explotaciones; el relevo generacional de los profesionales agrarios; la incentivación de las producciones de calidad; la mejora de los canales de comercialización, y el fomento de la diversificación de las renta agrarias; el capítulo 8 indica la regulación del inventario de explotaciones profesionales situadas en el ámbito de la Huerta; la inscripción en el Registro General de la Producción Agrícola; la disposición de superficie mínima; la regulación de bonificaciones en las transmisiones de fincas agrícolas a profesionales y empresas agrarias; la importancia de la huerta valenciana; la necesidad de protección de dicho espacio para su pervivencia; la consideración como espacio como identificativo de un territorio; la delimitación de dicho territorio: regado por las acequias del río Turia; la especulación urbanística y pérdida del territorio de cultivo (arrendamientos históricos valencianos), y la relevancia de la legislación para la protección del espacio.

La pervivencia de la Huerta de València es una condición necesaria para la protección del patrimonio inmaterial reconocido al Tribunal de las Aguas de la Vega de València, vinculado a la propia existencia de este espacio en óptimas condiciones productivas y ambientales. Junto con esta regulación también se aplica el Decreto 73/2006, de 26 de mayo, del Consell, por el que se declara Bien de Interés Cultural Inmaterial el Tribunal de las Aguas de la Vega de Valencia.[99] Extiende su protección a la huerta valenciana por ser el "escenario" en el que se realizan los riegos por parte de las acequias que forman parte del Tribunal de las Aguas, a través de los Síndicos que las representan.

La importancia de la Huerta también radica por representar a las acequias que nacen de siete azudes del Turia, ejemplo de la jurisdicción de riego, originario de la época musulmana.

Y también interesa mencionar el Decreto 148/2006, de 6 de octubre, del Consell, por el que se declaran Bienes de Interés Cultural, con la categoría de Monumento, los Azudes de las Acequias del Tribunal de las Aguas de Valencia y de la Real Acequia de Moncada, situados en Valencia, Paterna, Quart de Poblet y Manises así como se declara el Conjunto Histórico que forman los mismos.[100]

Así como el Decreto 133/2006, de 29 de septiembre, por el que se declara bien de interés cultural, con la categoría de monumento, el tramo histórico de la acequia de Mislata en Quart de Poblet.[101] Se indica la conformación del espacio geográfico de la huerta valenciana, el valor histórico y etnológico de la misma, el valor paisajístico, es el único tramo de acequia madre, que conserva su cajero original, la necesidad de conservación del entorno agrícola característico de la huerta valenciana, la pervivencia del sistema hidráulico, y que constituye un reducto de huerta que resta a la comunidad de regantes

La protección del espacio de la Huerta se realiza a través de medidas de revitalización del patrimonio rural y de la huerta valenciana: Plan de Acción Territorial de Protección de la Huerta, en el que se incluirá un catálogo de bienes y espacios rurales protegidos.

---

99 BOE núm. 224, de 19 de septiembre de 2006.

100 BOE núm. 309, de 27 de diciembre de 2006.

101 BOE núm. 275, de 17 de noviembre de 2006.

Comprenderá las edificaciones, construcciones y elementos de interés cuya alteración deba someterse a condiciones o limitaciones restrictivas, de acuerdo con la especial valoración que merezcan esos bienes.

El Decreto 219/2018 precisa que el paisaje valioso de la Huerta está amenazado de desaparecer. La actividad urbanística y la crisis de los precios de la producción agraria minan el mismo, por lo que se tiende al abandono de la Huerta, con la consiguiente reducción de la superficie y de sus elementos culturales y patrimoniales.

De hecho, las acequias que forman parte del Tribunal de las Aguas han visto reducido el perímetro de riego, y la zona regable ha desaparecido en algunos tramos.

La Huerta también se contempla en la normativa como un patrimonio protegido en sí. Esta protección se reconoce a bienes como de interés cultural, tanto materiales, en su categoría de monumentos, como inmateriales, como manifestaciones de la cultura valenciana.

Así, la regulación del patrimonio cultural valenciano se contiene en la Ley 4/1998, de 11 de junio, del patrimonio cultural valenciano.[102]

En la modificación de esta norma por Ley 9/2017 se incluyen los antiguos molinos de agua como bien de relevancia local, y se hace mención de la red de acequias: acequias madre, Rolls, files y regadoras, otros elementos de reparto y distribución de aguas como azudes, acueductos, caños y lenguas, molinos que aprovechan los caudales, aportes de agua de pozos y

---

[102] BOE núm. 174, de 22 de julio de 1998. Modificada por Ley 7/2004, de 19 de octubre (BOE núm. 279, de 19 de noviembre de 2004); por Ley 5/2007, de 9 de febrero (BOE núm. 71, de 23 de marzo de 2007) y por Ley 9/2017, de 7 de abril (BOE núm. 112, de 11 de mayo).

otras fuentes. El procedimiento para su declaración como bien de relevancia local se recoge en el Decreto 62/2011, de 20 de mayo, del Consell, por el que se regula el procedimiento de declaración y el régimen de protección de los bienes de relevancia local.[103]

El Decreto 219/2018 establece el plan de acción territorial, y considera a la Huerta como un espacio vivo, productivo, rentable y sostenible. Destaca la regulación de la denominada infraestructura verde de la Huerta.

El plan de acción para la protección del espacio de la Huerta consiste en establecer el espacio independientemente de su clasificación como suelo no urbanizable protegido y el establecimiento de usos y actividades diferentes en función de objetivos.

Se distingue la Huerta de protección especial grado 1 que abarca Valencia y municipios; Huerta de especial protección grado 2 que está constituida por la comarca de l´horta oest y Huerta de protección agrícola grado 3 que se extiende al sur del barranco de Torrent, Catarroja, l´Horta Sud y tramo medio y final de la Real Acequia de Moncada.

El Decreto 219/2018 establece una serie de actividades que se pueden realizar en la Huerta en las que se prioriza el uso agrario: rehabilitación de viviendas y edificaciones vinculadas a la agricultura, espacios gastronómicos, actividades hípicas y de cría de animales, huertos de ocio o sociales, alojamiento turístico rural, instalaciones y obras vinculadas con el sector agrario.

También se destaca al patrimonio arquitectónico que existe en la Huerta y que se menciona en la legislación de patrimonio cultural, por lo que se podrían proteger construcciones de habitación, resguardo y almacenamiento, entre otras y en particular: casas, alquerías y barracas de la huerta, construcciones

---

[103] DOGV núm. 6529, de 26 de mayo de 2011.

de actividades agrarias y complementarias, y construcciones religiosas como las cartujas, monasterios y ermitas.

Un ejemplo de construcción agraria lo constituyen los riurau. Estas construcciones están amenazadas de desaparecer y recientemente se ha protegido como bien de interés cultural una manifestación cultura que tiene como soporte estas construcciones a través del Decreto 120/2018, de 3 de agosto, del Consell, por el que se declara bien de interés cultural l'Escaldà, proceso de transformación de la uva moscatel en pasas.[104]

La Huerta también se vincula al denominado patrimonio etnológico que está constituido por aquellos bienes materiales vinculados a tradiciones y costumbres de la huerta, así como los calvarios, cruces, mojones de término y paneles cerámicos y chimeneas, los aperos y herramientas de labranza tradicionales.

El patrimonio inmaterial de la Huerta lo constituyen los jurados de riego, las manifestaciones folclóricas y las costumbres transmitidas oralmente teniendo en cuenta también la protección que establece la Ley 10/2015, de 26 de mayo, para la salvaguardia del patrimonio cultural inmaterial[105].

La Huerta también presenta un patrimonio natural excepcional destacando una flora, fauna y especies autóctonas, y también los espacios naturales protegidos. En este sentido, se aplicará la Ley 11/1994, de 27 de diciembre, de la Generalitat Valenciana, de Espacios Naturales Protegidos de la Comuni-

---

104 BOE núm. 226, de 18 de septiembre de 2018.

105 BOE núm. 126, de 27 de mayo de 2015.

dad Valenciana[106] y la Ley 3/2014, de 11 de julio, de la Generalitat, de Vías Pecuarias de la Comunitat Valenciana.[107]

La Huerta también se relaciona con la protección del patrimonio arbóreo monumental regulado por la Ley 4/2006, de 19 de mayo, de la Generalitat, de patrimonio arbóreo monumental de la Comunitat Valenciana[108], la Orden 22/2012, de 13 de noviembre, de la Conselleria de Infraestructuras, Territorio y Medio Ambiente, por la que se publica el catálogo de árboles monumentales y singulares de la Comunitat Valenciana[109] y Decreto 154/2018, de 21 de septiembre, del Consell, de desarrollo de la Ley 4/2006[110] en la que se trata de la protección de un patrimonio vivo que se puede encontrar en diferentes espa-

---

106 BOE núm. 33, de 08 de febrero de 1995. Modificada por Ley 7/2016, de 30 de septiembre, de reforma del artículo 15 de la Ley 11/1994 (BOE núm. 264, de 1 de noviembre de 2016).

107 BOE núm. 186, de 01 de agosto de 2014. Véase sobre esta norma: RAMÓN FERNÁNDEZ, F.: «Las vías pecuarias: aspectos en relación con el patrimonio, el urbanismo y el paisaje. Especial referencia a la Comunitat Valenciana», *Revista de Derecho Urbanístico y Medio Ambiente,* núm. 309, noviembre 2016, págs. 159 y sigs.

108 BOE núm. 154, de 29 de junio de 2006.

109 DOGV núm. 6909, de 23 de noviembre de 2012.

110 DOGV núm. 8393, de 28 de septiembre de 2018. Véase: RAMÓN FERNÁNDEZ, F.: «Aspectos jurídicos del Patrimonio Arbóreo Monumental», *La influencia del Derecho valenciano en las disciplinas tecnológicas,* RAMÓN FERNÁNDEZ, F. (Coord.), Tirant lo Blanch, Valencia, 2009, págs. 99 y sigs.; «La protección del patrimonio arbóreo monumental en la legislación española. Su aplicación al turismo y al paisaje», *Revista Ius et Praxis,* núm. 3, 2018, págs. 109 y sigs. Disponible en: http://www.revistaiepraxis.cl/index.php/iepraxis/article/view/1178/584 (Consultado el 12 de octubre de 2024); «Cambio climático y patrimonio arbóreo monumental: un paisaje cultural amenazado», *Revista PH. Instituto Andaluz de Patrimonio Histórico,* núm. 104, octubre 2021, págs. 400 y sigs. Disponible en: http://www.iaph.es/revistaph/index.php/revistaph/article/view/4961 (Consultado el 13 de octubre de 2024).

cios, como es el caso de la huerta valenciana, y son susceptibles de incluirse en rutas turísticas guiadas, por ser dignos de ser contemplados, por su belleza, rareza, dimensiones o peculiaridades morfológicas.

También se relaciona con la red de caminos y sendas históricas, las vías históricas de comunicaciones y vías pecuarias, los caminos rurales de acceso a la parcela, y las vías de comunicación con puntos de interés turístico, cultural o patrimonial.

Se mantiene la estructura parcelaria, ya que no se permitirá concentración de parcelas que alteren los elementos estructurales y patrimoniales de la Huerta.

El instrumento de ordenación de la Huerta incluirá un catálogo de protección de los bienes culturales de relevancia supralocal. Identificará y determinará su régimen de conservación y recuperación.

La actividad agraria en la Huerta se relaciona con los usos, actividades y procesos relacionados con la producción agropecuaria de la Huerta, y con el régimen contractual de los arrendamientos históricos valencianos a los que se les aplica la Ley 3/2013.

Se contempla la preparación de la tierra, cultivo, riego, recolección, transformación y comercialización, las acciones de formación para la actividad joven agraria, los planes de ejercicio de dicha actividad, y la cesión del uso de las tierras para favorecer la continuidad de la actividad en las fincas que dejen de ser explotadas por su titular.

Se regula el suelo agrario infrautilizado (SAI). Se produce en los casos en el que el suelo se encuentra en proceso de degradación porque no hay mantenimiento de la cubierta vegetal, falta de agricultura de conservación, o el suelo tiene unas malas prácticas agrarias con riesgo de incendio e invasión por hierbas o plagas, o suelos agrarios sin práctica relacionada con la producción y cultivo de productos, ya porque no se cultivan, ni están destinados a la cría, ni mantenimiento de animales.

Las opciones en caso de declaración de SAI son las siguientes, tal y como indica el artículo 27 de la Ley 5/2018, modificado por Decreto Ley 4/2025:

> «1. Cuando los servicios de inspección de la conselleria competente en materia de agricultura detecten en una inspección una parcela agraria infrautilizada, levantarán acta de inspección, informarán a su titular de las consecuencias del mantenimiento de la situación de suelo agrario infrautilizado y procederán a la declaración de suelo agrario infrautilizado, de acuerdo con lo que establece esta ley.
>
> 2. El procedimiento de declaración de suelo agrario infrautilizado respetará el derecho de los interesados a formular alegaciones y a la audiencia en los plazos que normativamente se establezcan, con indicación de que, en caso de no efectuar alegaciones en el plazo previsto sobre el contenido del acuerdo de declaración de suelo agrario infrautilizado, este podrá ser considerado propuesta de resolución.
>
> 3. La conselleria competente en materia de agricultura realizará el seguimiento de la utilización de las parcelas declaradas como infrautilizadas. Transcurrido el plazo de un año desde esta declaración y si se mantienen las circunstancias que le dieron lugar, se procederá a inscribirla en el inventario de suelo infrautilizado creado al efecto.
>
> 4. Una vez sustanciada la inscripción en el inventario de suelo infrautilizado previsto en el apartado anterior, se otorgará un plazo de un año para que el titular de la parcela elija alguna de las siguientes opciones:
>
> a) La realización de medidas correctoras, en los términos establecidos legalmente.
>
> b) La cesión temporal de la finca en favor de tercera persona, mediante cualquier negocio jurídico válido en derecho, en el que constará de manera expresa que la tercera persona se

> compromete a evitar la infrautilización del suelo, en los términos establecidos en el artículo 24.1 de esta ley.
>
> c) La incorporación de la parcela en el mecanismo de intermediación que solicite el titular del suelo para facilitar su uso agrario.
>
> d) La incorporación de la parcela a la iniciativa de gestión común que solicite el titular para facilitar la gestión de su uso.
>
> 5. Notificada la opción que se pretenda, esta deberá llevarse a cabo en el plazo de seis meses siguientes a la fecha en la que la decisión de la persona interesada haya entrado en el registro del órgano competente.
>
> 6. Transcurrido el plazo anterior sin haber optado el titular por ninguna opción, la conselleria competente en materia de agricultura podrá iniciar el procedimiento de declaración de incumplimiento de la función social del uso de la tierra previsto en el artículo 28».

La declaración de incumplimiento de la función social del uso de la tierra, según el artículo 28 de la Ley 5/2018, modificado por Decreto Ley 4/2025, determina la expropiación:

> «1. Transcurridos los plazos previstos en el artículo anterior, si se mantienen las circunstancias que motivaron la declaración de parcela o parcelas infrautilizadas, después de inscribirla en el inventario de suelo infrautilizado, la conselleria competente en materia de agricultura podrá iniciar el procedimiento para la declaración de incumplimiento de la función social del uso de la tierra, por su infrautilización. Esta declaración procederá en caso de que existan graves motivos de orden económico, social o ambiental que así lo exijan y el abandono total de la parcela se encuentre acreditado en el expediente.
>
> 2. El procedimiento para la declaración de incumplimiento de la función social del uso de la tierra, así como el derivado de esta declaración, se regirán por la legislación general sobre expropiación forzosa.

> 3. Reglamentariamente se establecerá el procedimiento para la licitación pública del uso del suelo con declaración de incumplimiento de la función social por ser un suelo agrario infrautilizado. Las bases de licitación del contrato de arrendamiento exigirán un compromiso de cultivo de las tierras arrendadas y fijarán los criterios de selección, en los que, además de la modalidad de contrato, precio y plazos del arrendamiento o cesión, se podrán tener en cuenta las mejoras de tipo agrario, ambiental o paisajístico que se tendrán que introducir en la explotación, así como cualquier otro criterio que considere la administración competente, en particular criterios sociales y que incrementen la presencia de las mujeres y personas jóvenes en las actividades de la huerta».

1.4. La agricultura, las tecnologías y la inteligencia artificial

El término Inteligencia Artificial (IA) fue acuñado por Marvin Minsky, en 1956, Conferencia de Darthmounth, y hace referencia a un sistema que permite realizar tareas repetitivas con mayor rapidez y facilidad que el cerebro humano, «capaz de impartir razonamiento y sentido común a las máquinas».

Se diferencias distintos tipos: a) sistemas inteligentes programados; b) los robots no autónomos; c) los robots autónomos y d) la inteligencia artificial.

La inteligencia artificial se tiene que basar en el control del ser humano (*human-in-command*), en unas condiciones de desarrollo responsable, seguro y útil. Es preciso la elaboración de un código deontológico, el desarrollo de un sistema de normalización para la verificación, validación y control de los sistemas de inteligencia artificial, así como el desarrollo y promoción de sistemas de inteligencia artificial de responsabilidad europea con certificación y etiquetado.

La Constitución española de 1978[111] no hace referencia a la inteligencia artificial, pero sí que se puede extraer la alusión a las tecnologías en algunos de los preceptos constitucionales. Por ejemplo, el artículo 18.4 cuando indica que la ley limitará el uso de la informática para garantizar el honor y la intimidad personal y familiar de los ciudadanos y el pleno ejercicio de sus derechos; el artículo 130 al aludir a la modernización y desarrollo de todos los sectores económicos y, en particular, de la agricultura, de la ganadería, de la pesca y de la artesanía, y el artículo 148.1. 7ª. cuando indica que las Comunidades Autónomas podrá asumir competencias en la agricultura y ganadería de acuerdo con la ordenación general de la economía.

Por su parte, el Estatuto de Autonomía de la Comunitat Valenciana establece en su artículo 49 que la Generalitat tiene competencia exclusiva, sin perjuicio de lo indicado en el artículo 149 de la Constitución Española, sobre agricultura, reforma y desarrollo agrario, y ganadería, y sobre el régimen de las nuevas tecnologías relacionadas con la sociedad de la información y del conocimiento.

La Resolución 501/VIII, sobre el apoyo a la Estrategia de Especialización Inteligente para la Investigación e Innovación en la Comunitat Valenciana (RIS3-CV), aprobada por el Pleno de Les Corts en la sesión del 15 de octubre de 2014[112] indica el apoyo a las estrategias que contribuyan a la transformación del modelo productivo desde la búsqueda y la innovación, y la Estrategia de Especialización Inteligente RIS3 de la Comunitat Valenciana como marco estratégico regional estable para las políticas de I+D+I e instrumento esencial para el desarrollo económico de la Comunitat.

111 BOE núm. 311, de 29 de diciembre de 1978.

112 BOC núm. 279, de 29 de octubre de 2014.

La Resolución 411/IX, sobre la creación de un sistema valenciano de inteligencia de mercado, aprobada por el Pleno de Les Corts en la sesión del día 15 de septiembre de 2016[113] indica la creación de un sistema valenciano de inteligencia de mercado, de ámbito internacional y de acceso gratuito para las empresas valencianas que quieran asumir el reto de la internacionalización, poniendo a la disposición de los usuarios estudios de mercado, información de inteligencia competitiva y otros tipos de informes comerciales que ayuden a la toma de decisiones de las empresas en sus procesos de internacionalización.

Resolución 1.446/IX, sobre el impulso de programas de inteligencia turística, innovadores y de base tecnológica, aprobada por el Pleno de Les Corts en la sesión del día 13 de septiembre de 2018[114] se relaciona con los denominados destinos turísticos inteligentes de la Comunitat Valenciana (DTI-CV) seguir impulsando los programas de inteligencia turística, innovadores y de base tecnológica, como los de destinos inteligentes, playas inteligentes, espacios naturales inteligentes y, concretamente, uno destinado a espacios rurales inteligentes que contribuya a potenciar el turismo rural inteligente, a la formación de empresarios, emprendedores y trabajadores de este ámbito, fomentando la colaboración público-privada.

La Estrategia de Inteligencia Artificial de la Comunitat Valenciana[115] indica que la IA es una tecnología estratégica que está produciendo cambios en todos los sectores. Por ello, es necesario que nos preguntemos, ¿cómo va a cambiar cada sector

---

113 BOC núm. 130, de 24 de noviembre de 2016.

114 BOC núm. 306, de 05 de octubre de 2018.

115 GENERALITAT VALENCIANA: *Estrategia de Inteligencia Artificial de la Comunitat Valenciana*, s/f. Disponible en: https://presidencia.gva.es/es/web/campanyes/inteligenciaartificialcv (Consultado el 13 de octubre de 2024).

y qué disrupciones provocará? En este escenario, será necesario preparar a la sociedad para esos cmabios.

Existen, como precisa la Estrategia, ya señales muy claras sobre disrupciones producidas por la IA en múltiples sectores muy relevantes para los valencianos y valencianas.

En el ámbito de agricultura precisa la Estrategia que:

> «Agricultura: algoritmos que analizan datos agrícolas y medioambientales y aprenden de ellos. Estas herramientas aceleran la toma de decisiiones y generan respuestas en cuestiones como el control de plagas, la agricultura de precisión, la viabilidad de las cosechas, la meteorología para optimizar cultivos, así como la preservación del medio natural y la regeneració de ecosistemas de cultivo sostenibles».

España Digital 2026 es la actualización de la estrategia lanzada en julio de 2020 como hoja de ruta de transformación digital del país. Desde su presentación, se ha aprobado el Plan de Recuperación de España, se han publicado ocho planes específicos para su despliegue, se han puesto en marcha los principales programas de inversión, a nivel nacional, autonómico y local, y se ha avanzado de forma decidida en las reformas estructurales.

Esta agenda consta de cerca de 50 medidas que se articulan en torno a diez ejes estratégicos y contempló iniciativas para impulsar la transformación digital en varios sectores estratégicos: agroalimentario, salud, movilidad, turismo y comercio. Los avances conseguidos hasta ahora están teniendo un impacto muy positivo, y el reto para 2026 es acelerar la doble transición verde y digital a través de los PERTE y consolidar con ello transformaciones estructurales, sostenibles y perdurable sobre el conjunto de la economía y la sociedad.

La Estrategia de Inteligencia Artificial 2024[116] establece misiones I+D+i en inteligencia artificial, cuyo objetivo es desarrollar proyectos estratégicos en las áreas de salud, agricultura y energía a través de la IA.

Desde la agricultura hasta la educación, es crucial desarrollar marcos de acción, ejecución y difusión flexibles pero sólidos que promuevan la innovación mientras protegen los derechos y valores fundamentales, aseguran la transparencia y permiten el desarrollo de una sociedad cada vez más equitativa.

La Carta de Derechos Digitales de 2021[117] en el apartado XXV referente a los «Derechos ante la inteligencia artificial» dispone lo siguiente:

> «1. La inteligencia artificial deberá asegurar un enfoque centrado en la persona y su inalienable dignidad, perseguirá el bien común y asegurará cumplir con el principio de no maleficencia.
>
> 2. En el desarrollo y ciclo de vida de los sistemas de inteligencia artificial:
>
> a) Se deberá garantizar el derecho a la no discriminación cualquiera que fuera su origen, causa o naturaleza, en relación con las decisiones, uso de datos y procesos basados en inteligencia artificial.
>
> b) Se establecerán condiciones de transparencia, auditabilidad, explicabilidad, trazabilidad, supervisión humana y go-

---

116 GOBIERNO DE ESPAÑA: *Estrategia de Inteligencia Artificial*, Madrid, 2024. Disponible en: https://portal.mineco.gob.es/es-es/digitalizacionIA/Documents/Estrategia_IA_2024.pdf (Consultado el 13 de octubre de 2024).

117 GOBIERNO DE ESPAÑA: *Carta de Derechos Digitales*, Madrid, 2021. Disponible en. https://www.lamoncloa.gob.es/presidente/actividades/Documents/2021/140721-Carta_Derechos_Digitales_RedEs.pdf (Consultado el 13 de octubre de 2024).

bernanza. En todo caso, la información facilitada deberá ser accesible y comprensible.

c) Deberán garantizarse la accesibilidad, usabilidad y fiabilidad.

3. Las personas tienen derecho a solicitar una supervisión e intervención humana y a impugnar las decisiones automatizadas tomadas por sistemas de inteligencia artificial que produzcan efectos en su esfera personal y patrimonial».

La Resolución del Parlamento Europeo, de 20 de octubre de 2020, con recomendaciones destinadas a la Comisión sobre un régimen de responsabilidad civil en materia de inteligencia artificial [2020/2014 (INL)][118] y la Resolución del Parlamento Europeo, de 20 de octubre de 2020, con recomendaciones destinadas a la Comisión sobre un marco de los aspectos éticos de la inteligencia artificial, la robótica y las tecnologías conexas (2020/2012 (INL)[119] establecen una serie de recomendaciones aplicables al ámbito de la seguridad, transparencia y rendición de cuentas, la aplicación de la igualdad en la prevención de la discriminación automatizada, responsabilidad por daños, imputabilidad, adaptabilidad para la adecuación del régimen de responsabilidad civil a los sistemas de IA de alto riesgo y de riesgo normal, estableciendo una cobertura preventiva.

La Resolución legislativa del Parlamento Europeo, de 13 de marzo de 2024, sobre la propuesta de Reglamento del Parlamento Europeo y del Consejo por el que se establecen normas armonizadas en materia de inteligencia artificial (Ley de Inteligencia Artificial) y se modifican

---

118 DOUE C 404/107, de 6 de octubre de 2021.

119 Disponible en: https://www.europarl.europa.eu/doceo/document/TA-9-2020-0275_ES.html#title1 (Consultado el 14 de octubre de 2024).

determinadosactoslegislativosdelaUnión (COM(2021)0206 – C9-0146/2021–2021/0106(COD)) [120] precisó que el uso de la IA puede proporcionar ventajas competitivas esenciales a las empresas y facilitar la obtención de resultados positivos desde el punto de vista social y medioambiental en los ámbitos de la asistencia sanitaria, la agricultura, la seguridad alimentaria, la educación y la formación, los medios de comunicación, el deporte, la cultura, la gestión de infraestructuras, la energía, el transporte y la logística, los servicios públicos, la seguridad, la justicia, la eficiencia de los recursos y la energía, el seguimiento ambiental, la conservación y restauración de la biodiversidad y los ecosistemas, y la mitigación del cambio climático y la adaptación a él, entre otros, al mejorar la predicción, optimizar las operaciones y la asignación de los recursos, y personalizar las soluciones digitales que se encuentran a disposición de la población y las organizaciones.

La inteligencia artificial (IA) es un conjunto de tecnologías de rápida evolución que puede generar un amplio abanico de beneficios económicos y sociales en todos los sectores y las actividades sociales.

Mediante la mejora de la predicción, la optimización de las operaciones y de la asignación de los recursos y la personalización de la prestación de servicios, la inteligencia artificial puede facilitar la consecución de resultados positivos desde el punto de vista social y medioambiental, así como proporcionar ventajas competitivas esenciales a las empresas y la economía europea.

Esto es especialmente necesario en sectores de gran impacto como el cambio climático, el medio ambiente y la salud, el

---

[120] Disponible en: https://www.europarl.europa.eu/RegData/seance_pleniere/textes_adoptes/definitif/2024/03-13/0138/P9_TA(2024)0138_ES.pdf (Consultado el 14 de octubre de 2024).

sector público, las finanzas, la movilidad, los asuntos internos y la agricultura.

El Código de conducta de la Unión Europea sobre el intercambio de datos agrarios por acuerdo contractual[121] establece las pautas a tener en cuenta sobre la atribución de los derechos subyacentes para derivar datos (también designada como propiedad de los datos), el acceso a los datos, control y portabilidad, la protección de los datos y la transparencia, la privacidad y seguridad, y la responsabilidad y derechos de propiedad intelectual.

La Inteligencia artificial, robótica, el blockchain, los drones, la informática de alto rendimiento o la internet de las cosas, se pueden utilizar y de hecho se utilizan para incrementar la eficiencia de la agricultura, y en definitiva en potenciar la sostenibilidad y la seguridad y garantía de los productos.

La modernización del sector agrícola pasa por su informatización, adaptando los aperos de labranza, y la maquinaria a la inteligencia artificial para poder controlar y aprovechar sin desperdicio el cultivo.[122]

---

121 UNIÓN EUROPEA: *Código de conducta de la Unión Europea sobre el intercambio de datos agrarios por acuerdo contractual*, s/f. Disponible en: https://www.cema-agri.org/images/publications/brochures/EU_Code_of_conduct_2019_Spanish_version.PDF (Consultado el 14 de octubre de 2024).

122 RAMÓN FERNÁNDEZ, F.: «Inteligencia artificial y agricultura: nuevos retos en el sector agrario», *Revista Campo Jurídico. Revista de Direito Agroambiental e Teoria do Direito, de Brasil*, vol. 2, núm. 2, julio-diciembre 2020, págs. 123 y sigs. Disponible en: https://riunet.upv.es/bitstream/handle/10251/160975/Ramón%20-%20Inteligencia%20artificial%20y%20agricultura%3a%20nuevos%20retos%20en%20el%20sector%20agrario.pdf?sequence=1&isAllowed=y (Consultado el 4 de octubre de 2024); «Inteligencia artificial y agricultura: nuevos retos en el sector agrario», *Revista FOCO. Journal of Business Studies and Law (JBS)*, vol. 13, núm. 1, 2020, págs. 1 y sigs. Véase

Ello, además, supone un incentivo para el agricultor joven que puede ver en la agricultura inteligente un medio de vida más avanzado que el de sus ancestros, y un rendimiento óptimo de la cosecha, sirviéndose de las TICs, en definitiva de algoritmos y métodos matemáticos de previsión del comportamiento de una actividad.

La Comunicación de la Comisión al Parlamento Europeo, al Consejo, al Comité Económico y social europeo y al Comité de las regiones relativa a la revisión intermedia de la aplicación de la Estrategia para el Mercado Único Digital Un mercado único digital conectado para todos (COM/2017/0228 final)[123] indica como ejemplo de datos no personales en relación con el ámbito agrario: registros fiscales, como facturas, documentos contables o documentos justificantes del registro de una empresa, los datos sobre agricultura de precisión (que ayudan a supervisar y optimizar el uso de plaguicidas, nutrientes y agua) o los proporcionados por sensores[124] que comunican los datos que registran, como la temperatura o las condiciones del viento, por ejemplo en las turbinas eólicas, o los datos sobre las necesidades de mantenimiento de los robots industriales, por ejemplo cuando se quedan sin pintura .

El Libro Blanco sobre la inteligencia artificial-un enfoque europeo orientado a la excelencia y la confianza de 19 de fe-

---

también: BARRIO ANDRÉS, M.: «Hacia una personalidad electrónica para los robots», *Revista de Derecho privado,* 2018, págs. 89 y sigs.; Internet de las cosas, Editorial Reus, Madrid, 2018.

[123] Disponible en: https://eur-lex.europa.eu/resource.html?uri=cellar:a4215207-362b-11e7-a08e-01aa75ed71a1.0005.02/DOC_1&format=PDF (Consultado el 14 de octubre de 2024).

[124] GARCÍA-ESPAÑA SORIANO, L., LULL NOGUERA, C., SORIANO SOTO, Mª. D. y RAMÓN FERNÁNDEZ, F.: «Ciencia de datos en sensores de humedad y drones. Bases en agricultura de precisión», *Los nuevos retos de los Derechos Digitales,* RAMÓN FERNÁNDEZ, F. (Coord.), Tirant lo Blanch, Valencia, 2022, págs. 93 y sigs.

brero de 2020 COM(2020) 65 final [125] señala que los avances en inteligencia artificial y sus sucesivas modificaciones con la evolución de la investigación mejorarán distintos ámbitos, como el sanitario y también aumentará la «eficiencia de la agricultura» con una mitigación del cambio climático, y su adaptación, además de mejorar «la eficiencia de los sistemas de producción a través de un mantenimiento predictivo».

La Estrategia de digitalización del sector agroalimentario y forestal y del medio natural del Ministerio de Agricultura, Pesca y Alimentación[126] mediante la cual se definen las líneas y medidas para la transformación digital de los sectores implicados.

Su objetivo, tal y como indica el documento, es «buscar la eliminación o reducción de las barreras técnicas, legislativas, económicas y formativas existentes en la actualidad, contribuyendo así al liderazgo de un sector agroalimentario sostenible económica, social y medioambientalmente, y al poblamiento activo del medio rural haciéndolo un lugar más atractivo, vivo, dinámico y diversificado, generador de riqueza y de empleo de calidad, con especial atención a jóvenes y mujeres».

Indica que se ha avanzado en la adaptación y el uso, a unos costes asumibles por parte del sector, de tecnologías como la navegación global, los drones, los sensores y los robots.

---

[125] UNIÓN EUROPEA: *Libro Blanco sobre la inteligencia artificial-un enfoque europeo orientado a la excelencia y la confianza de 19 de febrero de 2020 COM(2020) 65 final.* Disponible en: https://commission.europa.eu/document/download/d2ec4039-c5be-423a-81ef-b9e44e79825b_es?filename= (Consultado el 14 de octubre de 2024).

[126] MINISTERIO DE AGRICULTURA, PESCA Y ALIMENTACIÓN: *Estrategia de digitalización del sector agroalimentario y forestal y del medio natural.* Disponible en: https://www.mapa.gob.es/es/ministerio/planes-estrategias/estrategia-digitalizacion-sector-agroalimentario/ (Consultado el 16 de octubre de 2024).

El II Plan de acción 20121-2023 Estrategia de digitalización del sector agroalimentario y forestal y del medio rural[127] del Ministerio de Agricultura, Pesca y Alimentación de España recoge las actuaciones para desarrollar durante el periodo 2021-2023 para implementar la Estrategia de Digitalización del sector agroalimentario y forestal y del medio natural.

Menciona la observación por satélite, la agricultura de precisión, los servicios de geolocalización, maquinaria agrícola autónoma, y los drones.

La Ley 7/2021, de 20 de mayo, de cambio climático y transición energética[128], en su artículo 6 referente a la digitalización para la descarbonización de la economía, indica emplear el potencial de nuevas tecnologías, como la Inteligencia Artificial, para transitar hacia una economía verde, incluyéndose, entre otros aspectos, el diseño de algoritmos energéticamente eficientes por diseño.

La relación con el ODS 2 Hambre cero se plasma en la indicación de que para 2030, asegurar la sostenibilidad de los sistemas de producción de alimentos y aplicar prácticas agrícolas resilientes que aumenten la productividad y la producción, contribuyan al mantenimiento de los ecosistemas, fortalezcan la capacidad de adaptación al cambio climático, los fenómenos meteorológicos extremos, las sequías, las inundaciones y otros desastres, y mejoren progresivamente la calidad del suelo y la tierra.

---

127 MINISTERIO DE AGRICULTURA, PESCA Y ALIMENTACIÓN: *II Plan de acción 20121-2023 Estrategia de digitalización del sector agroalimentario y forestal y del medio rural.* Disponible en: https://www.mapa.gob.es/es/ministerio/planes-estrategias/estrategia-digitalizacion-sector-agroalimentario/ii-plan-accion-estrategia-digitalizacion-2021-2023_tcm30-583049.pdf (Consultado el 16 de octubre de 2024).

128 BOE núm. 121, de 21 de mayo de 2021.

La inteligencia artificial puede ser un instrumento coadyuvante a alcanzar el ODS 2, y los drones.

La Resolución del Parlamento Europeo, de 14 de marzo de 2017, sobre las implicaciones de los macrodatos en los derechos fundamentales: privacidad, protección de datos, no discriminación, seguridad y aplicación de la ley [2016/2225(INI)] [129]se refiere a recopilación, análisis y acumulación constante de grandes cantidades de datos incluidos datos personales, procedentes de diferentes fuentes y objeto de un tratamiento automatizado mediante algoritmos informáticos y avanzadas técnicas de tratamiento de datos, utilizando tanto datos almacenados como datos transmitidos en flujo continuo, con el fin de generar correlaciones, tendencias y patrones (analítica de macrodatos).[130]

Estos macrodatos se pueden utilizar tras la recogida de los mismos en dispositivos de inteligencia artificial para predecir acontecimientos: por ejemplo, futuras inclemencias meteorológicas que puedan afectar a los cultivos, o plagas o alteraciones del suelo por contaminación.

Esta nueva revolución tecnológica, la revolución inteligente se aplica al campo, a la agricultura, siendo distintos los usos que nos podemos encontrar: el agricultor ya no va a limitarse a

---

129 DO C 263 de 25 de julio de 2018.

130 MASSENO, M. D.: «Los datos no personales en las nuevas reglas europeas y su relevancia para los agricultores-Una guía para el estudio», *Marco Jurídico de la Ciencia de Datos*, RAMÓN FERNÁNDEZ, F. (Coord.), Tirant lo Blanch, Valencia, 2020, págs. 301 y sigs.; RAMÓN FERNÁNDEZ, F.: «La aplicación de la inteligencia artificial en la agricultura: perspectiva estatutaria y en relación a la protección de datos», *Un estudio sobre el Estado Autonómico. Propuestas de mejora para el tercer decenio del siglo XXI*, Tirant lo Blanch, Valencia, 2023, págs. 139 y sigs.

explotar sin servirse de las herramientas tecnológicas, sino que va a ir más allá.

La Resolución del Parlamento Europeo, de 3 de mayo de 2022, sobre la inteligencia artificial en la era digital (2020/2266(INI))[131] impulsa la inteligencia artificial verde, destaca el papel transformador en el sector agrícola, así como nuevos métodos de recolección, predicción de cosechas y gestión de recursos agrícolas, la reducción de las emisiones y el uso de pesticidas, fertilizantes, productos químicos y agua, la restauración de la biodiversidad, el seguimiento actividades de deforestación, la optimización en la producción de alimentos, la instalación de sensores en el campo, la parametración del terreno, la programación de las horas e intensidad del riesgo utilizando algoritmos que controle los tiempos y cantidad de agua y fertilizante, así como la utilización de drones para la obtención de datos supone una modernización de la agricultura mediante su informatización, la optimización del cultivo y evitación del desperdicio de la cosecha, y el alivio en la carga del trabajo del agricultor/a.

Los drones que inicialmente se utilizaran para usos recreativos se han posicionado como un instrumento o herramienta en aras de una mejora de distintos espacios, como puede ser el agrario.[132]

La aplicación de los drones en el ámbito de la agricultura tiene diversos usos y funciones, tanto en el caso de la teledetección aerotransportada en la agricultura de precisión, como

---

131 Disponible en: https://www.europarl.europa.eu/doceo/document/TA-9-2022-0140_ES.pdf (Consultado el 16 de octubre de 2024).

132 RAMÓN FERNÁNDEZ, F.: *Régimen jurídico de los drones: inteligencia artificial, responsabilidad, usos y conflictos*, Aranzadi Thomson Reuters, Cizur Menor, 2024.

también para incrementar la eficiencia de los cultivos, y para la gestión de los regadíos.

La Comunicación de la Comisión al Parlamento Europeo, al Consejo, al Comité Económico y Social Europeo y al Comité de las Regiones, Brújula Digital 2030: el enfoque de Europa para el Decenio Digital, de 9 de marzo de 2021 COM/2021/118 final[133] incide en la importancia de la agricultura inteligente, la utilización de tecnologías y capacidad de vanguardia próxima al usuario y conectada a la maquinaria en las explotaciones agrícolas que permite recopilar datos de forma instantánea, prestar servicios avanzados a los agricultores, predicción de las cosechas, gestión de las explotaciones y optimización de las cadenas de suministro de alimentos, el aumento del rendimiento en materia de sostenibilidad y competitividad del sector, y la reducción de las emisiones de gases de efecto invernadero y el uso de plaguicidas.

La reciente normativa aplicable a los drones es el Real Decreto 517/2024, de 4 de junio, por el que se desarrolla el régimen jurídico para la utilización civil de sistemas de aeronaves no tripuladas (UAS),y se modifican diversas normas reglamentarias en materia de control a la importación de determinados productos respecto a las normas aplicables en materia de seguridad de los productos; demostraciones aéreas civiles; lucha contra incendios y búsqueda y salvamento y requisitos en materia de aeronavegabilidad y licencias para otras actividades aeronáuticas; matriculación de aeronaves civiles; compatibilidad electromagnética de los equipos eléctricos y electrónicos; Reglamento del aire y disposiciones operativas comunes para

---

133 Disponible en: https://eur-lex.europa.eu/resource.html?uri=cellar:12e835e2-81af-11eb-9ac9-01aa75ed71a1.0022.02/DOC_1&format=PDF (Consultado el 16 de octubre de 2024).

los servicios y procedimientos de navegación aérea; y notificación de sucesos de la aviación civil[134].

Tenemos que hacer referencia a los siguientes intrumentos respecto a los datos personales y no personales y la inteligencia artificial:

a) Resolución de 25 de marzo de 2021, sobre una Estrategia Europea de Datos (2020/2217(INI))[135] que establece el apoyo a la intención de la Comisión de promover el desarrollo de nueve espacios comunes europeos de datos para la industria (manufacturera), el Pacto Verde, la movilidad, la salud, las finanzas, la energía, la agricultura, la administración pública y las capacidades; pide que se desarrollen urgentemente; respalda la posibilidad de ampliar el concepto de espacios comunes europeos de datos a otros sectores.

b) La Comunicación de la Comisión al Parlamento Europeo, al Consejo, al Comité Económico y Social Europeo y al Comité de las Regiones Brújula Digital 2030: el enfoque de Europa para el Decenio Digital Bruselas, de 9 de marzo de 2021 COM(2021) 118 final[136] en la que se hace referencia a Las tecnologías digitales pueden contribuir significativamente a la consecución de los objetivos del Pacto Verde Europeo. La adopción de soluciones digitales y el uso de datos contribuirán a la transición hacia una economía climáticamente neutra, circular y más resiliente. La sustitución de los viajes de negocios por videoconferencia reduce las emisiones, mientras que las

134 BOE núm. 136, de 05 de junio de 2024.

135 DO C 494 de 8 de diciembre de 2021.

136 Disponible en: https://eur-lex.europa.eu/legal-content/ES/TXT/HTML/?uri=CELEX:52021DC0118 (Consultado el 20 de octubre de 2024).

tecnologías digitales permiten procesos más ecológicos en la agricultura, la energía, los edificios, la industria o la planificación y los servicios urbanos, contribuyendo así al objetivo propuesto por Europa de reducir las emisiones de gases de efecto invernadero en al menos un 55 % de aquí a 2030 y de proteger mejor nuestro medio ambiente. Las propias infraestructuras y tecnologías digitales tendrán que ser más sostenibles y eficientes desde el punto de vista energético y de los recursos. Con innovación y unas normas ecológicas ambiciosas, las empresas, en su transformación digital, podrán adoptar tecnologías digitales con menor huella medioambiental y mayor eficiencia energética y material.

En la «agricultura inteligente», en la que el despliegue de una capacidad de vanguardia próxima al usuario y conectada a la maquinaria en las explotaciones agrícolas permitirá recopilar instantáneamente datos, prestar servicios avanzados a los agricultores, como la predicción de cosechas o la gestión de las explotaciones, y optimizar las cadenas de suministro de alimentos.

En la agricultura, las tecnologías agrícolas digitales pueden permitir al sector agrícola producir más a medida y de manera más eficiente, aumentando así el rendimiento en materia de sostenibilidad y la competitividad del sector. La agricultura se considera un sector clave, en el que las soluciones digitales pueden ayudar a reducir las emisiones mundiales de gases de efecto invernadero y el uso de plaguicidas.

c) El Reglamento (UE) 2016/679 del Parlamento Europeo y del Consejo de 27 de abril de 2016 relativo a la protección de las personas físicas en lo que respecta al tratamiento de datos personales y a la libre circulación de estos datos y por el que se deroga la Directiva 95/46/CE (Reglamento general de protección de datos).[137]

d) La Ley Orgánica 3/2018, de 5 de diciembre, de Protección de Datos Personales y garantía de los derechos digitales.[138]

e) El Reglamento (UE) 2018/1807 del Parlamento Europeo y del Consejo de 14 de noviembre de 2018 relativo a un marco para la libre circulación de datos no personales en la Unión Europea[139] que menciona La expansión del «internet de las cosas», la inteligencia artificial y el aprendizaje automático representan las principales fuentes de datos no personales, por ejemplo como resultado de su despliegue en procesos de producción industrial automatizada. Entre los ejemplos específicos de datos no personales se encuentran los conjuntos de datos agregados y anonimizados utilizados para análisis de datos a gran escala, los datos sobre agricultura de precisión que pueden ayudar a controlar y optimizar la utilización de plaguicidas y de agua, o los datos sobre las necesidades de mantenimiento de máquinas industriales. Si los avances tecnológicos hicieran posible transformar datos anónimos en datos personales, dichos datos se deben tratar como datos personales y, en consecuencia, se debe aplicar el Reglamento (UE) 2016/679.

Especialmente hacemos mención de las siguientes normas:

1. El Reglamento (UE) 2022/868 del Parlamento Europeo y del Consejo de 30 de mayo de 2022 relativo a la gobernanza europea de datos y por el que se modifica el Reglamento (UE)

---

137 DOUE L 119, de 4 de mayo de 2016.

138 BOE núm. 294, de 6 de diciembre de 2018.

139 DOUE L 303 de 28 de noviembre de 2018.

2018/1724 (Reglamento de Gobernanza de Datos)[140] indica que:

> «Además, la Comisión instaba al flujo libre y seguro de datos con terceros países, con sujeción a las excepciones y restricciones en materia de seguridad pública, orden público y otros objetivos legítimos de política pública de la Unión, en consonancia con sus obligaciones internacionales, también en materia de derechos fundamentales. A fin de hacer realidad esta visión, la Comisión propuso crear espacios comunes europeos de datos en ámbitos específicos para el intercambio de datos y su puesta en común. Tal como se propone en la Estrategia Europea de Datos, esos espacios comunes europeos de datos pueden abarcar ámbitos como la salud, la movilidad, la producción industrial, los servicios financieros, la energía o la agricultura, o una combinación de esos ámbitos, como, por ejemplo, la energía y el clima, así como áreas temáticas como el Pacto Verde Europeo, los espacios europeos de datos para la administración pública o las capacidades. Los espacios comunes europeos de datos deben hacer que los datos sean fáciles de encontrar, accesibles, interoperables y reutilizables («principios FAIR»), y garantizar, al mismo tiempo, un alto nivel de ciberseguridad. Cuando existen unas condiciones de competencia equitativas en la economía de los datos, las empresas compiten en la calidad de los servicios que ofrecen y no en la cantidad de datos que controlan. Para poder concebir, establecer y mantener unas condiciones de competencia equitativas en la economía de los datos es necesario contar con unas buenas bases de gobernanza, en la que las partes interesadas de un espacio común europeo de datos participen y estén representadas».

2. El Reglamento (UE) 2023/2854 del Parlamento Europeo y del Consejo, de 13 de diciembre de 2023, sobre normas armonizadas para un acceso justo a los datos y su utilización, y por el que se modifican el Reglamento (UE) 2017/2394 y la

[140] DOUE núm. 152, de 3 de junio de 2022.

Directiva (UE) 2020/1828 (Reglamento de Datos)[141] determina respecto al ámbito agrario:

> «En los sectores caracterizados por la concentración de un pequeño número de fabricantes que abastecen de productos conectados a los usuarios finales, los usuarios pueden disponer únicamente de opciones limitadas en lo que respecta al acceso a los datos y a la utilización e intercambio de estos. En tales circunstancias, los contratos pueden resultar insuficientes para alcanzar el objetivo de la capacitación de los usuarios, lo que dificulta a los usuarios obtener valor a partir de los datos generados por el producto conectado que compran, alquilan o arriendan. Por consiguiente, existe un potencial limitado para que las pequeñas empresas innovadoras ofrezcan soluciones basadas en datos de manera competitiva y para alcanzar en la Unión una economía diversa de los datos. Por lo tanto, el presente Reglamento debe basarse en los últimos avances en sectores específicos, como el Código de conducta sobre el intercambio de datos agrarios mediante contrato. Pueden adoptarse disposiciones de Derecho de la Unión o nacional para regular las necesidades y objetivos específicos del sector. Además, los titulares de datos no deben utilizar ningún dato fácilmente disponible que constituya un dato no personal, con el fin de obtener información sobre la situación económica del usuario, sus activos o sus métodos de producción o sobre ese uso por el usuario de cualquier otra manera que pueda socavar la posición comercial del usuario en los mercados en los que opera. Esto podría incluir el uso de la información sobre el rendimiento global de una empresa, o de una explotación agraria, en las negociaciones contractuales con el usuario sobre la posible compra de los productos, o de los productos agrícolas, del usuario en su propio detrimento, o para alimentar bases de datos más amplias de determinados mercados —por ejemplo, las bases de datos sobre el rendimiento de los cultivos para la próxima temporada de cosecha—, ya que tal uso podría afectar negativamente al usuario de manera indirecta. El usuario debe disponer de la interfaz técnica necesaria para gestionar los permisos, preferiblemente con opciones de permiso detalladas (como «permitir una vez» o «permitir cuando se utilice

[141] DOUE núm. 2854, de 22 de diciembre de 2023.

esta aplicación o servicio»), incluida la opción de retirar tal permiso».

3. El Reglamento (UE) 2024/1689 del Parlamento Europeo y del Consejo, de 13 de junio de 2024, por el que se establecen normas armonizadas en materia de inteligencia artificial y por el que se modifican los Reglamento (CE) núm. 300/2008, (UE) núm. 167/2013, (UE) núm. 168/2013, (UE) 2018/858, (UE) 2018/1139 y (UE) 2019/2144 y las Directivas 2014/90/UE, (UE) 2016/797 y (UE) 2020/1828 (Reglamento de Inteligencia Artificial) [142] hace referencia a los anteriores Reglamento (UE) 2022/868 y (UE) 2023/2854 preceptuando que:

«A fin de acelerar el proceso de desarrollo e introducción en el mercado de los sistemas de IA de alto riesgo enumerados en un anexo del presente Reglamento, es importante que los proveedores o proveedores potenciales de dichos sistemas también puedan beneficiarse de un régimen específico para probar dichos sistemas en condiciones reales, sin participar en un espacio controlado de pruebas para la IA. No obstante, en tales casos, teniendo en cuenta las posibles consecuencias de dichas pruebas para las personas físicas, debe garantizarse que el Reglamento establezca garantías y condiciones adecuadas y suficientes para los proveedores o proveedores potenciales. Estas garantías deben incluir, entre otras cosas, la solicitud del consentimiento informado de las personas físicas para participar en pruebas en condiciones reales, salvo en lo que respecta a la garantía del cumplimiento del Derecho cuando intentar obtener el consentimiento informado impediría que se probara

---

142 DOUE núm. 1689, de 12 de julio de 2024. Cfr. SANTOS GONZÁLEZ, M. J.: «Regulación legal de la robótica y la inteligencia artificial: retos de futuro», *Revista Jurídica de la Universidad de León*, núm. 4, 2017, págs. 25 y sigs.; TAPIA HERMIDA, A. J.: «Decálogo de la inteligencia artificial ética y responsable en la Unión Europea», *Diario La Ley*, 23 noviembre 2020. Sobre el proyecto se puede consultar: FERNÁNDEZ HERNÁNDEZ, C.: «Proyecto de Reglamento Europeo sobre Inteligencia Artificial», *Diario La Ley*, 16 de abril, 2021, págs. 1 y sigs.

el sistema de IA. El consentimiento de los sujetos para participar en tales pruebas en virtud del presente Reglamento es distinto del consentimiento de los interesados para el tratamiento de sus datos personales con arreglo al Derecho pertinente en materia de protección de datos y se entiende sin perjuicio de este. También es importante reducir al mínimo los riesgos y permitir la supervisión por parte de las autoridades competentes y, por tanto, exigir a los proveedores potenciales que presenten a la autoridad de vigilancia del mercado competente un plan de la prueba en condiciones reales, registren la prueba en las secciones específicas de la base de datos de la UE, sin perjuicio de algunas excepciones limitadas, establezcan limitaciones sobre el período durante el que puede llevarse a cabo la prueba y exijan garantías adicionales para las personas pertenecientes a determinados colectivos vulnerables, así como un acuerdo por escrito que defina las funciones y responsabilidades de los proveedores potenciales y de los responsables del despliegue y una supervisión eficaz por parte de personal competente que intervenga en la prueba en condiciones reales. Además, conviene prever garantías adicionales para asegurarse de que sea posible revertir efectivamente y descartar las predicciones, recomendaciones o decisiones del sistema de IA y de que los datos personales se protejan y se supriman cuando los sujetos retiren su consentimiento a participar en la prueba, sin perjuicio de sus derechos como interesados en virtud del Derecho de la Unión en materia de protección de datos. Por lo que respecta a la transferencia de datos, conviene también prever que los datos recopilados y tratados a efectos de las pruebas en condiciones reales solo deben transferirse a terceros países cuando existan garantías adecuadas y aplicables con arreglo al Derecho de la Unión, en particular, de conformidad con las bases para la transferencia de datos personales previstas en el Derecho de la Unión en materia de protección de datos y, en lo referente a los datos no personales, existan garantías adecuadas con arreglo al Derecho de la Unión, como los Reglamentos (UE) 2022/868 y (UE) 2023/2854 del Parlamento Europeo y del Consejo».

CONCLUSIONES

En el ámbito agrario, la costumbre ha tenido una especial relevancia en relación con el derecho civil foral valenciano. Antes de la Ley 3/2013, la costumbre agraria en la contratación de frutos tenía que se probada ante los tribunales y surgían numerosas dificultades para ello. La venta «a ull» o a ojo y la venta «per arrovat» o a peso eran tradicionales en el campo valenciano y numerosos conflictos llegaron a los tribunales en torno a la recogida del fruto y la costumbre del lugar.

La regulación en la Ley 3/2013 de esta tipología contractual ha supuesto la positivización de la costumbre en el ámbito agrícola y también una protección de la parte más desfavorecida en la balanza contractual, el agricultor o agricultora. Precisamente para evitar distintas situaciones de perjuicio a esta parte más débil, se modificó la Ley 3/2013 por la Ley 2/2019.

Dicha Ley 3/2013 ha resultado imprescindible para evitar, en la medida de lo posible, los conflictos en la compraventa de las dos modalidades tradicionales valencianas, y se ha recogido en ella muchos aspectos que los tribunales de justicia dilucidaron en los distintos procedimientos anteriores a esta normativa.

Junto a estas modalidades, esta Ley 3/2013 se erige en la norma que también aglutina a los arrendamientos rústicos históricos actualizando sus características y formando parte de una normativa agrícola por excelencia.

La regulación del Derecho al Tornallom supone la positivización de una modalidad consuetudinaria de ayuda mutua en el ámbito agrario.

Se ha dotado a esta figura de un marcado carácter recíproco, al establecer la posibilidad de reclamación de indemnización de daños y perjuicios en el caso de incumplimiento. Este derecho peculiar se diferencia de otras figuras.

Se configura como una "auténtica obligación jurídica". Se establece una redacción muy parca y escueta del derecho que plantea problemas en el ámbito jurídico. No se circunscribe a su aplicación en el caso de los arrendamientos rústicos históricos. Se aplicará a todos los casos de intercambio de labores agrícolas gratuitas por parte de los titulares de explotaciones colindantes o próximas, cualquiera que sea su forma jurídica de constitución. La equiparación respecto a las horas trabajadas, con independencia de extensión y características de la explotación, y su gratuidad hace que se pueda ejercer una acción para exigir una indemnización por parte de la parte que cumple. La finalidad es evitar abusos. Era preciso también que se indicara cómo fijar dicha indemnización (perjuicio del fruto, en el agricultor...).

De especial interés resulta el comercio de proximidad que se desarrolla con los productos de la Huerta y la actividad de la "*Tira de contar*" como ejemplo de organización para la puesta a disposición de los productos por parte de los agricultores. Esta institución que pervive a lo largo del tiempo es un ejemplo de la importancia del comercio local, y de ser una figura que data de la época foral, siendo coetánea con el Tribunal de las Aguas de la Vega de Valencia, teniendo como denominador común la Huerta de València.

Actualmente está regulada por un Reglamento interno que establece los requisitos tanto de comercio, como de acceso a la "*Tira de contar*", así como las infracciones y sanciones que se contemplan en el caso de se incumplan las obligaciones que se recogen en el texto.

La necesidad de dotar a los productos agrarios de una puesta en valor se creó una etiqueta "Aphorta" para acreditar su calidad y origen, así como de respeto medioambiental.

La creación de un distintivo de estos productos en apoyo del comercio de proximidad y de los productos locales constituye una iniciativa altamente loable para conseguir la revitalización de un sector que está afectado por una crisis no sólo económica, sino también de explotación de la tierra.

Las prácticas comerciales desleales, en cuanto a actividad que se realiza en el ámbito de la contratación agraria, supone una posición de superioridad de una de las partes, contractualmente más fuerte, ante otra de las partes, contractualmente más débil y necesitada de protección.

La parte más débil, sea el agricultor o el productor se ve en una situación de difícil tesitura, ya que en ocasiones acepta dichas prácticas, a sabiendas de que no contemplan las normas éticas y de buena voluntad en el ámbito agrario, en pro de no perder la cosecha o verse en una situación que no puede solucionar, ya sea porque no encuentra otra parte contractual, o puede verse en situaciones de mayor pérdida de la cosecha o de los productos agroalimentarios.

La legislación iniciada por la Ley 12/2013 y su modificación posterior por la Ley 16/2021, conocida como la «Ley de la Cadena» está orientada a dar unas pautas adecuadas para evitar esas prácticas abusivas que perjudican a la parte más debilitada en la contratación. Con ello se pretende fortalece su posición y también proteger y mejorar las relaciones contractuales en el marco de la agricultura, en definitiva, en el ámbito rural, ya que en muchas ocasiones también nos encontramos con que el entorno rural queda más desprotegido ante dichas situaciones.

Ni qué decir tiene que la zona rural se nutre y prospera de las actividades económicas relacionadas con la agricultura y la ganadería, en definitiva con la producción agroalimentaria, que se vincula también con un reconocimiento y calidad de los productos avalados por unas buenas prácticas agroalimentarias y que se pueden empañar con estas malas prácticas comerciales que es necesario contemplar en una legislación. Si bien podía pensarse que la Ley de defensa de la competencia hubiera sido suficiente, ello no es así, porque no se contemplan diversas actuaciones que sí se recogen en la actual Ley 16/2021, por lo que consideramos que es una normativa muy necesaria y adecuada, por circunscribirse al ámbito agroalimentario y señalar prácticas comerciales desleales concretas y determinadas para evitar su desarrollo y aplicación.

El estudio y análisis de la normativa objeto de este trabajo arroja un resultado positivo, ya que el reconocimiento de determinadas prácticas desleales, así como el reforzamiento de determinados elementos contractuales, como por ejemplo, la formalización por escrito va a incidir de forma plena y contundente en la consecución de los objetivos previstos, que es el restablecimiento del equilibro de las partes ante una relación contractual.

Ello también se relaciona de forma directa tanto con la Política Agrícola Común como también con los Objetivos de Desarrollo Sostenible, por la implantación de sistemas de reconocimiento de buenas prácticas agrarias en sintonía con la política de desarrollo rural no solo a nivel comunitario, sino también interno.

Un desarrollo equilibrado y sostenible para la consecución de la Agenda 2030 prima en las relaciones contractuales para lograr el ODS segundo, que es el hambre cero, y ello exige un fomento de relaciones contractuales que sean adecuadas y no abusivas.

Hay numerosas normas europeas en el ámbito de la inteligencia artificial, pero escasas en el ámbito español.

Los datos, algoritmos tienen gran aplicación en la agricultura. Desde luego, en el futuro próximo y el avance de la ciencia en relación con la inteligencia artificial debe plantearse unida al sistema jurídico y legislar en un sentido convergente y no divergente en relación con los principales aspectos aplicables. Los drones ayudarán a la toma de decisiones y a la optimización de los recursos.

BIBLIOGRAFÍA

AA.VV.: *El derecho civil valenciano desde la perspectiva patrimonial y agraria*, DOMÍNGUEZ CALATAYUD, V. y LONGAS PASTOR, B. (Coord.), Tirant lo Blanch, Valencia, 2018.

AA.VV.: *Contratos agrarios valencianos: comentarios a la Ley valenciana de contratos y otras relaciones jurídicas agrarias*, ESTRUCH ESTRUCH, J y VERDERA SERVER, R. (Dir.), Tirant lo Blanch, Valencia, 2021.

AA.VV.: *Un Derecho civil valenciano posible: propuestas legislativas y proyección de futuro*, PALAO GIL, J. (Dir.), Tirant lo Blanch, Valencia, 2021.

ARNAU MOYA, F.: «La compraventa al peso en la Ley 3/2013, de la Generalitat Valenciana, de los contratos y otras relaciones jurídicas agrarias», *Revista de Derecho civil valenciano*, núm. 16, 2014. Disponible en: http://www.derechocivilvalenciano.com/revista/numeros/16-segundo-semestre-2014/item/210-la-compraventa-al-peso-en-la-ley-3-2013-de-la-generalitat-valenciana-de-los-contratos-y-otras-relaciones-jur%C3%ADdicas-agrarias (Consultado el 4 de octubre de 2024).

ARNAU MOYA, F.: «La compraventa a ojo en la Ley 3/2013, de la Generalitat valenciana, de los contratos y otras relaciones jurídicas agrarias», *Revista de Derecho civil valenciano*, núm. 15, 2014. Disponible en: http://www.derechocivilvalenciano.com/revista/numeros/15-primer-semestre-2013/item/209-la-compraventa-a-ojo-en-la-ley-3-2013-de-la-generalitat-valenciana-de-los-contratos-y-otras-relaciones-jur%C3%ADdicas-agrarias (Consultado el 4 de octubre de 2024).

ARNAU MOYA, F.: «La compraventa a ojo en la Ley 3/2013, de la Generalitat Valenciana, de los contratos y otras relaciones jurídicas agrarias», *El llibre sisè del Codi civil de Catalunya: anàlisi del projecte de llei: materials de les Divuitenes Jornades de Dret Català a Tossa*, Institut de Dret Privat Europeu i Comparat de la Universitat de Girona, Girona, 2015, págs. 419-439. Disponible en: https://dugi-doc.udg.edu/bitstream/handle/10256/10993/9788499842912_16.pdf?sequence=3&isAllowed=y (Consultado el 4 de octubre de 2024).

ARNAU MOYA, F.: «La compraventa "a resultas" como base de la reforma de la ley valenciana de contratos agrarios», *Revista jurídica valenciana*, núm. 34, 2019, págs. 15-41. Disponible en: https://www.revistajuridicavalenciana.org/wp-content/uploads/0034_0005_02-La-compraventa-a-resultas-y-la-reforma-LCRJA.pdf (Consultado el 4 de octubre de 2024).

ARNAU MOYA, F.: *La compraventa de cítricos en la Comunitat Valenciana*, Tirant lo Blanch, Valencia, 2020.

ARNAU MOYA, F.: «La necesaria ley estatal de compraventa de cosechas», *Revista jurídica valenciana*, núm. 36, 2020, págs. 45-75. Disponible en: https://www.revistajuridicavalenciana.org/wp-content/uploads/0036_0007_03.pdf (Consultado el 6 de octubre de 2024).

ARNAU MOYA, F.: «El uso combinado de la Ley de la cadena alimentaria y el Código civil para combatir la compraventa de cosechas "a resultas"», *Revista Boliviana de Derecho*, núm. 30, 2020, págs. 328-363. Disponible en: https://dialnet.unirioja.es/descarga/articulo/7521509.pdf (Consultado el 6 de octubre de 2024).

ARNAU MOYA, F.: «La insuficiente reforma de la Ley de la cadena alimentaria», *Revista jurídica valenciana*, núm. 36, 2020, págs. 110-157. Disponible en: https://www.revistajuridicavalenciana.org/wp-content/uploads/0036_0007_05.pdf (Consultado el 6 de octubre de 2024).

ARNAU MOYA, F.: «La fecha de recolección en la ley valenciana de contratos agrarios: Incumplimiento y consecuencias», *Revista jurídica valenciana*, núm. 35, 2020, págs. 14-44. Disponible en: https://www.revistajuridicavalenciana.org/wp-content/uploads/0035_0006_02_INCUMPLIMIENTO-FECHA-RECOLECCION-EN-CONTRATOS-AGRARIOS.pdf (Consultado el 6 de octubre de 2024).

ARNAU MOYA, F.: «La interconexión entre la ley de la cadena alimentaria y la ley de contratos agrarios valenciana», *El autogobierno valenciano. Una mirada desde el sur de la Comunidad Valenciana: actas de las Jornadas sobre autogobierno valenciano organizadas en la Facultad de Sociales y Jurídica de Elche y Orihuela de la Universidad Miguel Hernández, 5 y 15 de octubre de 2020*, RODRÍGUEZ BLANCO, V. (Dir.), Tirant lo Blanch, Valencia, 2021, págs. 65-80.

AYUNTAMIENTO DE VALENCIA: *Ordenanza municipal de mercados del año 2004*. Disponible en: https://datos.portaldelcomerciante.com/userfiles/1061/1140/file/O_mercados.pdf (Consultado el 12 de octubre de 2024).

AYUNTAMIENTO DE VALENCIA: *Ordenanza municipal reguladora de los mercados de distrito del Ayuntamiento de Valencia, de 24 de septiembre de 2004*. Disponible en: https://sede.valencia.es/sede/descarga/doc/document_1_ord0006_c (Consultado el 12 de octubre de 2024).

BARCELÓ DOMÉNECH, J.: «El primer pas en la recuperación del Dret civil foral valencià: la Llei de règim econòmic matrimonial», *Bigneres*, núm. 4, 2009, págs. 18-21. Disponible en: https://rua.ua.es/dspace/bitstream/10045/122377/1/Bigneres_2009_4_05.pdf (Consultado el 6 de octubre de 2024).

BARCELÓ DOMÉNECH, J.: «La compravenda agraria en el Dret Civil Foral Valencià», *Bigneres*, núm. 9, 2014, págs. 61-70. Disponible en: https://rua.ua.es/dspace/bitstream/10045/47798/3/Bigneres_2014_9_15.pdf (Consultado el 5 de octubre de 2024).

BARCELÓ DOMÉNECH, J.: «La regulación de la venta a ojo y al peso en el Derecho civil foral valenciano: Estudio de las modalidades especiales del contrato de compraventa en la Ley 3/2013, de 26 de julio, de los contratos y otras relaciones jurídicas agrarias», *InDret: Revista para el análisis del Derecho*, núm. 4, 2014, págs. 1-36. Disponible en: https://www.raco.cat/index.php/InDret/article/view/291739/380238 (Consultado el 6 de octubre de 2024).

BARCELÓ DOMÉNECH, J.: «La intervención del corredor o alfarrassador en los contratos agrarios valencianos», *Revista Boliviana de Derecho*, núm. 19, 2015, págs. 292-305. Disponible en: https://dialnet.unirioja.es/descarga/articulo/4905077.pdf (Consultado el 5 de octubre de 2024).

BARCELÓ DOMÉNECH, J.: «La inconstitucionalidad de la Llei de règim econòmic matrimonial valencià», *Bigneres*, núm. 11, 2016, págs. 44-45. Disponible en: https://rua.ua.es/dspace/bitstream/10045/64708/3/Bigneres_2016_11_09.pdf (Consultado el 5 de octubre de 2024).

BARCELÓ DOMÉNECH, J.: «El Derecho civil foral valenciano: situación actual», *Bigneres*, núm. 14, 2019, págs. 60-61. Disponible en: https://rua.ua.es/dspace/bitstream/10045/122715/1/Bigneres_2019_14_09.pdf (Consultado el 4 de octubre de 2024).

BARCELÓ DOMÉNECH, J.: «La reforma de los contratos agrarios valencianos», *Revista jurídica valenciana*, núm. 34, 2019, págs. 1-13. Disponible en: https://www.revistajuridicavalenciana.org/wp-content/uploads/0034_0005_01-LA-REFORMA-DE-LA-LEY-VALENCIANA-DE-CONTRATOS-AGRARIOS.pdf (Consultado el 5 de octubre de 2024).

BARRIAL LUJÁN, A. I.: *Análisis de producción convencional y ecológica de hortalizas de la Huerta de Valencia*, Universitat Politècnica de València, Valencia, 2017. Disponible en: https://riunet.upv.es/bitstream/handle/10251/80274/BARRIAL%20-%20AN%c3%81LISIS%20DE%20PRODUCCI%c3%93N%20CONVENCIONAL%20Y%20

ECOL%c3%93GICA%20DE%20HORTALIZAS%20DE%20LA%20HUERTA%20DE%20VALENCIA.pdf?sequence=1&isAllowed=y (Consultado el 08 de octubre de 2024).

BARRIO ANDRÉS, M.: «Hacia una personalidad electrónica para los robots», *Revista de Derecho privado,* 2018, págs. 89-107.

BARRIO ANDRÉS, M.: *Internet de las cosas,* Editorial Reus, Madrid, 2018.

BEJARANO GALDINO, E.: «El almotacén como institución armonizadora de las relaciones sociales», *Bolletí de la Societat Arqueològica Lul·liana: Revista d´estudis històrics,* núm. 56, 2000, págs. 243-260. Disponible en: https://dialnet.unirioja.es/servlet/articulo?codigo=2702897 (Consultado el 08 de octubre de 2024).

BLASCO HEDO, E.: «Ley 12/2013, de 2 de agosto, de medidas para mejorar el funcionamiento de la cadena alimentaria», *Actualidad Jurídica Ambiental,* núm. 27, 2013, págs. 61-63. Disponible en: https://www.actualidadjuridicaambiental.com/legislacion-al-dia-estado-cadena-alimentaria/ (Consultado el 12 de octubre de 2024).

BONO, F.: «La *Tira de contar*: cuando el agricultor marca los precios. 1.300 labradores de la huerta valenciana venden sus productos sin intermediarios en un singular mercado de raíces medievales», *El País,* 15 de febrero de 2020. Disponible en: https://elpais.com/economia/2020/02/15/actualidad/1581756339_731951.html (Consultado el 08 de octubre de 2024).

CLEMENTE MEORO, M. E.: *Los arrendamientos rústicos históricos valencianos: en la Ley 3/2013, de 26 de julio, de la Generalitat, de contratos y otras relaciones jurídicas agrarias,* Tirant lo Blanch, Valencia, 2015.

COB, J.: «La *Tira de contar*», *Valencia en blanco y negro,* 10 de mayo de 2016. Disponible en: https://valenciablancoynegro.blogspot.com/2016/05/la-tira-de-contar.html (Consultado el 08 de octubre de 2024).

CONSELL AGRARI DE VALÈNCIA: «Estrategia d'identificació de productes de proximitat», s.f. Disponible en: https://valencia.consellagrari.com/venda-directa/estrategia-daporta/ (Consultado el 12 de octubre de 2024).

CHALMETA GENDRÓN, P.: *El zoco medieval: contribución al estudio del mercado,* Fundación Ibn Tufayl de Estudios Árabes, Almería, 2010.

CHALMETA GENDRÓN, P.: «El almotacén a través de los «Llibres del Mustaçat», *Aragón en la Edad Media,* núm. 20, 2008, págs. 203-223. Disponible en: https://dialnet.unirioja.es/servlet/articulo?codigo=2875417 (Consultado el 08 de octubre de 2024).

FERNANDO PABLO, M. M.: «Ley 12/2013, de 2 de agosto, de medidas para mejorar el funcionamiento de la cadena alimentaria», *Ars Iuris Salmanticensis: AIS: revista europea e iberoamericana de pensamiento y análisis de derecho, ciencia política y criminología*, vol. 2, núm. 1, 2014, págs. 168-169. Disponible en: https://revistas.usal.es/index.php/ais/article/view/11975/12337 (Consultado el 12 de octubre de 2024).

FERNÁNDEZ HERNÁNDEZ, C.: «Proyecto de Reglamento Europeo sobre Inteligencia Artificial», *Diario La Ley*, 16 de abril, 2021, págs. 1-14.

GARCÍA-ESPAÑA SORIANO, L., LULL NOGUERA, C., SORIANO SOTO, Mª. D. y RAMÓN FERNÁNDEZ, F.: «Ciencia de datos en sensores de humedad y drones. Bases en agricultura de precisión», *Los nuevos retos de los Derechos Digitales*, RAMÓN FERNÁNDEZ, F. (Coord.), Tirant lo Blanch, Valencia, 2022, págs. 93-100.

GENERALITAT VALENCIANA: *Estrategia de Inteligencia Artificial de la Comunitat Valenciana*, s/f. Disponible en: https://presidencia.gva.es/es/web/campanyes/inteligenciaartificialcv (Consultado el 13 de octubre de 2024).

GOBIERNO DE ESPAÑA: *Carta de Derechos Digitales*, Madrid, 2021. Disponible en. https://www.lamoncloa.gob.es/presidente/actividades/Documents/2021/140721-Carta_Derechos_Digitales_RedEs.pdf (Consultado el 13 de octubre de 2024).

GOBIERNO DE ESPAÑA: *Estrategia de Inteligencia Artificial*, Madrid, 2024. Disponible en: https://portal.mineco.gob.es/es-es/digitalizacionIA/Documents/Estrategia_IA_2024.pdf (Consultado el 13 de octubre de 2024).

LÓPEZ GASCUEÑA, M. y RAMÓN FERNÁNDEZ, F.: «La *Tira de contar* y el etiquetado aphorta: una protección de los intereses del consumidor», *Revista do CEJUR/TJSC: Prestação Jurisdicional*, núm. 11, 2023, págs. 1-36. Disponible en: https://cejur.emnuvens.com.br/cejur/article/view/419/235 (Consultado el 3 de octubre de 2024).

LULL NOGUERA, C., RAMÓN FERNÁNDEZ, F., GARCÍA-ESPAÑA SORIANO, L. y SORIANO SOTO, Mª. D.: «The role of agricultura in times of health crisis in Spain», *XVI European Society for Agronomy Congress. Smart agricultura for great human challenges*, Sevilla, 2020, págs. 140-141.

MARZAL LÓPEZ, J.: TIRA DE COMPTAR: *¿Mercado histórico de productores de la ciudad de València con potencial agroecológico?*, Universidad Pablo de

Olavide, Sevilla, 2017. Disponible en: https://ecomercadogranada.org/sites/default/files/biblioteca/TiraDeComptarMercadoConPotencialAgroecol%C3%B3gico.pdf (Consultado el 08 de octubre de 2024).

MASSENO, M. D.: «Los datos no personales en las nuevas reglas europeas y su relevancia para los agricultores-Una guía para el estudio», *Marco Jurídico de la Ciencia de Datos*, RAMÓN FERNÁNDEZ, F. (Coord.), Tirant lo Blanch, Valencia, 2020, págs. 301-329.

MERCAVALENCIA: «La *Tira de contar*». Disponible en: https://www.mercavalencia.es/es/sectores-actividad/la-tira-de-contar/ (Consultado el 08 de octubre de 2024).

MERCAVALENCIA: «Reglamento del funcionamiento del Mercado de agricultores de la *Tira de contar* Junio-2021». Disponible en: https://www.mercavalencia.es/wp-content/uploads/2021/06/REGLAMENTO-TIRA-jun-21-.pdf (Consultado el 11 de octubre de 2024).

MESA GARCÍA, O. y RAMÓN FERNÁNDEZ, F.: «La trazabilidad como instrumento de garantía para la seguridad alimentaria», *Revista de Derecho civil*, vol. III, núm. 3, julio-septiembre 2016, págs. 109-138. Disponible en: https://www.nreg.es/ojs/index.php/RDC/article/download/219/173 (Consultado el 4 de octubre de 2024).

MINISTERIO DE AGRICULTURA, PESCA Y ALIMENTACIÓN: *Estrategia de digitalización del sector agroalimentario y forestal y del medio natural.* Disponible en: https://www.mapa.gob.es/es/ministerio/planes-estrategias/estrategia-digitalizacion-sector-agroalimentario/ (Consultado el 16 de octubre de 2024).

MINISTERIO DE AGRICULTURA, PESCA Y ALIMENTACIÓN: *II Plan de acción 20121-2023 Estrategia de digitalización del sector agroalimentario y forestal y del medio rural.* Disponible en: https://www.mapa.gob.es/es/ministerio/planes-estrategias/estrategia-digitalizacion-sector-agroalimentario/ii-plan-accion-estrategia-digitalizacion-2021-2023_tcm30-583049.pdf (Consultado el 16 de octubre de 2024).

ORTEGA GIMÉNEZ, A.: «Contratos y otras relaciones jurídicas agrarias en la Comunitat Valenciana: cuestiones de derecho interregional», *Revista jurídica valenciana*, núm. 41, 2023, págs. 33-40. Disponible en: https://www.revistajuridicavalenciana.org/wp-content/uploads/R0041_0012.pdf (Consultado el 3 de octubre de 2024).

RAMÓN FERNÁNDEZ, F.: «La costumbre como fuente del Derecho civil valenciano: especialidades en materia agraria», *El Derecho Agrario entre la Agenda 2000 y la Ronda del Milenio (Actas del VIII Congreso Nacional de Derecho Agrario), Toledo, 16 y 17 de noviembre de 2000,* CARRASCO PERERA, A. y CARRETERO GARCÍA, A. (Coord.), Ediciones de la Universidad de Castilla-La Mancha, Cuenca, 2001, págs. 669-684.

RAMÓN FERNÁNDEZ, F.: *La pervivencia de instituciones consuetudinarias del derecho civil valenciano,* Universitat Jaume I de Castelló, Castellón, 2002.

RAMÓN FERNÁNDEZ, F.: «La pervivencia de una modalidad consuetudinaria de compraventa de cítricos en la Comunidad Valenciana», *Derecho Agrario ante el Tercer Milenio, Actas del VI Congreso Mundial de Derecho Agrario,* HERRERA CAMPOS, R. (Dir.), Madrid, 2002, págs. 1039-1063.

RAMÓN FERNÁNDEZ, F.: «Legislación española y de la Comunidad Valenciana sobre medidas para el fomento de métodos de producción agraria compatibles con la protección del medio ambiente y la naturaleza», *La dimensión ambiental del territorio frente a los derechos patrimoniales,* Editorial Tirant lo Blanch, Valencia, 2004, págs. 465-475.

RAMÓN FERNÁNDEZ, F.: «El Derecho civil valenciano ante la Constitución, el Estatuto de Autonomía y la costumbre», *Corts. Anuario de Derecho Parlamentario,* núm. 19, 2007, págs. 221-310. Disponible en: https://dialnet.unirioja.es/descarga/articulo/2522248.pdf (Consultado el 4 de octubre de 2024).

RAMÓN FERNÁNDEZ, F.: «La recuperación del Derecho civil foral valenciano tras la reforma del Estatuto de Autonomía y su repercusión en la agricultura valenciana», *Derecho agrario y alimentario español y de la Unión Europea,* Tirant lo Blanch, Valencia, 2007, págs. 61-82.

RAMÓN FERNÁNDEZ, F.: «Especialidades de la contratación agraria valenciana. Referencia a la compraventa y sus modalidades», *Estudios sobre Derecho civil foral valenciano,* Thomson-Aranzadi, Pamplona, 2008, págs. 113-124.

RAMÓN FERNÁNDEZ, F.: «La influencia de la costumbre en la contratación agraria», *Revista de Derecho civil valenciano,* núm. 4, segundo semestre 2008, págs. 1-5. Disponible en: http://www.derechocivilvalenciano.com/revista/numeros/4-segundo-semestre-2008/item/11-la-influencia-de-la-costumbre-en-el-ambito-de-la-contratacion-agraria-valenciana (Consultado el 4 de octubre de 2024).

RAMÓN FERNÁNDEZ, F.: *El costum en les relacions agràries valencianes: el cas de la Safor,* Dossiers Digitals, núm. 2, Centro de Estudios e Investigaciones Comarcales Alfonso el Viejo, Gandía, 2008. Disponible en: https://riunet.upv.es/bitstream/handle/10251/36871/costums.pdf?sequence=1&isAllowed=y (Consultado el 6 de octubre de 2024).

RAMÓN FERNÁNDEZ, F.: «Contratación agraria y su valoración en el Derecho valenciano», *La adecuación del Derecho civil foral valenciano a la sociedad actual*, RAMÓN FERNÁNDEZ, F. (Coord.), Tirant lo Blanch, Valencia, 2009, págs. 59-132.

RAMÓN FERNÁNDEZ, F.: «La titularidad compartida en las explotaciones agrarias: el caso de estudio de la Comunidad Valenciana», *La adecuación del Derecho civil foral valenciano a la sociedad actual*, RAMÓN FERNÁNDEZ, F. (Coord.), Tirant lo Blanch, Valencia, 2009, págs. 143-156.

RAMÓN FERNÁNDEZ, F.: «Los arrendamientos históricos valencianos», *El Derecho civil valenciano tras la reforma del Estatuto de Autonomía*, RAMÓN FERNÁNDEZ, F. (Coord.), Tirant lo Blanch, Valencia, 2010, págs. 229-454.

RAMÓN FERNÁNDEZ, F.: «La sucesión en la empresa familiar agraria valenciana», *El nuevo Derecho Agrario*, Publicación conjunta con la Academia Brasileña de Letras Agrarias, ABREU BARROSO, L., MANIGLIA, E. y GURSEN DE MIRANDA, A. (Coord.), Brasil, 2010, págs. 261-290.

RAMÓN FERNÁNDEZ, F.: «Aspectos jurídicos del Patrimonio Arbóreo Monumental», *La influencia del Derecho valenciano en las disciplinas tecnológicas*, RAMÓN FERNÁNDEZ, F. (Coord.), Tirant lo Blanch, Valencia, 2009, págs. 99-122.

RAMÓN FERNÁNDEZ, F.: «El Derecho civil foral valenciano y la Constitución de 1812», *Las Cortes de Cádiz, la Constitución de 1812 y las Independencias Nacionales en América*, Colección Amadis, Ugarit, Universidad Politécnica de Valencia, 2011, págs. 295-309.

RAMÓN FERNÁNDEZ, F.: «La seguridad alimentaria en el marco europeo», *Calidad y seguridad alimentaria. Retos del presente, Iª. Jornada en calidad y seguridad alimentaria, Valencia, 1 de junio de 2012*, DOMÉNECH ANTICH, E. y ESCRICHE ROBERTO, I. (Ed.), Editorial Universitat Politècnica de València, Valencia, 2012, págs. 65-80.

RAMÓN FERNÁNDEZ, F.: *Prospectiva del Derecho civil foral valenciano*, Universitat Politècnica de València, Valencia, 2012. Disponible en: https://riunet.upv.es/bitstream/handle/10251/12145/2538_3e.pdf?sequence=1&isAllowed=y (Consultado el 3 de octubre de 2024).

RAMÓN FERNÁNDEZ, F.: «La huerta valenciana y su revitalización como opción turística a través del diseño de rutas guiadas», *Espacios de ocio y deporte como dinamizadores turísticos. XVI Congreso Internacional de Turismo Universidad-Empresa*, Tirant lo Blanch, Valencia, 2013, págs. 345-356.

RAMÓN FERNÁNDEZ, F.: «Las marcas de calidad y las denominaciones de origen de los productos agrarios y agroalimentarios», *El Derecho agrario valenciano y su aplicación a la empresa familiar agroalimentaria y los usos del suelo: aspectos jurídicos y económicos*, Tirant lo Blanch, Valencia, 2013, págs. 157-214.

RAMÓN FERNÁNDEZ, F.: «Comunidad de bienes y explotación agraria», *Comunidad de bienes*, REYES LÓPEZ, M. J. (Coord.), Tirant lo Blanch, Valencia, 2014, págs. 1077-1108.

RAMÓN FERNÁNDEZ, F.: «Los contratos tipo agroalimentarios», *A lei agrária nova*, vol. IV, Juruá Editora, Curitiba, Brasil, 2014, págs. 269-288.

RAMÓN FERNÁNDEZ, F.: «El derecho al Tornallom», *Estudios jurídicos en Homenaje al Profesor Manuel García Amigo*, CUADRADO IGLESIAS, M. y NÚÑEZ BOLUDA, M. D. (Dir.); BERROCAL LANZAROT, A. I., JIMÉNEZ PARÍS, T. A. y CALLEJO RODRÍGUEZ, C. (Coord.), tomo I, Editorial La Ley, grupo Wolters Kluwer, Madrid, 2015, págs. 1061-1081.

RAMÓN FERNÁNDEZ, F.: «Las vías pecuarias: aspectos en relación con el patrimonio, el urbanismo y el paisaje. Especial referencia a la Comunitat Valenciana», *Revista de Derecho Urbanístico y Medio Ambiente*, núm. 309, noviembre 2016, págs. 159-194.

RAMÓN FERNÁNDEZ, F.: *Los contratos de frutos y otras relaciones jurídicas agrarias valencianas*, Tirant lo Blanch, Valencia, 2018.

RAMÓN FERNÁNDEZ, F.: «Elementos, derechos y obligaciones en el contrato de arrendamiento rústico histórico tras su regulación en la Ley 3/2013, de 26 de julio, de los Contratos y otras Relaciones Jurídicas agrarias», *Revista Sepin Digital Inmobiliario*, núm. 24, enero 2018, págs. 1-26. Disponible en: https://www.sepin.es/cronus-juridico/documento/verDoc.asp?dist=67&referencia=SP%2FDOCT%2F73151&cod=01%2D0810Ib0Gz07l0H30mk08U1S%4001b08f1F41ig08K1LG1yz05u0yc29K0Hl07q1iI0Fb0080%40J0FF2GE1jG0FG01f1DX0GB0050G%2D0H607o2AE0G%5F2MP0ml09Q07o2AA0JQ0G%401ze0HG0Fb1S%5F0HP1T01DR (Consultado el 4 de octubre de 2024).

RAMÓN FERNÁNDEZ, F.: «La protección del patrimonio arbóreo monumental en la legislación española. Su aplicación al turismo y al paisaje», *Revista Ius et Praxis*, núm. 3, 2018, págs. 109-132. Disponible en: http://www.revistaiepraxis.cl/index.php/iepraxis/article/view/1178/584 (Consultado el 12 de octubre de 2024).

RAMÓN FERNÁNDEZ, F.: «Objetivos de Desarrollo Sostenible (ODS) y gestión del patrimonio cultural de la Huerta de València: la importancia del comercio de proximidad y la puesta en valor de sus bienes y recursos. La *Tira de contar* y la Agromuseu de Vera, Valencia», *Revista jurídica valenciana. Associació de Juristes Valencians (anteriormente Revista Internauta de Práctica Jurídica)*, núm. 36, 2020, págs. 1-20. Disponible en: https://www.revistajuridicavalenciana.org/wp-content/uploads/0036_0007_01.pdf (Consultado el 3 de octubre de 2024).

RAMÓN FERNÁNDEZ, F., LULL NOGUERA, C., SORIANO SOTO, Mª. D. y GARCÍA-ESPAÑA SORIANO, L.: «Role of soils in the context of the regulation of the Huerta de València», *XVI European Society for Agronomy Congress. Smart agricultura for great human challenges*, Sevilla, 2020, págs. 146-147.

RAMÓN FERNÁNDEZ, F.: «Inteligencia artificial y agricultura: nuevos retos en el sector agrario», *Revista Campo Jurídico. Revista de Direito Agroambiental e Teoria do Direito, de Brasil*, vol. 2, núm. 2, julio-diciembre 2020, págs. 123-139. Disponible en: https://riunet.upv.es/bitstream/handle/10251/160975/Ramón%20-%20Inteligencia%20artificial%20y%20agricultura%3a%20nuevos%20retos%20en%20el%20sector%20agrario.pdf?sequence=1&isAllowed=y (Consultado el 4 de octubre de 2024).

RAMÓN FERNÁNDEZ, F.: «Inteligencia artificial y agricultura: nuevos retos en el sector agrario», *Revista FOCO. Journal of Business Studies and Law (JBS)*, vol. 13, núm. 1, 2020, págs. 1-22.

RAMÓN FERNÁNDEZ, F.: «Trabajos de buena vecindad. Artículo 54. Derecho al Tornallom», *Contratos agrarios valencianos*, Tirant lo Blanch, Valencia, 2021, págs. 705-711.

RAMÓN FERNÁNDEZ, F.: «Cambio climático y patrimonio arbóreo monumental: un paisaje cultural amenazado», *Revista PH. Instituto Andaluz de Patrimonio Histórico*, núm. 104, octubre 2021, págs. 400-402. Disponible en: http://www.iaph.es/revistaph/index.php/revistaph/article/view/4961 (Consultado el 13 de octubre de 2024).

RAMÓN FERNÁNDEZ, F.: «La Huerta valenciana: propiedad, ordenación del territorio y protección», *Revista de Derecho Urbanístico y Medio Ambiente*, núm. 344, marzo 2021, págs. 109-126.

RAMÓN FERNÁNDEZ, F.: «Costumbres agrarias y desarrollo normativo», *Contratos agrarios valencianos*, Tirant lo Blanch, Valencia, 2021, págs. 67-86.

RAMÓN FERNÁNDEZ, F.: «Comunidad de Bienes y Explotación Agraria», *Comunidad de Bienes*, 2ª. edición, Tirant lo Blanch, Valencia, 2021, págs. 1181-1213.

RAMÓN FERNÁNDEZ, F.: «Disposición transitoria primera. Contratos de compraventa», *Contratos agrarios valencianos*, Tirant lo Blanch, Valencia, 2021, págs. 820-823.

RAMÓN FERNÁNDEZ, F.: «Huerta y productos de proximidad. La *Tira de contar* como forma de venta en el ámbito de la competencia», *Retos en el sector agroalimentario: regulación, competencia y propiedad industrial*, Tirant lo Blanch, Valencia, 2022, 479-491.

RAMÓN FERNÁNDEZ, F.: «La empresa familiar agraria en el derecho civil valenciano: la sucesión en los arrendamientos rústicos históricos», *Revista Internauta de Práctica Jurídica*, 2022, págs. 1-24. Disponible en: https://www.revistajuridicavalenciana.org/wp-content/uploads/0040_0011_01_La-empresa-familiara-agraria-en-el-DCV.pdf (Consultado el 4 de octubre de 2024).

RAMÓN FERNÁNDEZ, F.: «Los contratos agrarios valencianos, la soberanía alimentaria y la pandemia», *Derecho y Realidad*, vol. 20, núm. 39, 2022, págs. 119-138. Disponible en: https://revistas.uptc.edu.co/index.php/derecho_realidad/article/view/13282/12086 (Consultado el 4 de octubre de 2024).

RAMÓN FERNÁNDEZ, F.: «Prácticas comerciales desleales en el ámbito de los contratos de productos agrarios», *Anales Facultad Ciencias Jurídicas y Sociales. Universidad Nacional de La Plata*, núm. 52, 2022, págs. 42-59. Disponible en: https://revistas.unlp.edu.ar/RevistaAnalesJursoc/article/view/13241/13715 (Consultado el 4 de octubre de 2024).

RAMÓN FERNÁNDEZ, F.: «La aplicación de la inteligencia artificial en la agricultura: perspectiva estatutaria y en relación a la protección de datos», *Un estudio sobre el Estado Autonómico. Propuestas de mejora para el tercer decenio del siglo XXI*, Tirant lo Blanch, Valencia, 2023, págs. 139-163.

RAMÓN FERNÁNDEZ, F.: «Medidas legislativas para evitar la venta a pérdidas en la contratación agraria», *Revista Iberoamericana de Derecho Agrario*, núm. 17, 2023, págs. 1-49. Disponible en: https://latam.ijeditores.com/pop.php?option=articulo&Hash=8b6d478348de066167 4db5936862bc35 (Consultado el 3 de octubre de 2024).

RAMÓN FERNÁNDEZ, F.: «La adaptación de los contratos de compraventa vitivinícola a la nueva Ley de la cadena alimentaria», *Contratos, empresa e intervención notarial,* Tirant lo Blanch, Valencia, 2024, págs. 593-612.

RAMÓN FERNÁNDEZ, F.: *Régimen jurídico de los drones: inteligencia artificial, responsabilidad, usos y conflictos,* Aranzadi Thomson Reuters, Cizur Menor, 2024.

RAMÓN FERNÁNDEZ, F.: «La sucesión en la empresa agraria familiar: el caso valenciano de los arrendamientos rústicos históricos», *Derecho, economía, empresa e innovación docente,* Colex, A Coruña 2024, págs. 61-70. Disponible en: https://www.colexopenaccess.com/libros/derecho-economia-empresa-e-innovacion-docente-7808?fbclid=IwY2xjawGlvrtleHRuA2FlbQIxMAABHUwK4JRzF1w5n7860kXmsYAegIZU_-2Lg2t-WZJ_dNyFDSo35BXWAHr8YBg_aem_2MOCXuF3i36nm9XifvBHzA (Consultado el 16 de noviembre de 2024).

RAMÓN, F., LULL, C., GARCÍA-ESPAÑA, L. y SORIANO, A.: «Legislación y caracterización de los suelos en los huertos urbanos en la ciudad de Valencia», *III Congreso Estatal de Huertos Ecológicos Urbanos y Periurbanos, "Ciudades que alimentan", Resúmenes, 18 y 19 de junio,* Sociedad Española de Agricultura Ecológica/Sociedad Española de Agroecología (SEAE), Valencia, 2018, pág. 45.

REGISTRADORES DE LA COMUNIDAD VALENCIANA: *Guía fácil sobre los contratos agrarios de la Comunidad Valenciana,* Colegio de Registradores, Valencia, 2021. Disponible en: https://registradorescomunidad-valenciana.org/wp-content/uploads/2021/12/Guia_facil_sobre_contratos_del_campo_cas.pdf (Consultado el 6 de octubre de 2024).

RODRÍGUEZ CARDO, I. A.: «Los trabajos amistosos, benévolos y de buena vecindad como prestación de servicios no laboral: un repaso a la doctrina judicial reciente», *Actualidad civil,* núm. 22, 2007, págs. 2672-2691.

SANTAOLALLA MONTOYA, C. «La Ley 12/2013 de la cadena alimentaria, ¿réplica o complemento de la Ley de defensa de la competencia?», *Revista electrónica del Departamento de Derecho de la Universidad de La Rioja, REDUR,* núm. 14, 2016, págs. 137-160. Disponible en: https://publicaciones.unirioja.es/ojs/index.php/redur/article/view/4152/3402 (Consultado el 12 de octubre de 2024).

SANTOS GONZÁLEZ, M. J.: «Regulación legal de la robótica y la inteligencia artificial: retos de futuro», *Revista Jurídica de la Universidad de León*, núm. 4, 2017, págs. 25-50

TAPIA HERMIDA, A. J.: «Decálogo de la inteligencia artificial ética y responsable en la Unión Europea», *Diario La Ley*, 23 noviembre 2020.

UNIÓN EUROPEA: *Código de conducta de la Unión Europea sobre el intercambio de datos agrarios por acuerdo contractual*, s/f. Disponible en: https://www.cema-agri.org/images/publications/brochures/EU_Code_of_conduct_2019_Spanish_version.PDF (Consultado el 14 de octubre de 2024).

UNIÓN EUROPEA: *Libro Blanco sobre la inteligencia artificial-un enfoque europeo orientado a la excelencia y la confianza de 19 de febrero de 2020 COM(2020) 65 final*. Disponible en: https://commission.europa.eu/document/download/d2ec4039-c5be-423a-81ef-b9e44e79825b_es?filename= (Consultado el 14 de octubre de 2024).